THOMAS VON KEMPEN
NACHFOLGE CHRISTI

REIHE
KLASSIKER DER MEDITATION

THOMAS VON KEMPEN

NACHFOLGE CHRISTI

Mit den Anmerkungen von
Félicité de Lamennais
Übersetzt von Hugo Harder

BENZIGER VERLAG

Nachdruck der Ausgabe von 1953,
in den Anmerkungen leicht gekürzt

2. Auflage 1982, 7. Tausend
Alle Rechte vorbehalten
© Copyright 1979 by Benziger Verlag
Zürich, Einsiedeln, Köln
Umschlaggestaltung: Peter Kunz, Bülach/Zürich
ISBN 3 545 20518 5

INHALTSVERZEICHNIS

ERSTES BUCH

WINKE FÜR DAS GEISTLICHE LEBEN

1. Folge Christus nach, und verachte das Vergängliche . 15
2. Sei gering in deinen Augen 17
3. Die Lehre der Wahrheit 19
4. Geh behutsam zu Werk 22
5. Die Lesung der Heiligen Schrift 23
6. Die ungeordneten Neigungen 24
7. Fliehe eitle Wünsche und Überheblichkeit 26
8. Vermeide übermäßige Vertraulichkeit 27
9. Gehorsam und Unterwerfung 28
10. Vermeide unnützes Reden. 30
11. Friede und Eifer zum Fortschritt 31
12. Lichtseiten der Trübsal. 34
13. Vom Widerstand gegen die Versuchungen 35
14. Vermeide vorschnelles Urteilen 38
15. Die Werke der Nächstenliebe 40
16. Ertrage die Fehler anderer. 41
17. Das Ordensleben. 43
18. Das Beispiel der heiligen Vorväter 44
19. Die Übungen eines guten Ordensmannes 46
20. Sei gern einsam und still 49
21. Reue. 53
22. Betrachte das menschliche Elend 55
23. Denke an den Tod 59
24. Gericht und Sündenstrafen 63
25. Bessere dein Leben allseitig und entschlossen 66

ZWEITES BUCH

AUFRUF ZUR INNERLICHKEIT

1. Der innere Wandel. 73
2. Demütige Unterwerfung 76
3. Der gute, friedfertige Mensch 78
4. Reiner Sinn und lautere Absicht 80
5. Wache über dich selbst 81
6. Vom Glück eines guten Gewissens 83

7. Liebe Jesus über alles 86
8. Der vertraute Umgang mit Jesus 87
9. Trostlosigkeit 90
10. Danke Gott für seine Gnade 94
11. Wie wenige das Kreuz Christi lieb haben 97
12. Vom königlichen Weg des heiligen Kreuzes 99

DRITTES BUCH

VOM INNERN TROSTE

1. Jesu Einsprechungen 109
2. Die Wahrheit redet in uns ohne Wortgeräusch . . . 110
3. Höre demütig Gottes Wort an, obschon viele es nicht beherzigen 112
4. Wandle vor Gott in Wahrheit und Demut 115
5. Die wunderbaren Wirkungen der Gottesliebe 118
6. Den wahrhaft Liebenden erwartet die Prüfung 121
7. Die Gnade unter dem Schutz der Demut 125
8. Halte dich für gering vor Gottes Augen 128
9. Beziehe alles endgültig auf Gott 130
10. Wer die Welt verschmäht, dient Gott freudig 132
11. Prüfe dein Verlangen und mäßige es 135
12. Übe Geduld, und bekämpfe die Begierden 136
13. Der christusförmige Gehorsam eines demütigen Dieners Gottes 139
14. Erwäge Gottes geheime Gerichte, und überhebe dich nicht 142
15. Wie man sich den verschiedenen Werten gegenüber verhalten und äußern soll 144
16. Suche den wahren Trost in Gott allein 147
17. Wirf alle Sorge auf den Herrn 149
18. Nach Christi Vorbild ertrage gleichmütig die Wechselfälle des Lebens 151
19. Wie das Unrecht ertragen und die Geduld erprobt werden muß 153
20. Von der Schwäche des Menschen und dem Elend dieses Lebens 155
21. Ruhe in Gott über allen andern Dingen und Gaben . 158
22. Gedenke der vielfachen Wohltaten Gottes 161
23. Vier Dinge verschaffen großen Frieden 164
24. Vermeide neugieriges Nachforschen über das Verhalten anderer 167

25. Was den festen Herzensfrieden und den wahren Fortschritt ausmacht 168
26. Die innere Freiheit ist überaus wertvoll, wird aber mehr durch Gebet als durch Lesen erworben 170
27. Die Eigenliebe, das Haupthindernis auf dem Weg zum höchsten Gut 173
28. Ratschläge gegen böse Zungen 175
29. Anrufung und Preis Gottes bei heraufziehender Trübsal 177
30. Erbitte Gottes Hilfe, u. erhoffe die Wiederkehr der Gnade 178
31. Verlaß alle Geschöpfe, um den Schöpfer zu finden . . 182
32. Selbstverleugnung und Verzicht auf die Begierden . . 185
33. Unstet ist unser Herz; unsre Absicht sei immer auf Gott gerichtet 187
34. Dem Liebenden gefällt Gott über alles und in allem . 189
35. In diesem Leben ist man nie vor Versuchungen sicher 191
36. Gegen das nichtssagende Urteil der Menschen 192
37. Willst du zur vollen Herzensfreiheit gelangen, entsage dir gänzlich 194
38. Beherrsche dich, und nimm deine Zuflucht zu Gott . . 195
39. Betreibe deine Angelegenheiten nicht mit Ungestüm 197
40. Aus dir selber hast du nichts Gutes, und kannst dich über nichts rühmen 199
41. Verachte die zeitlichen Ehren 202
42. Baue deinen Frieden nicht auf Menschen 203
43. Gegen eitles weltliches Wissen 205
44. Belade dich nicht mit äußern Angelegenheiten . . . 207
45. Glaube nicht jedem, und beachte, wie leicht man in Zungensünden fällt. 209
46. Bei bösartigen Reden setze dein Vertrauen auf Gott 212
47. Ertrage alles Schwere im Hinblick auf das ewige Leben 215
48. Vom Tage der Ewigkeit und von der Bedrängnis dieses Lebens 217
49. Verlange nach dem ewigen Leben, und erwäge, welche übergroßen Güter einem tapfern Streiter verheißen sind 220
50. Wie sich der Mensch bei Trostlosigkeit Gottes Händen überlassen soll 224
51. Beschäftige dich mit bescheidenen Dingen, wenn dir eine höhere Tätigkeit unmöglich ist 228
52. Der Mensch halte sich nicht des Trostes, sondern der Strafe würdig 229
53. Den irdisch Gesinnten bleibt Gottes Gnade fern . . . 232
54. Vom Unterschied zwischen den Regungen der Natur und der Gnade 234

55. Von der Verdorbenheit der Natur und der sieghaften Kraft der göttlichen Gnade 238
56. Wir müssen uns selbst verleugnen, und Christus kreuztragend nachfolgen 241
57. Der Fall in einige Fehler soll den Menschen nicht entmutigen 244
58. Erforsche nicht Entlegenes, noch die verborgenen Gottesgerichte 246
59. Setze alle Hoffnung und alles Vertrauen auf Gott allein 250

VIERTES BUCH

VOM ALLERHEILIGSTEN ALTARSAKRAMENT

Ermahnungen zum Empfang der heiligen Kommunion 257
1. Christus soll ehrfurchtsvoll empfangen werden . . . 259
2. Im Sakrament kommt Gottes große Liebe und Güte zum Ausdruck 265
3. Vom Nutzen der häufigen Kommunion 268
4. Wer gut kommuniziert, empfängt viel Gutes 272
5. Die Würde dieses Sakramentes und des Priesterstandes 276
6. Von der Vorbereitung zur heiligen Kommunion . . . 278
7. Gewissenserforschung und Vorsatz 279
8. Die Aufopferung Christi am Kreuz u. unsre Selbsthingabe 282
9. Wir sollen uns und alles unsrige Gott aufopfern und für alle beten 283
10. Versäume nicht leichthin die heilige Kommunion . . . 285
11. Die Seele benötigt dringend den Leib Christi und die Heilige Schrift 289
12. Vor dem Empfang der heiligen Kommunion bereite dich sorgfältig darauf vor 294
13. Die fromme Seele verlange aus ganzem Herzen nach der sakramentalen Vereinigung mit Christus 296
14. Das innige Verlangen gewisser Gottesfreunde nach dem Leib Christi 299
15. Demut und Selbstverleugnung erlangen die Gnade der Andacht 301
16. Eröffne deine Nöte Christus, und bitte ihn um seine Gnade 304
17. Empfange Christus mit großer Liebe und Herzlichkeit 306
18. Grüble nicht neugierig über das heilige Sakrament nach, sondern folge demütig den Fußstapfen Christi 308

VORWORT

Da setzte sich im 14. Jahrhundert ein Laienapostel in den Niederlanden an den Schreibtisch – man versichert heute, es sei Gerhard Groote († 1384) gewesen – und verfaßte Ermahnungen zu Handen der von ihm gegründeten religiösen Genossenschaft der Fraterherren. Ein halbes Jahrhundert später ergänzte sie ein anderer Fraterherr, der Priester Thomas von Kempen († 1471) – fast das ganze 4. Buch (das allerdings gegenüber den andern abfällt) stammt von ihm.

Unzählige Male vorher und nachher hat sich ähnliches ereignet, sind erbauliche Gedanken niedergeschrieben worden. Häufig von begabtern, gelehrtern, berühmtern Männern. Aber keine Erbauungsschrift fand auch nur annähernd ein so gewaltiges Echo wie das Werk der beiden Genannten. Es wurde zum Lieblingsbuch so verschiedener Persönlichkeiten wie eines hl. Ignatius von Loyola und einer hl. Theresia vom Jesuskind in ihrer Jugend, des französischen Aufklärers Fontenelle, des englischen Denkers Kardinal Newman, des deutschen Bischofs Michael Sailer. Und nicht bloß von katholischer Seite wurde und wird es immer wieder neu aufgelegt und in die verschiedensten Sprachen übersetzt, auch Protestanten gaben es heraus und wählten es zum Erbauungsbuch bis tief ins 19. Jahrhundert hinein.

Wir fragen, worin der Zauber der «Nachfolge Christi» liegt, ein Zauber, der sogar uns, in den äußerlich völlig veränderten Verhältnissen des 20. Jahrhunderts, in seinen Bann schlägt. – Zweifellos in der Allgemeingültigkeit des Werkes. Wohl wenden sich einzelne Kapitel und Mahnungen direkt an Ordensleute; die christlichen Laien verstanden von jeher, solche Ratschläge auf ihre Lage umzumünzen. Aber gleich den Psalmen, dieser andern religiösen Welteroberin, setzt auch die «Nachfolge Christi» das voraus, was immer da war und immer da sein wird für einen jeden religiös Denkenden: einerseits den Menschen: guten Willens, doch gebrechlich, vielfach enttäuscht, geplagt, versucht, häufig strauchelnd; anderseits Gott: unsagbar hoch und heilig, endgültiges Ziel, väterlich, prüfend, verzeihend. Und mögen die vier Bücher eingetaucht sein in das katholische

Christentum, um Christus kreisen, zu dessen «Nachfolge» aufrufen, so kehren sie doch auch diesbezüglich bei allen Einzelfällen immer wieder das Allgemeingültige hervor.

Noch eine weitere inhaltliche Seite trug zum einzigen Erfolg der «Nachfolge» bei. Sie will nicht entlegene Erkenntnisse vermitteln; im Gegenteil, ihre Verfasser, die zur Zeit des überspitzten Nominalismus lebten, bekunden unverhohlen ihre Abkehr von der Schulweisheit. Die «Nachfolge» gibt seelische Alltagserfahrungen wieder, wie sie jeder verspüren kann, der sich der Gnade nicht ganz entzieht. Deshalb versteht jeder irgendwie innerliche Mensch die Lehren der «Nachfolge» mühelos. Immer wieder sagt man sich beim Lesen aus eigener Erfahrung: Ja, so ist es.

Neben dem Inhalt verdankt das Werk seinen Dauererfolg auch der Form. Sogar in Prachtstücken, wie den Schlußkapiteln des 1. und 2. Buches, redet die «Nachfolge» nicht die einschneidende Sprache der Paulusbriefe, nicht die tiefschürfende, begeisternde der Kirchenväter, nicht die kühlsachliche eines hl. Thomas von Aquin, die alle hohe Anforderungen stellen. Sie drückt sich in gemütsbetonter Aphorismensprache aus. Das Allgemeingültige erhält so den faßlichsten Ausdruck. Die Preisgabe der Aphorismform, die heute in verschiedenen Neuausgaben einriß, raubt dem Werk einen Großteil von seinem Reiz. Gerade diese Gestalt erlaubte es Unzähligen, unter der Arbeit das Buch rasch aufzuschlagen, und die Seele mit einem erbaulichen Gedanken zu nähren, zu dessen Verständnis sie nicht auf Vorhergehendes oder Nachfolgendes angewiesen sind. Wir stellten hier die Aphorismform sorgfältig wieder her.

In der Abgrenzung der Teile und der Numerierung folgten wir der alten französischen Ausgabe von Tours (Mame). Sie stammt vom später so unglücklichen französischen Priester Félicité de Lamennais († 1854), den seine Zeitgenossen bewundernd «den letzten Kirchenvater» nannten. Dessen Anmerkungen, «Réflexions», zu den einzelnen Kapiteln, übernahmen wir ebenfalls, um diese reifen «Betrachtungen» dem deutschen Sprachraum zu erschließen. So erhält die Sentenzensprache der «Nachfolge» aus dem 14. Jahrhundert einen glücklichen Ausgleich in zusammenhängenderen Ausführungen aus dem 19. Jahrhundert über die gleichen Gegenstände. Stellen in Anführungszeichen sind fast ausschließlich der Heiligen Schrift entnommen.

Aber warum eine deutsche Neuübertragung, neben fast einem Dutzend bestehender? – Der klassische lateinische Urtext sollte dem Gegenwartsmenschen in seiner Sprache geboten werden. Dazu eignete sich weder die mit Recht berühmte, aber heute veraltete Übertragung Bischof Sailers, die übrigens auf weite Strecken eine Paraphrase ist, noch neuere, doch bisweilen altertümliche Wiedergaben, ganz zu schweigen von ungelenken. Als Übersetzungsregel schwebte uns der Grundsatz vor, so zu verdeutschen, wie es die Verfasser selber täten, wenn sie heute mit ihrer Gemütsverfassung dieselben Gedanken auszudrücken hätten. Nicht bloß das Auge, auch das Ohr mußte dabei maßgebend mitwirken.

So möge das alte Buch im neuen Gewand seinen Weg finden, uns Pilgern auf der Heimkehr zu Gott die schweren Stunden erleichtern und die leichten nicht in leichtsinnige umschlagen lassen.

DER ÜBERSETZER

ERSTES BUCH
WINKE FÜR DAS GEISTLICHE LEBEN

1. KAPITEL: FOLGE CHRISTUS NACH, UND VERACHTE DAS VERGÄNGLICHE

1. «Wer mir nachfolgt, wandelt nicht im Finstern», spricht der Herr. Mit diesen Worten ermahnt uns Christus, seinen Lebenswandel nachzuahmen, wenn wir wahrhaft erleuchtet und von aller Herzensblindheit geheilt werden wollen.

Unsre Hauptsorge muß also dahin gehen, das Leben Jesu Christi zu betrachten.

2. Die Lehre Christi übertrifft alles, was die Heiligen gelehrt haben, und wer von seinem Geist beseelt wäre, könnte verborgenes Himmelsbrot darin finden.

Doch da geschieht es, daß manche das Evangelium zwar oft hören, aber kaum davon ergriffen werden, weil ihnen der Geist Christi fehlt.

Wer die Worte Christi voll verstehen und verkosten will, muß ihm sein ganzes Leben anzugleichen suchen.

3. Was hilft es dir, tiefsinnig über die Dreifaltigkeit reden zu können, wenn dir die Demut abgeht und du so der Dreifaltigkeit mißfällst?

Fürwahr, nicht hohe Worte machen den Menschen heilig und gerecht, sondern ein tugendhaftes Leben.

Ich will lieber die Zerknirschung fühlen als sie definieren können.

Wüßtest du die ganze Bibel auswendig, samt den Lehren aller Denker, was hülfe es dir ohne Gottesliebe und Gnade?

«O Eitelkeit der Eitelkeiten, und alles ist Eitelkeit», außer Gott lieben und ihm allein dienen.

Die Summe aller Weisheit heißt Weltverachtung und Streben nach dem Himmelreich.

4. Eitel ist es, vergänglichem Reichtum nachzujagen und darauf seine Hoffnung zu setzen.

Ebenfalls eitel, Ehrenämter anzustreben und eine hohe Stellung zu suchen.

Eitel, den fleischlichen Gelüsten zu frönen und das zu verlangen, was nachher schwer bestraft wird.

Eitel, ein langes Leben zu wünschen, sich jedoch wenig um ein gutes Leben zu kümmern.

Eitel, nur das zeitliche Dasein im Auge zu halten, ohne sich für das ewige vorzusehen.

Eitel, sich an das zu hängen, was so bald vergeht, ohne den unvergänglichen Freuden entgegenzueilen.

5. Denke oft an das Wort des Weisen: «Nichts Sichtbares vermag das Auge zu sättigen, nichts Hörbares das Ohr zu erfüllen.» So sei bemüht, dein Herz von der Liebe zum Sichtbaren zu lösen und dich zum Übersinnlichen zu erheben.

Die ihrer Sinnlichkeit frönen, beflecken ihr Gewissen und verlieren die Gnade Gottes.

Anmerkung

Unsre einzige Sorge hienieden hat unserm Seelenheil zu gelten, das nur in Christus und durch Christus erreichbar ist. Seinem Wort Glauben schenken, seine Gebote halten, seine Tugenden nachahmen: das macht das Leben aus, außer dem es keines gibt. Alles übrige ist Eitelkeit. «Und ich sah», spricht der Weise, «daß der Mensch nichts weiter gewinnt mit seinem Schaffen, mit dem er sich unter der Sonne abmüht.» Reichtum, Vergnügen, Größe, was zählt das alles, wenn einst der Leib in die Erde sinkt, und die Seele in die Ewigkeit eintritt? Denke schon heute daran, von diesem Augenblick an, morgen könnte es zu spät sein. Wirke solange es Tag ist; beeile dich, unvergängliche Schätze zu sammeln. Denn «es kommt die Nacht, wo niemand mehr wirken kann». Nicht unfruchtbare Wünsche können dich retten; Werke will Gott sehen. So folge denn Jesus nach, willst du ewig mit Jesus leben.

2. KAPITEL: SEI GERING IN DEINEN AUGEN

1. Von Natur aus verlangt jedermann nach Wissen; doch was hilft Wissen ohne Gottesfurcht?

Dient ein schlichter Bauer Gott, übertrifft er unzweifelhaft einen hochmütigen Gelehrten, der sich vernachlässigt, aber den Lauf der Gestirne beobachtet.

Wer sich selber richtig kennt, schätzt sich gering ein und findet kein Gefallen an Menschenlob.

Kennte ich alle Erdendinge, entbehrte aber der Liebe, was nützte es mir vor Gott, der mich nach meinen Werken richten wird?

2. Dämpfe die übertriebene Wißbegier; sie bringt bloß Zerstreuung und Enttäuschung.

Die Gelehrten rücken sich gern ins Licht und suchen Anerkennung. Dabei gibt es zahlreiche Dinge, deren Kenntnis der Seele wenig oder überhaupt nichts fruchtet. Und man muß fürwahr ein großer Tor sein, wenn man sich um etwas anderes sorgt als um sein Seelenheil.

Viele Worte füllen das Herz nicht aus; ein guter Lebenswandel hingegen erquickt den Geist, und ein reines Gewissen verschafft große Zuversicht vor Gott.

3. Je umfassender und tiefer deine Kenntnisse sind, um so strenger wirst du gerichtet werden, wenn du kein heiliges Leben führst.

Prahle mit keiner Fertigkeit und prunke mit keinem Wissen; bange vielmehr angesichts deines Könnens.

Glaubst du, zahlreiche und gründliche Kenntnisse zu besitzen, so sei dir doch bewußt, daß dir noch unvergleichlich mehr abgeht.

«Werde nicht aufgeblasen», bekenne lieber deine Unwissenheit.

Wie wolltest du dich irgend jemand vorziehen, wo doch manche gelehrter und gesetzeskundiger sind als du?

Möchtest du etwas Nützliches erlernen, so liebe es, unbekannt zu leben und als nichts zu gelten.

4. Das höchste und heilsamste Lehrstück heißt: unverfälschte Selbsterkenntnis und Selbstverachtung.

Auf sich selber nichts geben, hingegen andere stets wertschätzen und hochachten, das bedeutet große Weisheit und Vollkommenheit.

Nicht einmal wenn du jemand sich offenkundig verfehlen oder sonst schwer sündigen siehst, nicht einmal dann halte dich für besser. Du weißt ja nicht, wie lange du selber im Guten ausharrst.

Gebrechlich sind wir alle, doch betrachte niemanden für gebrechlicher als dich.

Anmerkung

Hochmut stürzte den Menschen ins Verderben; Demut richtet ihn wieder auf und erlangt ihm die Gnade. Nicht was er weiß, macht sein Verdienst aus, sondern was er tut. Wissenschaft ohne gute Werke wird ihn nicht entschuldigen vor dem Richterstuhl. Im Gegenteil, sie verschärft das Urteil nur. Damit seien die Lichtseiten der Wissenschaft nicht verkannt; stammt sie doch aus Gott. Aber sie birgt eine verfängliche Fußangel und stellt eine große Versuchung dar: «sie bläht auf», sagt der Apostel; sie füttert den Hochmut; sie flößt eine geheime Selbstüberschätzung ein, die ebenso verwerflich wie töricht ist. Auch das umfassendste Wissen trägt nur einen andern Namen für Unwissenheit. Die wahre Vollkommenheit erschöpft sich in der richtigen Herzenshaltung. Vergessen wir nie, daß wir nichts sind, daß wir nur die Sünde zu eigen haben, daß wir uns von rechtswegen unter alle Geschöpfe stellen müßten, und daß in Christi Reich «die Ersten die Letzten sein werden, und die Letzten die Ersten».

3. KAPITEL: DIE LEHRE DER WAHRHEIT

1. Selig, wen die Wahrheit selber unterrichtet, nicht mittels flüchtiger Zeichen und Worte, sondern in eigener Gestalt. Denn unser Sinn und Meinen trügt uns oft und reicht nicht weit.

Was nützen langatmige Erörterungen über verborgene und dunkle Dinge, deren Unkenntnis uns beim Gericht nicht zum Vorwurf gemacht wird?

Töricht handelt deshalb, wer Nützliches und Notwendiges vernachlässigt, um sich mit dem zu befassen, was nur die Neugier nährt, ja uns geradezu schadet. Wir haben Augen, und sehen nicht.

2. Und was kümmern wir uns um Gattungen und Arten? Wen das ewige Wort unterrichtet, der kann vielerlei Meinungen entbehren.

Von diesem einen Wort stammt alles her, und alles führt dieselbe Sprache. Es ist «der Ursprung, der uns auch anredet».

Ohne das Wort kein Verständnis; ohne es kein gerades Urteil.

Wer alles einheitlich sieht, und alles auf eins zurückführt, und alles im einen erblickt, der vermag unerschüttert zu bleiben und friedsam in Gott zu verharren.

O Wahrheit, Gott, mach mich eins mit dir in ewiger Liebe!

Viel lesen und hören ekelt mich häufig an: du enthältst alles, was mein Herz verlangt.

Verstummen sollen alle Lehrer, stillschweigen vor deinem Angesicht alle Geschöpfe; sprich du allein zu mir.

3. Je mehr jemand eins mit sich ist, und je einfältiger er innerlich dasteht, um so mehr und höhere Dinge erfaßt er mühelos, indem er das Licht des Verstandes von oben empfängt.

Ein reiner, schlichter, beständiger Geist wird nicht einmal im Wirbel der Geschäfte zerstreut. Er tut ja alles nur zur Ehre Gottes, und sucht den Tanz um das eigene Ich sorgfältig zu vermeiden.

In der Tat, ist es nicht gerade die unerstorbene Eigenliebe, die dich am meisten hindert und belästigt?

Ein guter und frommer Mensch überlegt zuerst in seinem Innern, was er außen zu vollbringen gedenkt. Kein künftiges Tun reißt ihn mit sich fort im Joch einer sündhaften Lust, sondern er regelt es selber nach den Geboten der gesunden Vernunft.

Wer hat einen härtern Kampf zu bestehen, als wer sich überwinden will?

Doch gerade in der Selbstüberwindung haben wir unsre Aufgabe zu sehen, wodurch wir täglich mehr gegen uns erstarken und einige Fortschritte machen.

4. In diesem Leben geht jede Vollkommenheit mit irgendeiner Unvollkommenheit gepaart, und kein Gedankengang entbehrt des Dunkels.

Demütige Selbsterkenntnis führt sicherer zu Gott als hochwissenschaftliche Untersuchungen.

Damit sei die Wissenschaft nicht angeklagt, sowenig als irgendeine Kenntnis, die an sich gut und gottgewollt ist. Aber den Vorzug verdient stets ein reines Gewissen und ein tugendhafter Wandel.

Weil jedoch manche mehr auf Wissen als auf Tugend ausgehen, verirren sie sich oft und bringen keine oder nur wenig Frucht.

5. Bemühten sie sich ebenso darum, ihre Fehler auszurotten und die Tugend zu üben wie gelehrte Dispute zu führen, es gäbe nicht so viel Sünde und Jammer im Volk und weniger Ärgernis hinter Klostermauern.

Am Gerichtstag wird man uns zweifellos nicht fragen, was wir gelesen, sondern was wir getan haben, noch forschen, wie schön wir gesprochen, sondern wie fromm wir gelebt.

Sage mir, wo blieben die Herren und Meister, die du in ihren Tagen wohl gekannt, da sie als wissenschaftliche

Größen galten? Andere sitzen heute auf ihren Pfründen, und ich zweifle daran, ob sie ihrer noch gedenken.

Zu ihren Lebzeiten schienen sie etwas zu bedeuten; heute schweigt man über sie.

6. Wie enteilt doch irdischer Ruhm! Hätte ihr Leben ihrem Wissen entsprochen, so wäre es wohlbestellt gewesen um ihr Forschen und Lehren.

Manchen bricht eitles Wissen in der Welt das Genick, indem sie den Dienst Gottes vernachlässigen.

Sie wollen lieber erhaben als demütig sein, und so «versinken sie in ihrem eitlen Denken».

Wahrhaft groß ist, wem eine starke Liebe innewohnt.

Wahrhaft groß ist, wer klein dasteht in seinen eignen Augen und auf Ehre und Ruhm kein Gewicht legt.

Wahrhaft weise ist, wer, um Christus zu gewinnen, alle Erdendinge als Kehricht achtet.

Wahrhaft wohlgelehrt ist, wer Gottes Willen erfüllt und dem Eigenwillen entsagt.

Anmerkung

Es gibt zweierlei Lehren, aber nur eine Wahrheit. Es gibt zweierlei Lehren: die eine unverrückbar wie Gott selber, die andere von Menschen und wandelbar wie sie. Die menschgewordene Weisheit, das göttliche Wort, verbreitet jene in den aufnahmebereiten Seelen; das Licht, das sie dabei durchflutet, bildet einen Teil von ihr, der wesenhaften, immer lebendigen Wahrheit. Zwar wird sie allen angeboten, aber in Fülle nur den von Herzen Demütigen zuteil. Und da sie nicht aus ihnen stammt, ja jeden Augenblick entzogen werden kann, in keiner Weise vom Verstande abhängt, den sie nur erleuchtet, so besitzt sie der Demütige, ohne daß ihn dieser Besitz zu eitlem Selbstgefallen verleitete. Die menschliche Lehre dagegen schmeichelt dem Verstand, da sie dem Menschen entsteigt. «Dieser Gedanke gehört mir an; ich habe das als erster ausgesprochen; vor mir wußte das niemand.» So tönt es aus deinem Mund, hoffärtiger Geist. Doch bald widerspricht man den Ansichten, woran sich diese mächtige Vernunft labte, verlacht die irrigen Anschauungen, an denen sie festhielt, ihre Wahngebilde, und morgen hat man sie vergessen. Ja die Zeit löscht sogar den Namen des Toren aus, der sein Dasein zum bloßen Erwerb irdischer Unsterblichkeit verwandte. O Jesus, senke doch deine heilige Lehre in mein Inneres; möge sie mich stets davor bewahren, den Irrungen meines eigenen Geistes anzuhängen.

4. KAPITEL: GEH BEHUTSAM ZU WERK

1. Nimm nicht jedes Wort für bare Münze, noch folge jedem Antrieb. Wäge vielmehr alles sorgfältig und bedachtsam vor Gott ab.

Leider glauben und sagen wir leichter Böses als Gutes von andern, so schwach sind wir.

Der vollkommene Mensch schenkt allerdings nicht jedermann sofort Glauben, denn er kennt die menschliche Gebrechlichkeit, die zum Bösen neigt und zum Geschwätz.

2. Weise handelt, wer nicht überstürzt vorgeht, noch sich auf seine persönlichen Ansichten versteift.

Ebenfalls weise, wer nicht jedem Gerede traut und nicht Gehörtes oder Geglaubtes sofort wieder andern zu Gehör bringt.

Berate dich mit einem besonnenen und gewissenhaften Manne, und folge lieber einem bessern als deinen eigenen Ansichten.

Ein gutes Leben macht den Menschen Gott gemäß weise und verschafft ihm reiche Erfahrung.

Je demütiger jemand ist und je lenksamer Gott gegenüber, um so vernünftiger und ruhiger wird er in allem.

Anmerkung

Da Gott das Endziel unseres Wirkens und Wünschens bilden muß, hüten wir uns bei unserm Tun davor, den übereilten Regungen der Natur nachzugeben, die alles auf sich beziehen will. Und da niemand recht Einblick in sich selber hat, und deshalb außerstande ist, sich selbst zu führen, befiehlt ein Gebot der Klugheit, sich vor jeder einigermaßen wichtigen Handlung Rat zu holen, im Geiste der Unterwerfung und Demut. Solch vernünftiges Mißtrauen bewahrt vor dem Fall und reinigt das Herz. «Der Rat wird dich schützen», sagt die Schrift, «und dich vom Irrweg fernhalten.»

5. KAPITEL: DIE LESUNG DER HEILIGEN SCHRIFT

1. Wahrheit, nicht Beredsamkeit soll man in der Heiligen Schrift suchen.

Die gesamte Heilige Schrift ist in dem Geiste zu lesen, in dem sie verfaßt wurde.

Wir haben darin mehr auf Erbauung als auf Sprachkunst zu achten.

Die frommen und schlichten Bücher sollen uns ebenso fesseln wie die tiefen und erhabenen.

Kümmere dich nicht um die mangelnde oder bedeutende Bildung eines Verfassers; die Liebe zur reinen Wahrheit bestimme deine Lesung.

Frage nicht, wer etwas gesagt hat, sondern beherzige, was er gesagt hat.

2. Die Menschen gehen vorüber, «die Wahrheit des Herrn dagegen hat ewig Bestand».

Ohne Rücksicht auf die Person und «auf mannigfache Weise» spricht Gott zu uns.

Bei der Bibellesung schadet uns oft die Neugier, indem wir begreifen und zergliedern möchten, wo es einfach darüber hinwegzugehen gilt.

Willst du Nutzen daraus ziehen, lies demütig, einfältig, beharrlich, ohne je als Fachmann erscheinen zu wollen.

Stelle gern Fragen, und höre schweigend die Meinung der Heiligen an. Die Gleichnisse der Alten dürfen dir nicht mißfallen, denn sie haben ihren guten Grund.

Anmerkung

Was begreift unsre Vernunft? Fast nichts. Der Glaube dagegen erfaßt das Unendliche. So steht der Gläubige hoch über dem bloßen Denker, und Herzenseinfalt ist begehrenswerter als hochfahrende Wissenschaft. Wißbegierde hat den ersten Menschen zu Fall gebracht. Er suchte Erkenntnis und fand den Tod. Gott, der in der Bibel das Wort an uns richtet, wollte damit nicht unsre Neugierde befriedigen, sondern uns über unsre Pflichten aufklären, den Glauben erproben, die Seele läutern, und durch die Liebe zu den wahren Werten führen, zu den Werten, die restlos in Gott verkörpert sind. So erscheint die Demut des Geistes als unerläßliche Grundlage der Schriftlesung; und man hat schon viel gewonnen mit der Einsicht, wie hoch die Heilige Schrift unsern schwachen, beschränkten Verstand übersteigt.

6. KAPITEL: DIE UNGEORDNETEN NEIGUNGEN

1. Sooft ein Mensch ungeordneterweise etwas begehrt, fühlt er sich sogleich unruhig.

Hochmütige und Geizige sind immerfort gequält; **Arme** und im Geiste Demütige dagegen leben in wundersamem Frieden.

Solange jemand sich selber noch nicht völlig abgestorben ist, bietet er den Versuchungen ein leichtes Ziel, und jede Kleinigkeit bringt ihn zu Fall.

2. Wer noch schwach im Geiste ist, und sozusagen noch fleischlich und zum Sinnlichen geneigt, für den bedeutet es ein hartes Stück Arbeit, den irdischen Gelüsten zu entsagen. Beim Widerstand fühlt er sich häufig unglücklich, und Widerspruch läßt ihn rasch aufbrausen.

Hat er seiner Lust nachgegeben, so plagt ihn unverzüglich das schlechte Gewissen, weil er der Leidenschaft frönte, die den ersehnten Frieden hintanhält.

Der Widerstand gegen die Leidenschaften, nicht das Nachgeben verschafft wahren Herzensfrieden.

Der fleischlich gesinnte und veräußerlichte Mensch kostet keinen Frieden; nur dem eifrigen und geistlich eingestellten kommt er zu.

Anmerkung

Ein hartes Joch drückt die Adamskinder, indem sie aufgerieben werden von den unersättlichen Begierden ihrer verdorbenen Natur. Versagt man, überfällt einen Niedergeschlagenheit, Unruhe, Bitternis, Gewissensnot. «Hochmütig bis in die Schande hinunter, unruhig und meiner überdrüssig», gesteht der hl. Augustin beim Erzählen seiner Jugendverirrungen, «wandelte ich fern von dir, o mein Gott, auf Wegen, die mit unfruchtbaren Leiden übersät waren.» Der Mensch bezahlt das Nachgeben weit teurer als den Widerstand. Geht es im Kampf gegen die Leidenschaften hart auf hart, so klingt er doch aus in köstlichen Frieden. Rufen wir den Herrn zu Hilfe in diesem heiligen Ringen; scheuen wir keine Mühe; sie dauert nur kurze Zeit, heute, morgen, dann folgt ewige Ruhe.

7. KAPITEL: FLIEHE EITLE WÜNSCHE UND ÜBERHEBLICHKEIT

1. Nur ein Tor verläßt sich auf Menschen oder irgendwelche Geschöpfe.

Schäme dich nicht, aus Liebe zu Jesus Christus andern zu dienen und hienieden arm dazustehen.

Vertraue nicht auf dich selbst, sondern setze deine Hoffnung auf Gott.

Tu was in deinen Kräften liegt, so wird Gott deinem guten Willen entgegenkommen.

Baue nicht auf dein Wissen, noch auf die Findigkeit irgend eines Sterblichen; zähle vielmehr auf die Gnade Gottes, der dem Demütigen hilft, den Vermessenen dagegen demütigt.

2. Bist du reich, rühme dich dessen nicht, noch der Macht von Freunden. Rühme dich vielmehr Gottes, von dem alles herkommt, der sich selber über allem zu verschenken wünscht.

Prahle nicht mit Körperkraft und Wohlgestalt, denn eine Krankheit genügt, den Leib zu lähmen und zu entstellen.

Bilde dir nichts ein auf deine Gewandtheit oder deinen Scharfsinn, sonst könntest du Gott mißfallen, dem Herrn aller natürlichen Gaben in dir.

3. Halte dich nicht für besser als andere, denn wer weiß, ob du nicht schlechter dastehst in den Augen Gottes, der den Menschen durchschaut.

Rücke deine guten Werke nicht ins Licht; Gottes Urteil lautet verschieden von dem der Menschen, und häufig mißfällt ihm, was den Menschen behagt.

Hast du etwas Gutes an dir, vermute mehr davon in andern; so bleibst du bescheiden.

Dich allen übrigen zu unterstellen, bringt dir keinen Nachteil. Sehr nachteilig dagegen kann es sich auswirken, wenn du dich auch nur einem einzigen vorziehst.

Ständiger Friede begleitet den Demütigen. Im Herzen des Hoffärtigen dagegen toben oft Eifersucht und Erbitterung.

Anmerkung

Wer die Schwäche des Menschen betrachtet, wie gebrechlich sein Leben, wie viel er durchzumachen hat, wie kurzsichtig er ist, wie schwer ihm oft ein Entschluß fällt, ihm, der «von Jugend auf zum Bösen neigt», der muß sich wundern, daß überhaupt ein Hoffartsgedanke in einem derart armseligen Geschöpf aufkommen kann. Und dabei wuchert gerade die Hoffart zutiefst in unsrer verderbten Natur. Ein Kirchenvater äußert diesbezüglich, die Hoffart «trenne uns von der Weisheit, sie bewirke, daß wir uns selbst zum Endwert nehmen, was nur Gott ist». So töricht gebärdet sich diese verwerfliche Neigung. Der Mensch sucht und bewundert sich in allem, was ihn von andern unterscheidet, vergrößert es ungebührlich, mag es sich um körperliche oder geistige Vorzüge handeln, um Herkunft, Reichtum, ja sogar um Gnadengaben. So mißbraucht er die Gaben des Schöpfers wie die des Erlösers. Fürwahr, eine bedenkliche Unordnung. Wie müssen wir erzittern, wenn wir ein eitles Selbstgefallen in uns wahrnehmen oder den Gedanken, wir seien besser als dieser oder jener Mitbruder. Denken wir oft an den Pharisäer im Evangelium, seine falsche Frömmigkeit – äußerst selbstzufrieden, und dabei tief schuldbar vor Gott– seine Verachtung dem Zöllner gegenüber, «der gerechtfertigt von dannen ging», weil er seine Armseligkeit demütig eingestanden hatte. Sprechen wir mit diesem von Herzen: «Gott, sei mir armem Sünder gnädig!»

8. KAPITEL: VERMEIDE ÜBERMÄSSIGE VERTRAULICHKEIT

1. «Eröffne dein Herz nicht unterschiedslos jedermann», sondern geh mit deinen Anliegen zu einem weisen und gottesfürchtigen Manne.

Hab wenig Berührung mit jungen Leuten und Fremden.

Mache den Reichen nicht den Hof, und erscheine nicht gern vor den Großen.

Geselle dich dem kleinen Mann, frommen und sittsamen Leuten, und rede Erbauliches.

Habe mit keiner Frau vertraulichen Umgang, sondern empfiehl allgemein alle guten Frauen Gott an.

Nur Gott und den Engeln wünsche nahezustehen, und meide es, den Menschen bekannt zu sein.

2. Zwar müssen wir alle lieben, aber Vertraulichkeit ist nicht ratsam.

Bisweilen schätzt man einen Unbekannten nach seinem Ruf hoch ein, und ist dann enttäuscht, wenn man ihn persönlich kennenlernt.

Wir glauben nicht selten, andern Freude zu machen, indem wir sie häufig besuchen. In Wirklichkeit entfernen wir sie von uns infolge der Fehler, die sie an uns gewahren.

Anmerkung

Man soll sich den Menschen zur Verfügung stellen, aber nur Gott angehören. Zu vertrauter Umgang mit Geschöpfen spaltet die Seele auf und schwächt sie. Es gilt, höher hinaufzublicken. «Unser Umgang ist im Himmel», sagt der Apostel.

9. KAPITEL: GEHORSAM UND UNTERWERFUNG

1. Es liegt etwas ungemein Großes an einem Leben des Gehorsams, unter einem Obern, im Verzicht auf Selbstbestimmung. Dieser Stand ist weit sicherer als der Befehlsstand.

Viele leben mehr aus Not als aus Liebe unter dem Gehorsam. Diese fühlen sich unzufrieden und sind leicht zum Murren geneigt. Sie werden nie zur Freiheit des Geistes gelangen, wenn sie sich nicht aus ganzem Herzen Gottes wegen demütigen.

Geh wohin du willst, Ruhe wirst du nur in der schlichten Unterwerfung unter die Leitung eines Obern finden. Die Hoffnung auf einen befreienden Ortswechsel hat schon manchen irregeführt.

2. Zweifellos folgt jeder gern seiner eigenen Auffassung und zieht Gleichdenkende vor. Wohnt aber Gott unter uns, müssen wir notwendigerweise dann und wann auf unsre persönliche Meinung verzichten, des Friedens halber.

Wer wäre dermaßen erleuchtet, daß er alles wüßte? Baue also nicht allzusehr auf deine Ansichten, sondern vernimm gerne die Meinung anderer.

Ist jedoch deine Ansicht gut, entsagst du ihr aber Gott zulieb, um dich der eines andern anzuschließen, fördert das deinen Fortschritt. Ich hörte übrigens schon häufig sagen, Rat anhören und empfangen sei ersprießlicher als Rat erteilen.

Allenfalls kann jede Meinung berechtigt sein, aber andern nicht nachgeben wollen, wenn gute Gründe dafür sprechen, zeugt von Hochmut und Hartnäckigkeit.

Anmerkung

«Christus wurde gehorsam bis zum Tode, ja bis zum Tode am Kreuze.» Wer wagte da noch Gehorsamsverweigerung? Ohne Gehorsam ist hienieden jede Ordnung, jedes Leben unmöglich. Der Gehorsam knüpft das Band unter den Menschen und mit ihrem Schöpfer, er bildet das Friedensfundament, den Ursprung jeglichen Einklanges. Familie, Staat, Kirche und die große Gemeinschaft aller denkenden Geister haben nur in ihm Bestand. Die höchste Vollkommenheit finden die Geschöpfe bloß in einem größern Gehorsam. Er allein feit uns gegen Irrtum und Sünde. Was macht den Irrtum aus? Der Gedanke eines schwachen Geistes, der keinen Herrn anerkennen will außer sich selber. Und worin liegt das Wesen der Sünde? Im Entschluß eines verderbten Willens, der keinen Meister anerkennt außer sich. Doch wem haben wir zu gehorchen? Einem Menschen gleich uns? Nein, nein, kein Mensch besitzt über den andern eine rechtmäßige Herrschaft; nur mit Gewalt kann er ihn unterjochen. Befiehlt er aus eigener Machtvollkommenheit, so maßt er sich ein Recht an, das ihm in keiner Weise zukommt. Alleiniger Herr ist Gott, und jede rechtmäßige Gewalt entströmt seiner ewigen Allmacht, nimmt daran teil. So stammt nach der Lehre des Apostels «jede Gewalt von Gott». Sie bleibt ewigen Normen unterworfen, in der zeitlichen wie in der geistlichen Ordnung. Fügt man sich also dem geistlichen Oberhaupt, dem Fürsten, dem Priester oder gleich welchem «Diener Gottes zum Guten», so gehorcht man im Grunde nur Gott. Selig, wer diese himmlische Lehre erfaßt hat; befreit von den Ketten des Irrtums und der Leidenschaft, befreit von menschlicher Knechtschaft, genießt er die «wahre Freiheit der Kinder Gottes».

10. KAPITEL: VERMEIDE UNNÜTZES REDEN

1. Bleib dem lärmenden Treiben der Menschen möglichst fern. Denn trotz reiner Absicht, wirkt sich die Abwicklung weltlicher Geschäfte sehr hindernd aus.

Rasch werden wir von Eitelkeit befleckt und eingenommen.

Wie oft wollte ich mehr geschwiegen und weniger mit den Menschen verkehrt haben!

Aber warum reden wir so gern und plaudern untereinander, da wir doch selten mit makellosem Gewissen zum Stillschweigen zurückkehren? – Deshalb reden wir so gern, weil wir durch abwechslungsreiche Gespräche Trost voneinander erwarten, und unser von allerlei Sorgen gequältes

Herz wieder aufzurichten hoffen. Und besonders gern erörtern und erwägen wir unsre Lieblingsgegenstände, unsre Wunschträume, unsre Widerstände.

2. Doch ach, leider oft fruchtlos! Denn dieser äußere Trost hemmt nachhaltig den innern, göttlichen Trost. Wachen und beten wir deshalb, sonst verrinnt die Zeit unbenützt.

Ist das Reden erlaubt und gegeben, sprechen wir von erbaulichen Dingen.

Schlechte Angewöhnung und die Vernachlässigung unseres Fortschrittes sind schuld daran, daß wir die Zunge so wenig bemeistern.

Immerhin können fromme Gespräche über geistliche Dinge den innern Fortschritt ungemein fördern, besonders wenn sie von Gleichgesinnten in der Gegenwart Gottes geführt werden.

Anmerkung

Wie geschrieben steht, haben wir am Tag des Gerichtes sogar über jedes eitle Wort Rechenschaft zu geben. Eine solche Strenge darf uns nicht verwundern. Alles ist ernst zu nehmen im Menschenleben, denn jeder Augenblick kann schwerwiegende Folgen haben. Die Zeit, die du mit eitlen Reden vertändelst, wurde dir als Himmelsleiter zur Verfügung gestellt. Vergleiche mit diesem Zweck den Gebrauch, den du davon machst! Und bist du sicher, ob dir auch nur eine einzige Stunde beigegeben wird?

11. KAPITEL: FRIEDE UND EIFER ZUM FORTSCHRITT

1. Wir könnten einen tiefen Frieden verkosten, kümmerten wir uns weniger um das Reden und Tun anderer, sowie um das, was uns nichts angeht.

Wie wollte den Frieden auf die Länge bewahren, wer sich in fremde Angelegenheiten mischt, äußere Anlässe sucht, und sich nur flüchtig oder selten sammelt?

Selig die Einfältigen, denn sie besitzen einen tiefen Frieden.

2. Was machte gewisse Heilige so vollkommen und beschaulich? Ihr Bemühen, allen irdischen Gelüsten zu entsagen. So konnten sie sich aus ganzem Herzen Gott hingeben und sich ungehindert auf sich selbst besinnen.

Wir dagegen liegen zu sehr im Bann unsrer Leidenschaften, sind allzu besorgt um Vergängliches.

Selten meistern wir vollständig auch nur einen einzigen Fehler; es fehlt uns an Entschlossenheit zum täglichen Fortschritt, und so bleiben wir kalt und lau.

3. Lebten wir uns gänzlich abgestorben, und wären wir innerlich losgeschält, wir vermöchten ebenfalls dem Göttlichen Geschmack abzugewinnen und fänden Zugang zur Beschauungsgnade.

Das Haupthindernis liegt an unsrer Bindung an Begierden und Leidenschaften, sowie am mangelnden Willen, in die Fußstapfen der Heiligen zu treten.

Bei der ersten Schwierigkeit geben wir es schon auf und nehmen unsre Zuflucht zu menschlichem Trost.

4. Bemühten wir uns, als tapfere Männer im Kampfe durchzuhalten, käme sicher die Hilfe des Herrn vom Himmel herab über uns.

Denn der gleiche Gott will den Streitern, die auf seine Gnade bauen, beistehen, der uns um des Sieges willen die Gelegenheit zum Kampfe verschafft.

Falls wir den Fortschritt im Ordensleben einzig in den äußeren Andachtsübungen erblicken, steht es schlecht um unsre Frömmigkeit.

Legen wir also die Axt an die Wurzel, um, frei von Leidenschaften, endlich den Seelenfrieden zu erlangen.

5. Wer alljährlich auch nur eine einzige Leidenschaft ausrottete, wäre bald vollkommen. Leider müssen wir im Ge-

genteil feststellen, daß wir zu Beginn unsrer Bekehrung oft besser eingestellt und reiner waren als Jahre nach der Gelübdeablegung.

Jeder Tag hätte uns eifriger und tugendhafter sehen sollen, wogegen es nun schon viel heißen will, wenn jemand den frühern Eifer wenigstens teilweise bewahrt hat.

Täten wir uns zu Beginn auch nur etwas Gewalt an, es ginge uns nachher alles leicht und mit Freude vonstatten.

6. Der Bruch mit liebgewordenen Gewohnheiten fällt schwer, noch schwerer der Kampf gegen den Eigenwillen.

Doch wenn du dich in geringfügigen Dingen nicht überwindest, wie willst du dann mit großen fertig werden?

Widerstehe also deiner Neigung schon anfangs, brich mit der schlechten Gewohnheit, sonst gerätst du in größere Schwierigkeiten.

Dächtest du an den Frieden, der dir aus einem vorbildlichen Wandel erwächst, und an die Freude, die andere darob empfinden, du bemühtest dich vielleicht mehr um deinen geistlichen Fortschritt.

Anmerkung

«Meinen Frieden hinterlasse ich euch, meinen Frieden gebe ich euch, nicht wie ihn die Welt gibt.» Wie viel zuvorkommende Sanftmut spricht aus diesen Worten Christi, wie viel rührende Liebe enthalten sie, welch tiefe Lehre. Jedermann verlangt nach Frieden. Aber es gibt zweierlei Arten: den Frieden Christi und den Frieden der Welt. Die Welt sagt zum Streber: Das Verlangen nach Größe bewegt dich, so steig empor, hoch auf. Sie spricht zum Geizhals: Du verlangst nach Reichtum, so bemühe dich darum, sammle ihn ohne Unterlaß. Dem Weltkind erklärt sie: Verzehrt von Begierden, labe dich an jeder Lust. Jeder Leidenschaft ruft sie zu: Genieße, und du wirst befriedigt sein. Trügerische Versprechen! In Wirklichkeit besteht der Friede der

Welt in Sorgen, Traurigkeit, Unruhe, Ekel, Gewissensbissen. Jesus hingegen spricht: Überwinde dich, bekämpfe deine Gelüste, ringe mit deiner Begierlichkeit, brich mit deinen Leidenschaften. Und siehe, die Seele, die seine Gebote hält, verkostet eine unaussprechliche Ruhe. Die Verdrießlichkeiten dieses Lebens, Leid, Unrecht, Verfolgung, nichts vermag fortan ihren Frieden zu stören. Dieser Himmelsfriede, «der jeden Begriff übersteigt», begleitet sie beim Verscheiden und folgt ihr in den Himmel, ins schattenlose Glück.

12. KAPITEL: LICHTSEITEN DER TRÜBSAL

1. Es schadet nicht, zuweilen etwas Ärger und Verdruß zu haben. Sie bringen uns zur Selbstbesinnung, lassen uns das Erdenleben als Fremde empfinden und enthüllen das Eitle irdischer Hoffnungen.

Es schadet nicht, bisweilen auf Widerspruch zu stoßen und ungünstig und schief beurteilt zu werden, trotz unseres richtigen Vorgehens und unserer guten Absicht. Solches fördert die Demut und bewahrt vor Einbildung.

Denn wir fühlen uns nachhaltiger angetrieben, Gott selber zum innern Zeugen zu nehmen, wenn wir äußerlich den Menschen wenig bedeuten und man uns mißtraut.

2. Der Mensch sollte sich dermaßen an Gott klammern, daß ihm ein Mindestmaß menschlichen Trostes genügte.

Wird jemand, der guten Willens ist, geprüft oder versucht oder von schlechten Gedanken geplagt, so begreift er besser, wie nötig er Gott braucht, und daß er ohne ihn nichts Ersprießliches zustande bringt.

Alsdann leidet er, seufzt und betet in seiner Qual. Er empfindet das Leben als Last und wünscht dessen Ende herbei, um «aufgelöst zu werden und bei Christus zu sein».

Ebenso erkennt er dann klar, daß die Erde keine restlose Sicherheit und keinen ungetrübten Frieden bieten kann.

Anmerkung

Erst bei Rückschlägen sehen wir, was wir eigentlich sind. «Wer nicht geprüft wurde, was weiß der?» Wem alles gelingt, der läuft große Gefahr, daß seine Seele in einen verhängnisvollen Schlaf versinkt, aus dem sie durch die Worte aufgerüttelt wird: «Bedenke, daß du dein Glück bereits auf Erden genossen hast.» Hienieden bilden Leiden eine Gnade; sie zeugen von besonderer Liebe zu uns. Sie eifern zu einem tugendhaften Leben an, verschaffen uns Gelegenheit, Verdienste zu sammeln, machen uns dem Gottessohn gleichförmig, von dem wir lesen: «Christus mußte leiden und so in seine Herrlichkeit eingehen.»

13. KAPITEL: VOM WIDERSTAND GEGEN DIE VERSUCHUNGEN

1. Solange wir auf Erden leben, kommen wir nicht um Trübsal und Versuchung herum. Sagte doch schon Job: «Das Menschenleben ist ein Kampf auf Erden.»

Jedermann sei deshalb gegen die ihm eigenen Versuchungen gewappnet; er wache und bete, damit es dem Teufel nicht gelinge, ihn zu verblenden. Denn dieser schläft nie, sondern «streicht beutegierig umher».

Niemand ist dermaßen vollkommen und heilig, daß er nicht zuweilen in Versuchung geriete; unmöglich können wir ihnen ganz entrinnen.

2. So lästig und schwer sie dem Menschen jedoch fallen, tun sie ihm doch oft sehr gut, indem sie ihn demütigen, läutern, und ihm die Augen öffnen.

Alle Heiligen sind durch zahlreiche Trübsale und Versuchungen hindurchgegangen und so emporgestiegen. Umgekehrt gingen zugrunde und fielen ab, die den Versuchungen nicht standhielten.

Kein Orden ist so heilig, kein Ort abgelegen genug, um alle Versuchungen und Widerwärtigkeiten zu bannen.

3. Bei Lebzeiten ist kein Mensch dagegen gefeit; aus dem Fleisch geboren, tragen wir ihren Keim in uns.

Entfernt sich die eine Versuchung oder Prüfung, rückt schon eine andere an. So werden wir immer etwas zu leiden haben, indem unser Glück von uns gewichen ist.

Viele suchen den einen Versuchungen zu entrinnen und geraten dabei in andere, schwerere.

Nicht durch die Flucht allein vermögen wir zu siegen: es braucht außerdem Geduld und wahre Demut, wollen wir allen Feinden standhalten.

4. Wer nur äußerlich ausweicht, ohne die Axt an die Wurzel zu legen, kommt nicht weit; ja die Versuchung kehrt nur um so rascher zurück und fällt einem um so lästiger.

Allmählich und mit zäher Geduld wirst du sie mit Gottes Beistand besser meistern als mit eigenwilliger Härte und Draufgängerei.

Hole dir oft Rat während der Versuchung, und verfahre deinerseits nicht hart mit einem Versuchten. Spende ihm vielmehr Trost, wie du ihn selber empfangen wolltest.

5. An der Wiege aller Versuchungen stehen Unbeständigkeit und karges Gottvertrauen.

Wie nämlich die Wogen ein steuerloses Schiff hin und her schleudern, so die Versuchungen einen schwachen, wankelmütigen Menschen.

Eisen wird im Feuer erprobt; der Gerechte in der Versuchung.

Oft täuschen wir uns über das Ausmaß unsrer Kraft; die Versuchung bringt es uns zum Bewußtsein.

Dennoch heißt es sich vorsehen, besonders am Anfang. Der Feind läßt sich nämlich leichter überwinden, wenn ihm jeder Eintritt in unsre Gedankenwelt verwehrt wird, und man ihm schon an der Schwelle, beim bloßen Anklopfen, entgegentritt.

So mahnte ja auch ein Dichter:
«Wehre bereits dem Beginn; zu spät erscheint die Arznei,
Wenn, nach verpaßter Frist, Siechtum zur Herrschaft gelangt.»

Zuerst stellt sich bloß ein Gedanke ein; dann erscheint ein lebhaftes Vorstellungsbild. Es folgen Lustempfindung, sinnliche Regung und schließlich die Einwilligung. Auf diese Weise dringt der Böse Feind allmählich ganz ein, wenn ihm nicht schon anfangs die Tür verriegelt wird.

Je länger jemand mit dem Widerstand zuwartet, um so mehr erschwacht er innerlich täglich, wogegen der Feind erstarkt.

6. Einige machen die schwersten Versuchungen am Anfang ihrer Bekehrung durch; andere am Ende; wieder andere leiden ihr Lebtag darunter.

Gemäß Gottes weiser und gerechter Fügung, der Veranlagung und Verdienst des Menschen abwägt und zum Heil der Auserwählten ordnet, werden einige nur wenig versucht.

7. Verzagen wir nicht bei der Versuchung, sondern rufen wir innig zu Gott, der uns in jeder Trübsal beistehen will.

Einem Pauluswort zufolge, läßt Gott ja auch «die Versuchung ein Ende finden», damit wir es aushalten können. So beugen wir uns denn bei jeder Versuchung und Prüfung unter Gottes Hand; er rettet die «Demütigen im Geiste» und erhöht sie.

8. Versuchungen und Prüfungen offenbaren, ob wir Fortschritte gemacht haben. Das Verdienst wächst an, und die Tugendstufe kommt ans Tageslicht.

Tatsächlich bedeutet es wenig, bei erhobenem Gemüt fromm und eifrig zu sein. Trotzt aber jemand den Stürmen, ist viel von ihm zu erwarten.

Einige bleiben von großen Versuchungen verschont, unterliegen aber häufig den kleinen, alltäglichen. Diese Demütigung soll ihnen zeigen, daß sie nichts Großes aus sich selber erwarten dürfen, da sogar Geringfügiges sie zu Fall bringt.

Anmerkung

Niemand bleibt von Versuchungen verschont. Sie läutern uns, erproben uns, erteilen uns manche Lehren, demütigen uns. Nicht bloß durch die Flucht oder durch gewaltsamen Widerstand dagegen wirst du jedoch ihrer Meister, sondern ebenso durch ruhige Geduld und vertrauensvolle Gotthingabe. Doch wachen wir, gemäß dem Mahnwort Christi, wachen und beten wir! Am Anfang läßt sich die Versuchung noch leicht niederhalten; erlaubt man es ihr jedoch anzuwachsen und zu erstarken, trägt der kommende Fall den Fluch unsrer Nachlässigkeit oder Vermessenheit an sich. Willst du wirklich siegen, wirf den Feind beim ersten Ansturm zurück. Möchtest du aus dem Kampf den Vorteil gewinnen, um dessentwillen Gott allgemein Versuchungen zuläßt, gib dein Elend zu, deine Schwäche, deine Ohnmacht, und demütige dich immer tiefer. Die Demut bildet den Grundstock unsrer Sicherheit, unseres Friedens, und aller Vollkommenheit.

14. KAPITEL: VERMEIDE VORSCHNELLES URTEILEN

1. Hefte dein Auge auf dich selber, und enthalte dich des Urteils über das Tun anderer.

Das Beurteilen anderer ist für den Menschen nutzlos, läßt ihn oft fehlgreifen und sich versündigen. Geht er jedoch mit sich selber zu Gericht, so leistet er vorzügliche Arbeit.

Gewöhnlich färbt unsre Zu- oder Abneigung entscheidend auf unser Urteil ab, so daß uns selten ein unverfälschter Spruch gegönnt ist.

Hätten wir immerfort nur Gott vor Augen, der Widerspruch brächte uns nicht so leicht aus der Fassung.

2. Häufig lassen wir uns beim Urteil von unsrer innern Einstellung oder äußern Umständen mitbestimmen.

Viele suchen bei ihrem Tun unbewußt sich selber.

Solange die Dinge nach Wunsch und Willen verlaufen, scheint man völlig zufrieden zu sein; kommt einem jedoch etwas in die Quere, wird man rasch aufgeregt und niedergeschlagen.

Da die Ansichten auseinandergehen, entstehen unter Freunden und Bürgern, unter Ordensleuten und Frommen, häufig Unstimmigkeiten.

3. Schwer bricht jemand mit einer eingewurzelten Gewohnheit, und niemand läßt sich gern vorschreiben, was er nicht einsieht.

Erwartest du jedoch mehr von deiner Einsicht und Kraft als von der Unterwürfigkeit Jesu Christi, so wirst du kaum oder nur spät wirklich erleuchtet.

Gott will, daß wir uns ihm vollständig unterwerfen und durch innige Liebe über alles Vernünfteln hinauskommen.

Anmerkung

Uns wohnt eine geheime Bosheit inne, die uns auf die Unvollkommenheiten der Mitmenschen erpicht sein läßt. Deshalb verurteilen wir andere so rasch, ohne zu bedenken, daß sich Gott selber das Urteil über das Innere des Menschen vorbehalten hat. Und doch täten wir besser daran, anstatt das Gewissen anderer zu erforschen, in unserem eigenen Umschau zu halten. Dabei kämen genug Gründe zum Vorschein, die zur Nachsicht gegenüber den Mitmenschen und zum Bangen vor uns selber mahnten. Nur mit dir selber bist du beauftragt; nur über dich selber wirst du Rede und Antwort stehen müssen; «richte also nicht, so wirst du nicht gerichtet werden».

15. KAPITEL: DIE WERKE DER NÄCHSTENLIEBE

1. Um nichts in der Welt, und keinem Menschen zulieb, darfst du etwas Böses tun. Doch soll zu Nutz und Frommen der Mitmenschen zuweilen ein gutes Werk unterbrochen oder mit einem bessern vertauscht werden. So unterbleibt das gute Werk nicht, sondern wird nur verwandelt.

Ohne Liebe keine fruchtbringende äußere Tätigkeit.

Nichts ist so geringfügig, daß es nicht restlos durch die Liebe fruchtbringend würde. Auf Gottes Waage gibt somit nicht das äußere Tun, sondern die innere Absicht den Ausschlag.

2. Viel tut, wer viel liebt. Viel tut, wer die Dinge recht tut. Richtig handelt, wer mehr der Gemeinschaft als seinem Eigenwillen lebt.

Nicht selten tritt allerdings als Liebe auf, was in Wirklichkeit nur fleischliche Eingebung ist. Naturneigung, Eigenwille, Lohngier, Bequemlichkeitssucht haben häufig die Hand im Spiel.

3. Wer die wahre und vollkommene Liebe besitzt, sucht in nichts sich selber. In allem wünscht er Gottes Ehre.

Auch beneidet er niemanden, weil er keine Sonderstellung anstrebt, noch ein Selbstgenügen sucht, sondern über allen Erdengütern in Gott allein seine Seligkeit sieht.

Er betrachtet nichts und niemanden in sich selber als Wert, sondern bezieht alles gänzlich auf Gott, von dem jedes Gut ursprünglich herstammt, und in dem zielhaft alle Heiligen selig ruhen.

Wer auch nur einen Funken wahrer Liebe hätte, der wüßte, wie alles Irdische von Eitelkeit durchsetzt ist.

Anmerkung

Weitaus die meisten menschlichen Handlungen entspringen einer verdorbenen Wurzel, nämlich der dreifachen Begierlichkeit, die der hl. Johannes erwähnt. Unablässig liegt das Christenleben damit im Kampfe. Die ungeordnete Selbstliebe, die sich so schwer gänzlich bezwingen läßt, vergiftet nur allzu oft die scheinbar besten Werke. Wieviel Mühen, Almosen, Bußübungen, auf die man vielleicht baute, gehen für den Himmel verloren! Gott gibt sich nur denen hin, die ihn lieben. Er belohnt die Liebe mit sich selber, jene unaussprechliche, maß- und grenzenlose Liebe, die, einem Pauluswort zufolge, ewig weiterdauert, auch wenn alles übrige ein Ende nahm. Liebe, die allein die Heiligen hervorbringt, Liebe, «die Gott selber ist», durchdringe, besitze, verwandle meine Seelenkräfte! Bilde mein Leben, mein einziges Leben, nun und allezeit und ewiglich. Amen.

16. KAPITEL: ERTRAGE DIE FEHLER ANDERER

1. Was der Mensch an sich oder andern nicht ändern kann, das soll er geduldig ertragen, bis Gott eingreift.

Bedenke, daß es vielleicht so besser ist für deine Bewährung und deinen Fortschritt in der Geduld, ohne die unsre Verdienste nur wenig taugen. Bitte jedoch, angesichts solcher Hindernisse, um Gottes Beistand, damit dir die Geduld nicht ausgeht.

2. Schenkt jemand einer ersten und zweiten Ermahnung kein Gehör, so herrsche ihn nicht an, sondern überlaß alles Gott. Sein Wille und seine Ehre müssen in all seinen Dienern zur Geltung kommen. Er versteht es ja ausgezeichnet, das Übel zum Guten zu wenden.

Suche die Fehler und mannigfachen Schwächen anderer langmütig zu ertragen; denn auch du hast manches an dir, das andern mißfällt.

Kannst du nicht einmal dich selber nach Wunsch modeln, wie wolltest du es mit andern tun?

Andere wünschen wir vollkommen, und versäumen dabei die Ausrottung unsrer eigenen Fehler.

3. Uns zufolge sind andere tüchtig zu rügen; wir selber aber verbieten uns jeden Tadel.

Wir stoßen uns an den Freiheiten, die sich andere herausnehmen; uns dagegen ist jeder Wunsch zu erfüllen.

Mit Freude sehen wir andere ins Joch von Vorschriften gespannt, lehnen jedoch persönlich jede Einschränkung ab.

Das alles beweist zur Genüge, daß wir für uns und den Nächsten meist verschiedene Maßstäbe gebrauchen.

Wären alle vollkommen, wie könnten wir da noch von den Mitmenschen etwas für Gott erleiden?

4. Gott wollte, daß «einer des andern Last trage». Keiner ist fehlerlos, keiner ohne Belastung, keiner genügt sich allein, keiner ist nie ratbedürftig: wir haben uns gegenseitig zu ertragen, zu trösten, beizustehen, zu belehren, zu ermahnen.

Die Tugendstufe, auf der ein Mensch steht, zeigt sich am deutlichsten bei Widerwärtigkeiten. Denn nicht die Gelegenheit macht den Menschen schwach; sie verrät bloß seinen Zustand.

Anmerkung

Du behauptest, diesen oder jenen Fehler anderer nicht ertragen zu können. Demütige dich angesichts einer solchen Einstellung. Gott, der die Vollkommenheit selber ist, erträgt diese Fehler und noch viel größere. Nicht der Eifer für das Seelenheil des Nächsten macht dich derart empfindlich, sondern eine hartnäckige, reizbare, argwöhnische Eigenliebe. Wende deinen Blick auf dich und prüfe, ob deine Mitmenschen von dir nichts zu leiden haben. Die wahre Frömmigkeit ist mild und geduldig, denn sie kennt unser wahres Wesen. Wer sich schwach fühlt und darob seufzt, stößt sich nicht leicht an den Schwächen anderer. Er weiß, daß wir alle Unterstützung, Nachsicht und Erbarmen nötig haben. Er entschuldigt, bemitleidet, verzeiht und bewahrt so nach innen den Frieden und nach außen die Liebe.

17. KAPITEL: DAS ORDENSLEBEN

1. Du mußt dir in manchen Dingen Gewalt antun lernen, wenn du mit andern in Frieden und Eintracht auskommen willst.

Es ist nichts Kleines, in einem Kloster oder einer Gemeinschaft zu weilen, dort nie Anlaß zur Klage zu geben, und bis zum Tode getreu auszuharren.

Glücklich, wer dort gut gelebt hat und selig gestorben ist.

Willst du pflichtgetreu bleiben und vorwärtskommen, betrachte dich als Fremdling und Pilger auf Erden.

Christus zulieb muß ein Tor werden, wer ein gottseliges Leben führen will.

2. Ordenstracht und Haarschnitt haben wenig zu bedeuten; den wahren Mönch offenbaren Lebensbesserung und umfassende Sittenstrenge.

Wer etwas anderes sucht als Gott allein und sein Seelenheil, der stößt bloß auf Leid und Trübsal.

Auch den Frieden kann nur der auf die Dauer bewahren, der unter allen den letzten Platz wählt und sich mit der geringsten Stellung begnügt.

3. Zu dienen bist du eingetreten, nicht zu herrschen; zur Mühe und Arbeit berufen, nicht zu Müßiggang und Plaudern.

Hier also werden die Menschen wie Gold im Feuerofen geprüft. Durchzuhalten vermag nur, wer sich aus ganzem Herzen Gott zulieb demütigt.

Anmerkung

Was ist ein guter Ordensmann? – Ein Christ, der stets nach Vollkommenheit strebt. So stellt das Ordensleben gleichsam nur ein christlicheres Leben dar, wobei der Abriß sämtlicher Pflichten Selbstverleugnung heißt. Diese Pflichten obliegen auch uns. Denn nicht bloß einigen, sondern allen befahl Jesus: «Seid vollkommen, wie euer himmlischer

Vater vollkommen ist.» Um unsrer erhabenen Berufung nachzukommen, entsagen wir uns selber, vereinigen wir uns gänzlich mit dem Opfer unseres göttlichen Meisters, lieben wir hauptsächlich: Abhängigkeit, Verdemütigung, Verachtung. Das Heilsgebäude erhebt sich auf den Trümmern des Hochmuts.

18. KAPITEL: DAS BEISPIEL DER HEILIGEN VORVÄTER

1. Betrachte das herrliche Beispiel der heiligen Vorväter, dieser Leuchten echter Vollkommenheit und Gottesfurcht. Dann erkennst du, wie wenig wir leisten, ja geradezu nichts.

Was für ein klägliches Bild bietet unser Wandel, verglichen mit dem ihrigen!

Die Heiligen und Christusfreunde dienten dem Herrn in Hunger und Durst, in Kälte und Blöße, in Arbeit und Mühsal, in Wachen und Fasten, in Gebet und frommer Betrachtung, in vielerlei Schmach und Verfolgung.

2. Überaus zahlreich und groß waren die Leiden der Apostel, Blutzeugen, Bekenner, Jungfrauen und all derer, die in Christi Fußstapfen treten wollten. Sie haßten ihr irdisches Leben, um das ewige zu gewinnen.

Welch strenges und abgetötetes Dasein führten die heiligen Wüstenväter! Was für lange und schwere Versuchungen hielten sie aus, wie oft wurden sie vom Bösen Feind angefallen, wie häufig und inbrünstig riefen sie zu Gott im Gebet, wie ungemein streng war ihr Fasten, mit welch glühendem Eifer rangen sie nach Vollkommenheit, wie unerbittlich führten sie Krieg gegen ihre Leidenschaften, mit welch lauterer Absicht dienten sie Gott!

Ihr Tag war der Arbeit, die Nacht langdauernden Gebeten gewidmet, obschon auch während der Arbeit ihr inneres Gebet nicht ruhte.

3. Sie vertrödelten keine Zeit; jede Gebetsstunde schien ihnen zu kurz; vor lauter Wonnen der Beschauung vergaßen sie Speise und Trank.

Sämtlichen Reichtümern, Würden, Ehren, Freunden und Verwandten hatten sie den Rücken gekehrt. Sie verlangten nichts Irdisches mehr; kaum das Lebensnotwendige nahmen sie zu sich; nur mit Widerwillen gewährten sie ihrem Leib das Unerläßliche.

So waren sie zwar arm an Erdengütern, aber überreich an Gnade und Tugend.

Nach außen darbten sie; innerlich erquickte sie Gnade und Gottestrost.

4. Der Welt abgestorben, lebten sie in innigvertrautem Umgang mit Gott.

Unwert in ihren Augen, verachtet von der Welt, standen sie vor Gottes Angesicht kostbar und groß da.

Sie verharrten in wahrer Demut, lebten in schlichtem Gehorsam, wandelten in Liebe und Geduld. So vertiefte sich ihr geistliches Leben von Tag zu Tag, und Gott gewann sie immer lieber.

Für alle Ordensleute stehen sie als Vorbild da, und sie müssen uns nachhaltiger zum Fortschritt anspornen, als die zahlreichen Lauen uns zum Krebsgang verleiten.

5. Wie eifrig waren sämtliche Ordensleute zu Beginn ihrer heiligen Gründung! Aufs schönste blühten damals Gebetseifer, Tugendstreben, straffe Zucht, Ehrfurcht und Gehorsam unter der Regel des Stifters.

Noch bleiben uns die Zeugen der echten Heiligkeit und Vollkommenheit der Männer erhalten, die in unentwegtem Ringen die Welt mit Füßen traten.

Heute wird es einem schon hoch angerechnet, wenn er die Regel hält und seinen Pflichten nachkommt.

6. Verwünscht sei dieser Zustand der Lauheit, dieses rasche Ablassen vom ursprünglichen Eifer! Alles ist unsrer Feigheit gegenwärtig schon zu viel.

Gott wolle, daß in dir das Tugendstreben nicht ganz erkalte, nachdem du so oft das erhabene Vorbild der Frommen geschaut.

Anmerkung

Angesichts der wunderbaren Beispiele, die uns zahlreiche eifrige Christusjünger hinterließen, schämen wir uns unsrer Feigheit; machen wir uns Mut, tapfer in ihre Fußstapfen zu treten. Wiederholen wir oft mit einem Heiligen: «Wie, ich sollte nicht können, was dieser und jener zustande brachte?» Fügen wir mit dem Apostel bei: «Aus mir selber vermag ich nichts, aber kann alles in dem, der mich stärkt.» Unsre ganze Kraft besteht darin, unsre Schwäche zu fühlen und deren Heilmittel zu kennen, nämlich die Gnade des göttlichen Mittlers.

19. KAPITEL: DIE ÜBUNGEN EINES GUTEN ORDENSMANNES

1. Keine Tugend darf im Leben eines guten Ordensmannes fehlen; er muß innerlich sein, was er äußerlich scheint.

Ja er hat von Rechts wegen innerlich noch viel vollkommener zu sein, als er nach außen erscheint. Denn Gott, dem wir allerorten grenzenlose Ehrfurcht schulden, sieht uns; engelrein sollten wir vor seinem Antlitz wandeln.

Erneuern wir täglich unsern Vorsatz. Eifern wir uns an, als käme unsre Bekehrung erst heute zustande. Sprechen wir: Mein Herr und Gott, unterstütze mein frommes Wollen und heiliges Dienen; gib mir heute einen guten Anfang; denn was ich bisher getan, taugt nichts.

2. Wie unser Vorsatz, so unser Fortschritt.

Wachsam muß sein, wer vorwärtskommen will.

Wenn sogar der fest Entschlossene oft strauchelt, was gilt vom selten und nur allgemein Entschlossenen?

Auf verschiedene Art kann jemand seinem Entschluß untreu werden. Doch selbst geringfügige Vernachlässigungen einer übernommenen Übung bleiben nicht ohne Folgen.

Der Wille des Gerechten zählt mehr auf Gottes Gnade als auf eigene Einsicht; ihm vertraut er sich fortwährend bei jedem Beginnen an.

Der Mensch denkt und Gott lenkt. «Des Menschen Weg liegt nicht in seiner Macht.»

3. Wird eine gewohnte Übung zuweilen im Dienste Gottes oder des Nächsten unterlassen, läßt sich das nachher leicht einholen. Eine öftere Unterlassung jedoch, die der Nachlässigkeit oder dem Überdruß entspringt, geschieht nicht ohne beträchtliche Schuld und gereicht zum Schaden.

Sogar wenn wir unser möglichstes tun, werden sich immer wieder Fehler einschleichen.

Dennoch soll man sich stets etwas Bestimmtes vornehmen, besonders was die geistlichen Haupthindernisse betrifft.

Prüfen und regeln wir unser Äußeres wie unser Inneres, denn beides trägt zum Fortschritt bei.

4. Kannst du nicht fortwährend gesammelt bleiben, so sammle dich doch von Zeit zu Zeit, wenigstens einmal täglich, entweder morgens oder abends.

Morgens fasse Vorsätze, abends befrage dein Gewissen über dein heutiges Reden, Tun und Denken. Denn in dieser Hinsicht hast du es vielleicht häufig gegen Gott und den Nächsten fehlen lassen.

Gürte dich männlich gegen die Listen des Teufels, und zügle deine Eßgier; so wirst du mit jeder fleischlichen Lust leichter fertig.

Sei nie ganz untätig, sondern lies, oder schreibe, oder bete, oder betrachte, oder mache dich im Dienste des Klosters nützlich.

Körperliche Bußübungen jedoch erfordern Maßhalten und sind jedem einzeln anzupassen.

5. Private Strengheiten sollten den andern nicht zu Gesicht kommen; sie bleiben besser geheim.

Doch nimm dich in acht, dich zu den gemeinsamen Übungen nur zu schleppen, wogegen du zu den persönlichen hineilst. Erst wenn du deine Pflichten ganz und getreu erfüllt hast, und dir noch Zeit übrig bleibt, magst du deinem persönlichen Eifer folgen.

Nicht alle können dieselbe Übung vornehmen: dem einen frommt diese mehr, dem andern jene.

Auch berücksichtige die verschiedenen Zeiten: gewisse Übungen eignen sich besser für Festtage, andere für Werktage; Zeiten der Versuchung erheischen etwas anderes als Zeiten des Friedens und der Ruhe. Wer betrübt ist, nimmt sich gern dieses vor, wer sich im Herrn freut, bevorzugt jenes.

6. Zur Zeit der Hauptfeste erneuern wir unsre frommen Übungen und rufen wir die Heiligen inniger als sonst um ihren Beistand an.

Suchen wir von einem Fest zum andern so zu leben, als müßten wir beim kommenden diese Welt verlassen, um am ewigen Gastmahl teilzunehmen. So bereiten wir uns während der heiligen Zeiten andächtig vor; unser Wandel sei dann besonders vorbildlich, die Regeltreue größer, als würden wir schon in Kürze den Gotteslohn für unsre Anstrengungen erhalten.

7. Schlug die Stunde noch nicht, schreiben wir es unsrer mangelnden Bereitschaft zu; halten wir uns der übergroßen Glorie noch für unwürdig, die zur vorherbestimmten Zeit an uns wird offenbar werden, und suchen wir uns ernsthafter auf den Tod vorzubereiten.

«Selig der Knecht», sagt der Evangelist Lukas, «den der Herr bei seinem Kommen wachsam findet; wahrlich, ich sage euch, er wird ihn über alle seine Güter setzen.»

Anmerkung

«Das Menschenleben auf Erden ist ein beständiger Kampf»: gegen den Teufel, die Welt, uns selber. Die einen ziehen sich, um leichter widerstehen zu können, ins Kloster zurück; andere verbleiben in der Welt; aber alle erringen den Sieg nur durch beständige Wachsamkeit. Die Übung der Sammlung, die Liebe zur Zurückgezogenheit, ein ständiges Achthaben auf unsere Worte, Gedanken und Gefühle, die Treue den geringsten Pflichten und bescheidensten Verrichtungen gegenüber, das ist es, was vor großen Versuchungen bewahrt und die Gnaden des Himmels herabzieht. «Wer das Geringfügige vernachlässigt, strauchelt nach und nach», sagt der Heilige Geist.

20. KAPITEL: SEI GERN EINSAM UND STILL

1. Wähle dir eine Zeit für dich allein aus, und gedenke oft der Wohltaten Gottes.

Verzichte auf bloßen Unterhaltungsstoff. Bevorzuge Lesungen, die sich ans Herz wenden, vor solchen, die bloß den Verstand ansprechen.

Vermeidest du Geschwätz und neugieriges Herumlaufen, sowie das Hören von Neuigkeiten und Gerüchten, bleibt dir Zeit genug übrig zu frommer Betrachtung.

Die größten Heiligen gingen dem Umgang mit Menschen möglichst aus dem Weg; sie wollten lieber im Verborgenen Gott dienen.

2. Jemand hat gesagt: «Sooft ich unter Menschen weilte, war ich nachher weniger Mensch.» Machen wir nicht oft dieselbe Erfahrung nach langen Unterhaltungen?

Leichter schweigst du ganz, als daß du dich beim Reden nicht verfehlst. Leichter bleibst du überhaupt daheim, als daß du dich draußen genügend bewachst.

Wer also im Sinne hat, ein innerliches, geistliches Leben zu führen, muß sich mit Jesus von der Menge zurückziehen.

Sicher erscheint nur in der Öffentlichkeit, wer die Verborgenheit liebt.

Sicher spricht nur, wer gerne schweigt.

Sicher leitet nur, wer sich freudig unterwirft.

Sicher befiehlt nur, wer willig gehorchen lernte.

3. Niemand kann ungestörte Freude genießen, der nicht die Stimme eines guten Gewissens in sich vernimmt.

Die Sicherheit der Heiligen war allerdings stets von Gottesfurcht durchdrungen. Und ihre großen Tugenden und ihre Gnadenfülle machten sie keineswegs weniger behutsam oder weniger demütig.

Umgekehrt stammt die Sicherheit der Bösen aus Hoffart und Vermessenheit und artet schließlich in Verblendung aus.

Versprich dir in diesem Leben keine Sicherheit, magst du auch als guter Ordensmann oder frommer Klausner gelten.

4. Die vor den Menschen gut dastehen, kommen häufig arg zu Fall, weil sie sich zu viel zutrauen.

Deshalb ist es für manche besser, die Versuchungen nicht ganz loszuwerden, sondern ihnen ausgesetzt zu bleiben. Sonst fühlen sie sich allzu sicher, tragen den Kopf hoch, und gestatten sich allen möglichen Zeitvertreib.

Welch gutes Gewissen hätte, wer nie vergänglichen Lustbarkeiten nachliefe, wer sich nie mit der Welt befaßte!

Welch tiefen Frieden bewahrte, und wieviel köstliche Ruhe verkostete, wer alle eitlen Sorgen fernhielte, nur auf sein Heil und himmlische Dinge bedacht wäre, und seine ganze Hoffnung auf Gott setzte!

5. Niemand verdient himmlischen Trost, der nicht vorher immer wieder Reue erweckt hat.

Willst du wirklich reumütig werden, so betritt deine Kammer und verbanne den Weltlärm daraus, wie geschrieben steht: «Erweckt Reue auf euerm Lager.»

In der Zelle findest du, was du oft außen verlierst.

Die gehegte Zelle wird einem lieb; die schlecht bewahrte erweckt Überdruß.

Wählst du sie zu Beginn deiner Bekehrung als traute Heimstätte, so wird sie dir bald zur lieben Gefährtin und willkommenen Trösterin.

6. Der Fortschritt einer frommen Seele vollzieht sich in schweigender Stille; darin eröffnet sich ihr der verborgene Sinn der Schrift.

Da findet sie den Tränenstrom, der sie dann Nacht für Nacht benetzt, läutert, und ihrem Schöpfer um so näher bringt, je weiter sie vom Weltgetriebe abrückt.

Löst sich also jemand von Bekannten und Freunden, so nähert sich ihm Gott mit seinen heiligen Engeln.

Besser verborgen leben und auf sich selber acht haben, als Wunder wirken, aber sich vernachlässigen.

Ein Ordensmann tut gut daran, selten auszugehen, unbeachtet bleiben zu wollen, und auch andern keine Besuche zu machen.

7. Warum besichtigen wollen, was du doch nicht besitzen darfst? «Die Welt vergeht mit ihrer Lust.»

Die Sinnenfreude lockt da- und dorthin; ist aber die Zeit vorüber, was bleibt zurück als ein belastetes Gewissen und ein zerstreutes Herz?

Ein lustiger Ausgang endet häufig mit einem betrübten Heimgang; ein vergnügter Abend zieht oft einen bewölkten Morgen nach sich.

So drängt sich jede Sinnenfreude lachend ein, um schließlich zu nagen und niederzudrücken.

8. Was könntest du anderswo anderes sehen als hier? Auch hier sind Himmel und Erde und alle Elemente vorhanden, die alles bilden.

«Erhebe deine Augen zu Gott in Himmelshöhen», und leiste Abbitte für deine Sünden und Nachlässigkeiten.

Überlaß die Torheit den Toren; du aber widme dich dem, was Gott von dir wünscht.

«Schließ die Tür hinter dir zu», und rufe Jesus herbei, deinen Geliebten.

Verweile mit ihm in der Zelle, denn anderswo könntest du keinen derartigen Frieden finden.

Wärst du nicht ausgegangen und hättest du keine Neuigkeiten aufgefangen, so wäre dir der Friede bewahrt geblieben. Indem du ihnen bisweilen nachläufst, dringt unvermeidlich Unruhe ein.

Anmerkung

Was suchst du in der Welt? Das Glück? Es ist dort nicht zu finden. Höre den Notschrei, die bittere Klage, die sich von allen Enden der Erde erhebt und durch alle Jahrhunderte forttönt. Das ist die Stimme der Welt. Was suchst du ferner dort? Erleuchtungen, Hilfe, Trost, um in Frieden deinen Pilgergang zu gehen? Die Welt ist dem Geist der Finsternis überantwortet, allen Begierden, die er weckt, allen Verbrechen und Missetaten, die er hervorruft. Darum sprach schon der Prophet: «Ich entfernte mich, floh hinweg, und blieb in der Einsamkeit.» Dort, wo die Geschöpfe schweigen, redet Gott zum Herzen. Sein Wort klingt derart wunderbar, mild und entzückend, daß die Seele nur noch ihn hören will, bis zum Tag, wo alle Schleier fallen, und sie ihn von Angesicht zu Angesicht schauen darf. Das Christentum hat die Wüste mit solchen auserlesenen Seelen bevölkert, die sich der Welt entzogen hatten, ihre Vergnügen, Ehren, Schätze, Fleisch und Blut mit Füßen traten, und uns durch ihr reines Leben ein Bild engelhaften Wandels boten. Nicht alle Christen sind zu diesem erhabenen Stand der Vollkommenheit berufen. Aber alle müssen sich mitten im Lärmen und Treiben der Gesellschaft zutiefst in ihrem Herzen eine Einöde schaffen, wohin sie sich zurückziehen können, um mit Christus zu sprechen und sich in seiner Gegenwart zu sammeln. So gelangen sie von den Gedanken dieser Zeit zum Gedanken an die ewigen Dinge, verschmähen das Vergängliche, leben in der Welt, als wären sie nicht dort. Glückseliger Zustand, wo sich am Gläubigen das Apostelwort erfüllt: «Unser Leben ist mit Christus in Gott verborgen!»

21. KAPITEL: REUE

1. Fortschritte kannst du nur machen, wenn du die Gottesfurcht bewahrst und dir nicht zuviel Freiheiten erlaubst.

Zügle deine Sinne, und überlaß dich nicht törichten Freuden.

Ergib dich der Reue, und du wirst die Andacht finden. Die Reue gewährt Zugang zu manchem Gut, das sich durch Zerstreuungen rasch wieder verflüchtigt.

Wie kann ein Mensch im Leben überhaupt je ganz lustig sein, wenn er bedenkt, daß er in der Verbannung lebt, und daß sein Seelenheil ständig in Gefahr schwebt?

2. Weil wir so leichtsinnig sind und über unsre Fehler gleichgültig hinweggehen, deshalb werden wir uns unseres leidenden Seelenzustandes kaum bewußt. Und so lachen wir oft vergnügt, wo wir von Rechts wegen weinen sollten.

Wahre Freiheit und echte Freude entspringen allein der Gottesfurcht und dem guten Gewissen.

Selig, wer jedes zerstreuende Hindernis wegräumt, um sich in heiliger Zerknirschung zu sammeln.

Selig, wer alles von sich wirft, was sein Gewissen beflecken oder belasten könnte.

Kämpfe männlich; Gewohnheit wird nur durch Gewohnheit überwunden.

3. Läßt du andere gewähren, so lassen sie auch dich gewähren.

Hände weg von fremden Angelegenheiten; mische dich nicht in die Sache der Obern.

Hab vor allem auf dich acht, und predige zuerst dir, dann erst denen, die dir teuer sind.

Sind dir die Menschen abgeneigt, so halte dich darüber nicht auf. Betrübe dich vielmehr darüber, daß du dich nicht vorbildlich genug aufführst, wie es sich für einen Diener Gottes und frommen Ordensmann ziemte.

Oft ist es besser, wenig Trost in diesem Leben zu empfangen, besonders wenig menschlichen Trost.

Doch ist es unsre Schuld, wenn wir keine himmlischen Tröstungen erhalten oder nur wenige, indem wir die Zerknirschung des Herzens vernachlässigen und auf eitlen äußern Trost nicht verzichten.

4. Gib zu, daß du keinen himmlischen Trost, sondern Züchtigungen in Menge verdient hast.

Ist ein Mensch von tiefer Reue durchdrungen, wird ihm die Welt schwer und bitter.

Ein guter Mensch findet immer Stoff genug zu Betrübnis und Schmerz.

Ob er an sich oder seine Mitmenschen denkt, er weiß, daß hienieden niemand ohne Leid auskommt. Und je aufmerksamer er sich beobachtet, um so mehr leidet er.

Grund zu berechtigtem Leid und zu tiefer Reue liefern uns unsre Sünden und Leidenschaften. Wir sind dermaßen in sie verstrickt, daß wir uns nur selten zu himmlischer Betrachtung erheben können.

5. Stünde dir mehr dein Tod als ein langes Leben vor Augen, du bemühtest dich vermutlich eifriger um deine Besserung.

Und ginge dir die künftige Höllen- oder Fegfeuerpein mehr zu Herzen, du würdest wahrscheinlich gerne Mühe und Leid ertragen und vor keiner Strengheit zurückschrekken.

Aber weil uns das alles kalt läßt, und wir noch am sinnlich Angenehmen hängen, deshalb bleiben wir gefühllos und träge.

6. Die geistliche Lauheit ist oft schuld daran, daß sich unser armseliger Leib so schnell beklagt.

So bete demütig zu Gott, er möge dir den Geist der Zerknirschung verleihen. Sprich mit dem Propheten: «Speise mich, Herr, mit dem Tränenbrot, und tränke mich mit Zähren.»

Anmerkung

Der Boden des Menschenlebens ist mit Schmerzen gepflastert. Körperliches Leid, Seelenschmerz, Unruhe, Betrübnis, Sünde: so heißen die drückenden Lasten, die wir von der Wiege bis zum Grabe mitschleppen. Dabei kann der Mensch, wenn er darauf ausgeht, mitten in seiner Armseligkeit törichte Freuden aufspüren und sich daran laben. Meiden wir solche Weltfreuden; denken wir an die Strafe, die ihnen folgt, an unsre vielfältigen Fehler, und bitten wir Gott um Zerknirschung, Liebesreue und die seligen Tränen, die Jesus mit den tröstlichen Worten segnete: «Viele Sünden werden ihr vergeben, weil sie viel geliebt hat.»

22. KAPITEL: BETRACHTE DAS MENSCHLICHE ELEND

1. Wo du auch gehst und stehst, wirst du dich haltlos fühlen, bis du in Gott verwurzelt bist.

Was regst du dich auf, wenn dein Wünschen und Wollen nicht in Erfüllung geht? Wem gelingt alles nach Wunsch und Willen? Mir nicht, dir nicht, keinem Menschen auf Erden.

Niemand entrinnt hienieden jeder Trübsal und Not, nicht einmal der König oder Papst.

Wer fühlt sich also am wohlsten? Offenbar, wer für Gott etwas leiden darf.

2. Mancher Tor und Schwachkopf sagt: Schau, was hat doch der für ein schönes Leben, er ist reich, groß, mächtig, hochgestellt.

Doch lenke den Blick auf die himmlischen Werte, und du wirst zugeben müssen, daß alle zeitlichen Vorzüge diesen Namen gar nicht verdienen, so unbeständig sind sie. Eher müßten sie Lasten heißen, da ihr Besitz stets Kummer und Sorge verursacht.

Zeitliche Güter in Fülle besitzen, macht den Menschen nicht glücklich; ein bescheidenes Maß genügt.

Fürwahr, das irdische Dasein ist eine Plage.

Je mehr sich jemand um den geistlichen Fortschritt bemüht, um so schwerer fällt ihm dieses Leben, weil er die Schwäche der menschlichen Natur und ihre Verdorbenheit schärfer fühlt und besser erfaßt.

Denn essen, trinken, wachen, schlafen, ruhen, arbeiten und die übrigen Heische der Natur bedeuten zweifellos ein großes Elend; sie bedrücken den geistlich eingestellten Menschen. Gerne wäre er das alles los und lebte gänzlich fehlerfrei.

3. Der innerliche Mensch leidet nämlich in dieser Welt unter den Forderungen des Fleisches.

Deshalb bittet der Prophet andächtig um Befreiung davon mit den Worten: «Erlöse mich, Herr, von meinen Nöten.»

Wehe denen, die ihr Elend verkennen; und doppelt wehe, wenn jemand in dieses armselige, vergängliche Leben vernarrt ist.

Einige kleben dermaßen daran, obschon sie sich durch Arbeit oder Bettel kaum durchbringen können, daß ihnen das Gottesreich gleichgültig wäre, wenn sie immer hier bleiben dürften.

4. O ihr Toren und Herzensblinde, die so tief im Irdischen stecken, daß ihr nur dem Körperlichen Geschmack abzugewinnen versteht!

Am Ende wird es diesen Elenden erschreckend zum Bewußtsein kommen, an was für hohle und nichtige Dinge sie ihr Herz gehängt haben.

Die Heiligen Gottes dagegen und alle frommen Christusfreunde verweilten nicht bei dem, was dem Fleische schmeichelt und in dieser Zeit blüht: ihr ganzes Hoffen und Sehnen ging auf das Ewige.

Ihr Verlangen galt ausschließlich dem, was oben liegt, dem Dauerhaften und Unsichtbaren, damit die Liebe zum Sichtbaren sie nicht nach unten reiße.

5. Mitbruder, gib die Hoffnung auf geistlichen Fortschritt nicht auf; noch hast du Zeit.

Aber warum wolltest du deinen Vorsatz erst morgen ausführen? Heute erhebe dich, fang sogleich an, sprich: Gekommen ist die Stunde der Tat, die Stunde des Kampfes, die Stunde der Besserung.

Fühlst du dich kraftlos und niedergeschlagen, so hast du Gelegenheit, Verdienste zu sammeln.

«Feuer und Wasser» mußt du durchschreiten, bevor du zur Erquickung gelangst.

Weigerst du dich, dir Gewalt anzutun, wirst du mit deinen Leidenschaften nie fertig.

Solange wir diesen gebrechlichen Leib mit uns herumschleppen, versagen wir immer wieder und begegnen immer wieder Verdrießlichkeit und Leid.

Gern wären wir alles Elend los, aber nachdem uns die Sünde der Unschuld beraubt hat, verloren wir auch das wahre Glück.

Deshalb heißt es sich gedulden und Gottes Erbarmen abwarten, bis «die Bosheit ein Ende fand, und das Sterbliche im Unsterblichen aufging».

6. Wie groß ist doch die menschliche Schwäche; immerfort steht sie den Leidenschaften offen.

Heute beichtest du deine Sünden, und morgen schon fällst du wieder zurück.

Du nimmst dir vor, auf der Hut zu sein, und schon eine Stunde später handelst du, als hättest du keinerlei Vorsatz gefaßt.

So haben wir allen Grund, uns zu demütigen und nicht zu überheben, da wir so hinfällig und unbeständig sind.

Rasch kann ferner durch Nachlässigkeit verlorengehen, was mit der Gnade unter viel Mühe erreicht wurde.

7. Wie wird es abends mit uns stehen, wenn wir schon morgens so lau sind?

Weh uns, wenn wir dermaßen auf Ruhe ausgehen, als herrschte schon Friede und Sicherheit, während unser Lebenswandel noch keine Spur echter Heiligkeit aufweist.

Wir müßten vielmehr, gleich guten Novizen, nochmals zu einem vorbildlichen Wandel geschult werden, falls überhaupt noch Aussicht auf eine künftige Besserung und einen größern geistlichen Fortschritt besteht.

Anmerkung

«Der Mensch, vom Weibe geboren, lebt kurze Zeit und wird mit Trübsal gesättigt.» So sieht das Los aus, das uns die Sünde bereitet hat. Vernimm die Klage der ganzen Menschheit aus dem Munde ihres Vertreters Job: «Verflucht sei der Tag, an dem ich geboren wurde, und die Nacht, wo es hieß, ein Mensch wurde gezeugt. Warum bin ich nicht im Mutterschoß zugrunde gegangen, warum starb ich nicht bei der Geburt? Warum hat sie mich auf ihre Knie genommen, warum mich an ihrer Brust genährt? Nun würde ich in Frieden ruhen und meinen Schlaf schlafen.» Über dieser großen Not erhob sich jedoch bereits das Morgenrot einer großen Hoffnung: «Ich weiß, daß mein Erlöser lebt, daß ich von neuem mit meinem Fleisch bekleidet werde, und in meinem Fleische Gott schauen werde. Ich werde ihn sehen, meine Augen werden ihn betrachten.» Von da an ändert sich das Bild: die Leiden, einst ungetröstet, lassen sich mit denen des Erlösers vereinigen und walten fortan nur noch als notwendige Sühne, als gerechte, barmherzige Prüfung, als Same ewiger Freude. Sterbend erschloß Christus den

Himmel dem gefallenen Menschen, der als einzige Gunst von der Erde ein Grab erfleht hatte. Und wir wollten über die Leiden klagen, die Gott so hoch einschätzt? Unsre Lippen wollten weiter murren, nachdem Christus uns durch die Trübsal mit den Verdiensten seines Opfers verbinden will? Fortan nicht mehr! Herr, ich bekenne meine Blindheit, meinen Undank; ich will hienieden nur noch die Anteilnahme an deinem Leiden verlangen, damit ich eines Tages auch Anteil gewinne an deiner Glorie.

23. KAPITEL: DENKE AN DEN TOD

1. Bald wird es um dich geschehen sein; besinne dich deshalb, wie es um dich steht.

Heute lebt der Mensch, und schon morgen ist er entschwunden. Verschwand er aber einmal aus den Augen, wird er bald vergessen sein.

O blödes und hartes Menschenherz, das nur ans Heute denkt und das Morgen übersieht.

Du solltest immer so handeln und so denken, als müßtest du am gleichen Tage noch sterben.

Hättest du ein gutes Gewissen, so erschreckte dich der Tod nicht übermäßig.

Man würde besser tun, sich vor der Sünde zu hüten, als den Tod zu fliehen.

Bist du heute nicht bereit, wie willst du es morgen sein? Der morgige Tag ist ungewiß; wer weiß, ob du ihn erlebst.

2. Was hilft es, lange zu leben, wenn wir uns so wenig bessern?

Leider führt ein langes Leben nicht immer zur Besserung; bisweilen vermehrt es bloß die Schuld.

Hätten wir doch nur einen einzigen Tag ganz einwandfrei hienieden gelebt!

Viele zählen die Jahre seit ihrer Bekehrung; aber die Besserungsfrüchte sind zuweilen nur karg.

Jagt einem der Tod Furcht ein, kann ein längeres Leben unter Umständen noch furchtbarer sein.

Selig, wer die Scheidestunde immer vor Augen hat und sich täglich darauf vorbereitet.

Wohntest du je dem Verscheiden eines Menschen bei, so bedenke, daß auch du denselben Weg gehen mußt.

3. In der Frühe mache dich darauf gefaßt, den Abend nicht zu erleben; am Abend versprich dir den kommenden Morgen nicht unbedingt.

Sei also immer bereit, und lebe so, daß dich der Tod nie unvorbereitet trifft.

Viele sterben plötzlich und unvorhergesehen, denn «der Menschensohn kommt, wenn ihr es am wenigsten erwartet». Schlägt aber die Scheidestunde, wirst du dein ganzes bisheriges Leben plötzlich mit andern Augen ansehen, und es tief bedauern, so nachlässig gelebt zu haben.

4. Glücklich und klug darf heißen, wer jetzt, während des Lebens, sich so verhält, wie er in der Todesstunde gewesen sein wollte.

Großes Vertrauen auf ein gutes Ableben verschaffen: vollkommene Weltverachtung, der entschiedene Wille nach täglichem Fortschritt, Regeltreue, Bußfertigkeit, der Geist des Gehorsams, Selbstverleugnung sowie das Ertragen jeder Widerwärtigkeit Christus zulieb.

Solange du gesund bist, kannst du viel Gutes wirken; aber einmal krank, bürge ich für nichts.

Wenige werden durch Krankheiten besser, ähnlich wie die viel wallfahren, selten dadurch heiliger werden.

5. Verlaß dich nicht auf Freunde und Mitmenschen, und verschiebe die Sorge um dein Heil nicht auf morgen. Denn schneller als du meinst, werden dich die Menschen vergessen.

Besser sich zeitig vorsehen und etwas Gutes vorausschicken, als auf anderer Hilfe bauen.

Bist du jetzt nicht für dich besorgt, wer wird es später für dich sein?

Die gegenwärtige Stunde ist überaus kostbar; jetzt sind «die Tage des Heiles da, die Gnadenzeit».

Ach, warum nützest du sie nicht besser aus, diese Zeit, in der das ewige Leben verdient werden kann?

Es kommt der Augenblick, wo du auch nur einen Tag, ja nur eine Stunde herbeiwünschest, um dich zu bessern, und wer weiß, ob sie dir gewährt wird.

6. Lieber Mitbruder, welchen Gefahren entrinnst du, welche Angst vermeidest du, wenn du nun immer gottesfürchtig lebst und des Todes gewärtig.

Suche jetzt so zu wandeln, daß dir die Todesstunde eher zur Freude als zum Schrecken wird.

Lerne gegenwärtig alles verschmähen, damit du einmal ungehindert Christus entgegeneilen kannst. Züchtige büßend deinen Leib, so wird dich dereinst frohe Zuversicht bewegen.

7. Du Tor, was rechnest du mit einem langen Leben, wo dir kein Tag verbürgt ist? Viele zählten auf ein langes Leben, und täuschten sich, indem sie unerwartet abberufen wurden.

Hast du nicht schon oft gehört, dieser sei erstochen worden, jener ertrunken, ein dritter abgestürzt, ein anderer erstickt oder beim Spiel umgekommen? Die einen fallen dem Feuer zum Opfer, andere dem Schwert, der Pest, einem Überfall. Alle enden mit dem Tod; schattengleich geht das Menschenleben vorüber.

8. Wer wird nach deinem Ableben noch an dich denken? Wer für dich beten?

Jetzt, Viellieber, jetzt lege Hand ans Werk; tu was du kannst. Denn sowohl deine Todesstunde, als was dir nachher bevorsteht, bleibt dir unbekannt.

Sammle unvergänglichen Reichtum, solang es noch Zeit ist.

Nur dein Heil darf dir am Herzen liegen; sorge dich bloß um das, was Gottes ist.

Gewinne jetzt Freunde, indem du Gottes Heilige verehrst und nachahmst, auf daß sie dich bei deinem Hinscheiden «in die ewigen Wohnungen aufnehmen».

9. Benimm dich auf Erden als Pilger und Fremdling, den die Weltgeschäfte nichts angehen.

Bewahre dein Herz frei und gotterhoben, denn «du hast hier keine bleibende Stätte».

An Gott richte täglich unter Tränen dein Beten und Seufzen, damit dein Geist nach dem Tode glückselig zu ihm gelangen kann. Amen.

Anmerkung

Nähere dich diesem Grab, betrachte die gebleichten und gelösten Gebeine: das ist alles was auf Erden übrigblieb von einem Menschen, den du vielleicht gekannt, und der vor einigen Jahren so wenig an den Tod dachte als du heute. Mußte er nicht tatsächlich vor allem an seinen und der Seinigen Lebensunterhalt und an seine Familie denken? Tatsächlich bemühte er sich bis zum letzten Augenblick darum. Und nun geh hin und betritt sein Haus. Gleichgültige Erben genießen, was er aufgespeichert, bedacht, selber noch mehr zu erwerben, und ohne an den Tod zu denken. Dennoch dauert etwas von ihm weiter, das Grab enthält ihn nicht ganz. Er hatte eine Seele, eine mit dem Blut Jesu Christi erkaufte Seele. Wo weilt sie? Im Augenblick, da sie den Leib verließ, wurde ihr Aufenthalt festgelegt, entweder im Himmel, ohne fernere Furcht, oder in der Hölle, ohne Hoffnung. Schreckliche, schreckliche Wahl! Und nun vergrabe dich in irdischen Sorgen, schiebe deine Bekehrung hinaus, und sage: Morgen wird es noch früh genug sein. – Du Tor, die mißbrauchte Zeit gräbt dein Grab, und morgen bricht die Ewigkeit an.

24. KAPITEL: GERICHT UND SÜNDENSTRAFEN

1. Bedenke bei allen Dingen dein Ende und dein Erscheinen vor dem gestrengen Richter, dem nichts entgeht, den kein Geschenk besticht, keine Entschuldigung erweicht, der ein gerechtes Urteil fällen wird.

Elender und törichter Sünder, du zitterst bisweilen vor dem Angesicht eines erzürnten Menschen; was aber willst du Gott entgegnen, der alles Böse kennt?

Warum siehst du dich auf den Gerichtstag nicht vor, wo keiner den andern entschuldigen oder in Schutz nehmen kann, wo jeder mit sich selber genug zu tun hat?

Gegenwärtig tragen deine Bemühungen noch Früchte, die Tränen zählen, die Seufzer finden Erhörung, der Schmerz hat Sühnewert und Läuterungskraft.

2. Ein großes und heilsames Fegfeuer macht der geduldige Mensch hienieden durch, der bei erlittenem Unrecht mehr des Nächsten Fehltritt als seinen eigenen Schaden bedauert, gerne für seine Widersacher betet und ihnen von Herzen verzeiht, andere rasch um Verzeihung bittet, lieber sich erbarmt als erzürnt, sich selber häufig Gewalt antut und bemüht ist, das Fleisch dem Geist restlos gefügig zu machen.

Besser jetzt die Sünden büßen und die Leidenschaften zähmen, als die Läuterung auf später verschieben.

Fürwahr, wir narren uns selber durch unsre ungeordnete Liebe zu unserm Fleisch.

3. Was anders als deine Sünden wird jenes Feuer wegbrennen? Je mehr du dich nun schonst und deinen Lüsten frönst, um so härter mußt du drüben büßen, und um so mehr Brennstoff häufst du an.

Worin der Mensch gesündigt, damit wird er bestraft.

Glühende Haken quälen die Faulen; Hunger und Durst peinigen die Schlemmer; die Unzüchtigen und Wollüstigen werden mit brennendem Pech und stinkendem

Schwefel übergossen; die Neider heulen vor Schmerz gleich rasenden Hunden.

4. Keine Leidenschaft ohne ihre eigene Qual.

Die Hoffärtigen erleiden schmerzliche Bloßstellung; die Geizigen bedrängt äußerste Not.

Die Pein einer einzigen Stunde im Jenseits übersteigt hundert strenge Bußjahre hienieden.

Während irdische Leiden wenigstens bisweilen aussetzen und Freundestrost dich erquickt, kennen die Verdammten keine Ruhe und keinen Trost.

So bemühe dich gegenwärtig, und verabscheue jetzt deine Sünden, damit du am Gerichtstag mit den Seligen in Sicherheit weilst.

Denn «dann stehen die Gerechten unerschüttert denen gegenüber, von denen sie geängstigt und bedrückt wurden».

Dann gehört zu den Richtenden, wer sich hienieden dem Gericht der Menschen demütig unterzog.

Dann blickt der Arme und Demütige hoffnungsvoll, wogegen der Stolze bebt und zittert.

5. Dann zeigt es sich, daß, wer um Christi willen töricht und verachtet sein wollte, eigentlich weise war in dieser Welt.

Jede geduldig ertragene Trübsal wird dann zur Wonne, und «jegliche Bosheit verstummt».

Der Fromme frohlockt, der Unfromme wird bestürzt.

Das abgetötete Fleisch jubelt dann heller auf, als wenn es immer mit Wollust genährt worden wäre.

Das noble Gewand verblaßt gegenüber dem schäbigen.

Die arme Behausung gilt mehr als der goldschimmernde Palast.

Beharrliche Geduld erweist sich als wirksamer denn alle Macht dieser Welt.

Und dem einfältigen Gehorsam erklingt ein schöneres Lob als jeder weltlichen Gewandtheit.

6. Glücklicher als gelehrtes Philosophieren macht dann ein reines und gutes Gewissen.

Schwerer als alle irdischen Schätze wiegt verachteter Reichtum.

Fromm gebetet zu haben, tröstet dich nachhaltiger, als lecker gespeist zu haben.

Und nicht die lange Plauderstunde, sondern das beobachtete Stillschweigen beseligt dich dort.

Das gottgefällige Tun übertrifft an Wert eine Unmenge schöner Worte.

Ein strenges Leben und hartes Büßen freut einen weit über jede irdische Belustigung.

Lerne also gegenwärtig im Geringen leiden, damit du einst vor Schwerem bewahrt bleibst.

Erprobe hier zuerst, was dir bevorstehen könnte.

Wenn du jetzt so wenig auszuhalten vermagst, wie wolltest du einst die Höllenqualen erdulden? Wenn du hier bei jeder Kleinigkeit jammerst, wie würde dir erst die Höllenpein zusetzen?

Fürwahr, du kannst nicht zweierlei Freuden genießen: es auf Erden schön haben und hernach noch mit Christus triumphieren.

7. Hättest du bis zum heutigen Tag lauter Ehren und Vergnügen genossen, was nützte es dir, wenn du in diesem Augenblick sterben müßtest?

So ist alles eitel, außer Gott lieben und ihm allein dienen.

Denn wer Gott aus ganzem Herzen liebt, der fürchtet weder Tod, noch Marter, noch Gericht, noch Hölle, weil die vollkommene Liebe den sichern Zugang zu Gott bahnt.

Wer jedoch noch am Sündigen hängt, der muß allerdings erzittern vor Tod und Gericht.

Solange die Liebe dich noch nicht vom Bösen fernhält, möge es also wenigstens die Angst vor den Höllenstrafen tun.

Wer allerdings die Gottesfurcht hintanstellt, wird nicht lange im Guten ausharren; er läuft bald dem Teufel in die Netze.

25. KAPITEL: BESSERE DEIN LEBEN ALLSEITIG UND ENTSCHLOSSEN

1. Bleibe wachsam und liebend im Dienste Gottes, und denke häufig, wozu du gekommen und warum du die Welt verlassen hast.

Geschah es nicht, um für Gott zu leben und ein Geistesmann zu werden?

So ringe denn nach Fortschritt; schon winkt der Lohn deiner Mühen, der jede Angst und Betrübnis aufhebt.

Geringe zeitliche Anstrengung wird dann mit großer Ruhe, ja ewiger Freude vertauscht.

Bleibst du treu und eifrig am Werk, wird sich Gott zweifellos auch im Belohnen treu und hochherzig zeigen.

Verliere nie die Hoffnung auf die Palme; aber wiege dich auch nicht in falsche Sicherheit. Sonst schläfst du ein, oder wirst hochmütig.

2. Da schwebte einst jemand oft angstvoll zwischen Furcht und Hoffnung und lag eines Tages wieder beklommenen Herzens betend in der Kirche vor einem Altar auf den Knien, mit dem Gedanken: Wüßte ich nur, ob ich ausharren werde. Mit einemmal vernahm er eine innere Stimme, die zu ihm sprach: Wenn du es wüßtest, was wolltest du dann tun? Tu jetzt, was du dann tätest; und du kannst ruhig sein.

Da überließ er sich getröstet und gestärkt dem Willen Gottes, und der Angstzustand war gewichen.

Er verspürte kein Verlangen mehr, neugierig sein künftiges Los zu erforschen, sondern bemühte sich einfach, Gottes Wohlgefallen zu erwerben, und alles gut zu beginnen und wohl zu vollenden.

3. «Vertrau auf den Herrn und handle gut», spricht der Prophet; «bleib im Lande, und du verkostest seine Früchte.»

Was viele vom Fortschritt und von ernster Besserung abhält, ist die Angst vor Schwierigkeiten, vor Kampfanstrengung.

Dabei bleibt es wahr, daß am meisten Fortschritt im Tugendleben der macht, der allen Schwierigkeiten und Widerständen entschlossen die Stirn bietet.

Vorwärtskommen und Vermehrung der Verdienste stellen sich besonders dann ein, wenn sich jemand entschieden überwindet und innerlich abtötet.

4. Allerdings haben nicht alle gleichviel niederzukämpfen und abzutöten.

Trotz zahlreicher Leidenschaften gelangt jedoch ein unentwegter Kämpfer zu höherer Vollkommenheit, als wer ausgeglichener ist, aber weniger eifrig.

Zwei Dinge verhelfen vor allem zu entschiedener Besserung: sich gewaltsam von dem losreißen, wozu die verkehrte Natur hinneigt, und sich nachhaltig um diejenige Tugend bemühen, die einem am meisten nottut.

Auch suche besonders zu meiden und zu bekämpfen, was dir häufig an andern mißfällt.

5. Habe stets deinen Fortschritt im Auge. Siehst oder vernimmst du also ein gutes Beispiel, laß dich davon bewegen.

Gewahrst du im Gegenteil etwas Anstößiges, ahme es nicht nach, oder, sollte es doch geschehen, bessere dich baldigst.

Gleichwie dein Blick auf andere fällt, so beobachten auch andere dich.

Wie wohl tut es, eifrige und fromme, sittenstrenge und regeltreue Mitbrüder zu sehen.

Wie traurig und peinlich ist es dagegen, zügellose wahrzunehmen, die ihrer Berufung untreu werden.

Wie nachteilig wirkt es sich aus, den Sinn seiner Berufung zu verleugnen und dem nachzulaufen, was einen nichts angeht.

6. Denke an deinen Vorsatz; halte den Blick auf den Gekreuzigten gerichtet.

Betrachtest du das Leben Jesu Christi, hast du allen Grund zu erröten, indem du seine Nachfolge bisher nicht ernst genug genommen, trotzdem du schon lange auf dem Wege Gottes stehst.

Ein Ordensmann, der andächtig und sinnig das heilige Leben und Leiden des Herrn betrachtet, findet darin alles, was ihm nützlich und notwendig ist; er braucht außer Jesus nichts weiter zu suchen.

Ergriffe der gekreuzigte Jesus Besitz von unserm Herzen wir wären bald gelehrt genug.

7. Ein eifriger Ordensmann erträgt und versteht alles gut, womit er beauftragt wird.

Ein nachlässiger und lauer hingegen wird die Verdrießlichkeiten nie los; alles fällt ihm lästig, weil er keinen innern Trost empfängt, und den äußern nicht suchen darf.

Verläßt ein Ordensmann die Zucht, so läuft er dem Untergang entgegen.

Wer sich von allen Pflichten drücken will, fühlt sich stets unbehaglich, weil ihm immer etwas gegen den Strich geht.

8. Wie machen es so viele andere Ordensleute, die unter einer strengen Klosterordnung leben?

Sie gehen selten aus, leben losgeschält, essen wenig, kleiden sich rauh, arbeiten viel, sprechen wenig, wachen lange, erheben sich früh, verlängern ihre Gebete, halten häufig eine Lesung, wachen allseitig über sich selber.

Denke an Kartäuser und Zisterzienser, an die Mönche und Nonnen verschiedener Orden, die jede Nacht zum Chorgebet aufstehen.

Müßtest du da nicht erröten, dich zu dieser heiligen Übung bloß zu schleppen, während eine ganze Schar von Ordensleuten mit dem Gotteslob beginnt?

9. Hätten wir doch nichts anderes zu tun, als Gott, den Herrn, mit Herz und Mund zu preisen; blieben uns doch Essen, Trinken und Schlafen erspart; könnten wir uns immerfort dem Gotteslob und dem Innenleben widmen: wieviel glücklicher wären wir als jetzt, wo wir vielfach noch dem Fleisch verpflichtet sind.

Kämen doch all diese Bedürfnisse in Wegfall, um einzig der geistlichen Erquickung Raum zu geben, die uns nun leider so selten zuteil wird.

10. Gelangt der Mensch einmal dahin, von keinem Geschöpf mehr Trost zu erbetteln, vermag er zum erstenmal an Gott Geschmack zu finden. Auch stellt er sich dann mit allen Geschehnissen zufrieden.

Sogar bedeutende Vorkommnisse überraschen ihn dann nicht mehr, und Kleinigkeiten betrüben ihn nicht. Vertrauensvoll überläßt er sich gänzlich Gott, der ihm alles in allem bedeutet, für den offensichtlich nichts untergeht, nichts stirbt, dem alle Dinge leben, und dem sie auf den leisesten Wink hin gehorchen.

11. Halte immer das Ende vor Augen und die Unwiderruflichkeit verlorener Tage.

Ohne Eifer und Fleiß keine Tugend.

Mit beginnender Lauheit schleicht sich auch das Unbehagen ein.

Umgekehrt begegnet dem aufblühenden Eifer ein tiefer Herzensfriede, und Gottes Gnade und die Liebe zur Tugend lassen jede Anstrengung weniger fühlen.

Ein wirklich eifriger Mensch ist zu allem bereit.

Gewiß erfordert der Kampf gegen die Leidenschaften mehr Schweiß und Anstrengung als körperliche Arbeit.

«Wer sich vor kleinen Fehlern nicht in acht nimmt, fällt nach und nach in größere.»

Am Abend bist du immer froh, wenn der Tag gut vorbei ging. Wache über dich, ermuntere dich, ermahne dich, und, mögen sich andere so oder so verhalten, laß dich auf keinen Fall gehen.

Du wirst genau so viel Fortschritte machen, als du dir selber Gewalt antust.

ZWEITES BUCH
AUFRUF ZUR INNERLICHKEIT

I. KAPITEL: DER INNERE WANDEL

1. «Das Reich Gottes ist in euch», spricht der Herr.

Kehre dich aus ganzem Herzen Gott zu, und dreh dieser elenden Welt den Rücken, so wird deine Seele Ruhe finden.

Lerne das Äußere verachten, und gib dich dem Innern hin, so wirst du das Gottesreich in dir anbrechen sehen.

«Das Gottesreich besteht in Frieden und Freude im Heiligen Geiste»; den Gottlosen werden sie nicht zuteil.

Wenn du Christus im Innern eine würdige Heimstätte bereitest, kommt er mit seinem Troste zu dir.

«All seine Herrlichkeit» und seine Schönheit «stammt von innen»; da gefällt er sich.

Häufig sucht er den innerlichen Menschen heim und unterhält sich liebevoll mit ihm, muntert ihn auf, schenkt ihm tiefen Frieden, pflegt mit ihm innig-vertrauten Umgang.

2. Wohlan denn, getreue Seele, bereite dein Herz für diesen Bräutigam, der dich aufsuchen und Wohnung bei dir nehmen will.

Spricht er doch: «Wer mich liebt, hält sich an mein Wort, und wir werden kommen und ihm innewohnen.» Gib also Christus Raum, und laß sonst nichts und niemanden ein.

Wenn du nur Christus hast, so bist du reich genug, und benötigst nichts weiter. Er sorgt für dich, und vertritt dich getreulich in allem, so daß du deine Hoffnung auf keinen Menschen zu setzen brauchst.

Die Menschen ändern rasch ihren Sinn und versagen bald; Christus dagegen «bleibt in Ewigkeit» und steht einem bis zum Ende unwandelbar zur Seite.

3. Man habe nicht allzu großes Vertrauen zu einem gebrechlichen, sterblichen Menschen, nicht einmal dann, wenn er uns beisteht und wir ihn wohl mögen. Ebenso betrübe man sich nicht übermäßig, wenn uns jemand widersteht und widerspricht.

Die es heute mit dir halten, können morgen schon gegen dich sein und umgekehrt; Menschen gleichen Windfahnen.

Setze dein ganzes Vertrauen auf Gott; ihm gelte deine Furcht wie deine Liebe. Er wird für dich einstehen und es gut machen, so wie es am besten ist.

Du hast hier «keine bleibende Stätte». Magst du dich aufhalten wo du willst, du bleibst immerfort ein Fremdling und Pilger. Ruhe wirst du lediglich in der innigen Vereinigung mit Christus finden.

4. Was siehst du dich hier um, da deine Heimat gar nicht hier liegt?

«Dein Aufenthaltsort muß im Himmel sein»; alles Irdische betrachte nur wie im Vorbeigehen.

Alles geht vorüber; auch du. Hänge dich nicht daran, sonst reißt es dich mit, und du gehst zugrunde.

Beim Allerhöchsten sollen deine Gedanken weilen, und dein Beten gelange unablässig zu Christus.

Vermagst du deine Gedanken nicht Hohem und Himmlischem zuzuwenden, so verweile im bittern Leiden Christi, und wohne gern in seinen heiligen Wunden.

Nimmst du nämlich deine fromme Zuflucht zu den kostbaren Wundmalen Christi, so schöpfst du bei Trübsal große Kraft daraus; die Verachtung der Menschen ficht dich weniger an; und du erträgst ihre Schmähungen gelassen.

5. Auch Christus wurde auf Erden von den Menschen verachtet und in größter Not von Bekannten und Freunden schmählich verraten.

Christus wollte leiden und verschmäht werden; und du wagst es, über etwas zu klagen?

Christus hatte Gegner und Verleumder; und du wolltest nur Freunde und Wohltäter kennen?

Wie kann deine Geduld gekrönt werden, wenn dir nichts Unangenehmes widerfährt?

Lehnst du alles Widrige von vornherein ab, wie vermagst du ein Freund Christi zu sein?

Leide mit Christus und für Christus, wenn du einst mit Christus herrschen willst.

6. Hättest du das Innenleben Jesu richtig erfaßt und auch nur einigermaßen seine glühende Liebe begriffen: dein persönliches Wohl und Wehe ließe dich gleichgültig. Im Gegenteil, erlittene Schmähungen freuten dich, denn die Jesusliebe führt den Menschen zur Selbstverachtung.

Wem Jesus und die Wahrheit wirklich teuer sind, und wer wahrhaft innerlich eingestellt ist und an keinen ungeordneten Begierden mehr hängt, der vermag sich ungehindert Gott hinzugeben, sich im Geiste über sich selbst zu erheben, und verkostend zu ruhen.

7. Wer alles nach seinem wahren Wert beurteilt, und nicht nach bloßem Sagen und Meinen, der ist wahrhaft weise und mehr von Gott als von den Menschen aufgeklärt.

Wessen Wandel von innen her bestimmt wird, und wessen Einschätzung der Dinge sich nur wenig nach dem Äußern richtet, der macht seine Andachtsübungen nicht von Ort und Zeit abhängig.

Ein innerlicher Mensch hat sich schnell gesammelt, weil er nie ganz ungesammelt bleibt.

Die äußere Arbeit, oder die vom Augenblick geforderte Beschäftigung, stellt kein Hindernis für ihn dar: er weiß sich dem Wechsel der Dinge anzupassen.

Ist jemand innerlich richtig eingestellt und ausgeglichen, berühren ihn die wunderlichen Irrwege der Menschen kaum.

In dem Maß stößt jemand auf Hindernisse und Zerstreuungen, als er sich selbst mit den Dingen einläßt.

8. Hättest du die richtige Einstellung, und wäre dein Herz ganz lauter, alles gereichte dir zum Wohl.

Denn deshalb mißfällt dir manches und beunruhigt es dich, weil du dir noch nicht abgestorben bist und dem Irdischen nur ungenügend fernstehst.

Nichts befleckt und versklavt das Menschenherz dermaßen wie unlautere geschöpfliche Liebe.

Verzichtest du auf äußern Trost, so erschließen sich dir die himmlischen Dinge und du wirst häufig seelisch frohlocken können.

Anmerkung

Ein Christ, der sich von der Welt losgeschält hat, kennt für dieses und das andere Leben nur ein Verlangen: mit Jesus verbunden zu leben in unaussprechlicher Vereinigung. Im geheimnisvollen Liebesgesang wird diese Vereinigung, unter göttlicher Eingebung, folgendermaßen gezeichnet: «Mein Vielgeliebter gehört mir, und ich gehöre ihm; er ruht in den Lilien, bis sich das Frührot erhebt und die Schatten fallen» (Hohes Lied). – Was suchst du außer dir? Betritt dich selber, geh in dich ein. Bereite dem himmlischen Bräutigam eine würdige Wohnung; und er wird kommen und sich darin niederlassen. Es gereicht ihm zur Freude, in einem Herzen zu weilen, das ihn herbeiruft. Allein mit Jesus, fern dem Weltlärm, im Schweigen der Geschöpfe, spricht er dann mit dir «wie ein Freund zum Freunde». Überglücklich, ihn zu hören, wirst du keinem andern mehr das Ohr leihen wollen.

2. KAPITEL: DEMÜTIGE UNTERWERFUNG

1. Lege kein großes Gewicht darauf, wer für dich oder gegen dich eingenommen ist. Achte vielmehr darauf, daß Gott bei all deinem Tun und Lassen mit dir sei.

Bewahre immer ein gutes Gewissen, und Gott wird sich deiner annehmen.

Wem Gott helfen will, dem kann kein Gegner schaden.

Verstehst du zu schweigen und zu leiden, so erfährst du sicher Gottes Hilfe. Er weiß, wann und wie dich befreien; überlaß dich ihm restlos.

Bei Gott stehen Beistand und Befreiung von aller Schmach.

Um uns demütig zu erhalten, ist es uns oft heilsamer, daß andere um unsre Fehler wissen und sie rügen.

2. Demütigt sich der Mensch angesichts seiner Fehler, so versöhnt er andere leichter und entwaffnet mühelos die ihm zürnen.

Den Demütigen beschützt und erlöst Gott; den Demütigen liebt und tröstet er; dem Demütigen neigt er sich zu; dem Demütigen spendet er reichlich Gnaden und erhöht ihn nach der Erniedrigung.

Dem Demütigen offenbart er seine Geheimnisse, zieht ihn gütig an sich, lädt ihn zu sich ein.

Nachdem der Demütige die Beschämung ertragen, genießt er weithin Friede; denn er steht in Gott gegründet, nicht in der Welt.

Glaube keine Fortschritte gemacht zu haben, solange du dich nicht für den Allergeringsten hältst.

Anmerkung

Was bedeutet das Reden und Denken der Menschen für dich? Nicht sie werden dich richten. Klagen sie dich falsch an, so bist du vor dem, der im Grund des Gewissens liest, schon gerechtfertigt.

Werfen sie dir jedoch wirkliche Fehler vor, mußt du ihnen da nicht dankbar sein für die Warnung und froh, eine heilsame Demütigung zu erfahren? Der Stolz ist es, der dich beunruhigt und keinen Tadel duldet. Ein demütiger Mensch wird nicht aufgeregt, zürnt nicht, nicht einmal dann, wenn die Leidenschaft ihn ungerechterweise verurteilt. Er ist durchdrungen vom Gefühl seiner Armseligkeit; niemand vermag ihn so tief herabzusetzen, wie er selber sich erniedrigt. Du möchtest deine Seelenruhe durch nichts gestört wissen? Nun denn, überlaß dich in allem Gott. Sprich bei Mühen, Widerwärtigkeiten, Verdrießlichkeiten mit Jesus Christus: «Ja, mein Vater, weil es dir so gefällt!»

3. KAPITEL: DER GUTE, FRIEDFERTIGE MENSCH

1. Habe zuerst selber den Seelenfrieden, dann kannst du ihn auch andern bringen.

Ein friedsamer Mensch stiftet mehr Nutzen als ein hochgelehrter.

Ein leidenschaftlicher Mensch deutet auch das Gute schlimm und glaubt rasch Böses. Ein guter, friedfertiger hingegen weiß überall Lichtseiten zu entdecken.

Wer den Frieden in sich trägt, verdächtigt niemand. Der unzufriedene, übelgelaunte Mensch dagegen wird von allerlei Argwohn bewegt. Er findet selber keine Ruhe und läßt sie auch andere nicht finden.

Oft redet er Ungereimtes und versäumt seine Pflicht. Für anderer Obliegenheiten hat er ein scharfes Auge; die eigenen vernachlässigt er. Eifere zuerst gegen dich selber, dann erst stelle deine Mitmenschen zur Rede.

2. Dein Verhalten verstehst du vorzüglich zu rechtfertigen und schönzufärben; die Erklärungen anderer nimmst du nicht an.

Du tätest besser daran, dich anzuklagen und deinen Mitbruder zu entschuldigen.

Willst du ertragen werden, so ertrage auch andere.

Schau, wie weit entfernt du noch von der wahren Liebe und Demut bist, die niemandem zürnt als sich selber.

Mit guten und liebenswürdigen Menschen verkehren, bedeutet nichts Großes, denn das behagt jedermann, und jeder hat gern seine Ruhe und bevorzugt Gleichgesinnte.

Aber sich vertragen mit hartköpfigen, verdrehten, ungebundenen oder uns zuwiderhandelnden Menschen, das bedingt viel Gnade, verdient hohes Lob und heißt mannhaft handeln.

3. Es gibt solche, die selber Frieden haben und ihn auch mit den Mitmenschen aufrechterhalten.

Andere besitzen ihn selber nicht und lassen auch die übrigen nicht in Ruhe, fallen ihnen vielmehr lästig, und am meisten sich selber.

Wieder andere endlich bewahren den Frieden in sich und sind bemüht, ihn auch den Mitmenschen zu bringen.

Allerdings liegt in diesem armseligen Leben unser Friede mehr im demütigen Ertragen als in Unempfindlichkeit gegenüber Widrigem.

Wer besser zu ertragen weiß, verkostet mehr Frieden. Er steht als Sieger da über sich selbst und als Herr über die Welt, als Christusfreund und Himmelserbe.

Anmerkung

«Selig die Friedfertigen, denn sie werden Kinder Gottes heißen.» Begreife die Größe dieses Namens, sowie die tiefe Lehre, die er enthält. Friede heißt vollkommene Ordnung; wogegen Verwirrung, Uneinigkeit, Zwietracht, Krieg bloß Eingang fanden in der Welt durch einen Bruch der Ordnung oder durch die Sünde. Es gibt keinen Frieden, wo die Sünde herrscht; keinen Frieden in einem Menschen, dessen Gedanken, Gefühle, Willensregungen nicht gänzlich der Ordnung, der Wahrheit und dem Willen Gottes unterstehen; keinen Frieden in einer Gesellschaft, deren Anschauungen und Gesetze sich vom Gesetz und den geoffenbarten Lehren Gottes lösen. Wer immer, ob Einzelmensch oder Volk, Gottes Gesetz mißachtet, seine Lehren leugnet, sei es auch nur in einem Punkt, dieser Einzelne oder dieses Volk empört sich wider Gott und wird unverzüglich gestraft für seine Sünde. Ein bisher unbekanntes Unbehagen bemächtigt sich seiner, irgendeine unbekannte Kraft bricht die Harmonie und läßt nirgends Ruhe finden. Wie Kain nach seinem Mord, so empfindet ein solcher Mensch, ein solches Volk, Angst. Tatsächlich kennen nur die Kinder Gottes den Frieden. Sie verkosten ihn in sich selber und verbreiten ihn bei andern. Er fließt sozusagen aus ihrem Herzen heraus wie die Flüsse, die den seligen Aufenthaltsort unseres Stammvaters bewässerten, als er noch in Unschuld lebte. Und kommt die Scheidestunde, wird immer noch Friede herrschen; ebenso ist das Reich Gottes «Gerechtigkeit und Friede». Kinder Gottes, betretet das Reich, «das euch von Anbeginn der Welt bereitet wurde».

4. KAPITEL: REINER SINN UND LAUTERE ABSICHT

1. Zwei Flügel tragen den Menschen über alles Irdische empor: Einfalt und Lauterkeit.

Einfältig sei unsre Absicht, lauter unser Lieben.

Die Einfalt faßt Gott ins Auge; die Lauterkeit ergreift und genießt ihn.

Keine gute Tat wird dir zum Hindernis, wenn du innerlich gelöst bist von ungeordneten Neigungen.

Suchst du einzig Gottes Wohlgefallen und den Nutzen des Nächsten, so verkostest du innere Freiheit.

Wärst du geraden Herzens, so hielte dir jedes Geschöpf einen Tugendspiegel vor und bildete für dich ein heiliges Lehrbuch.

Auch das unscheinbarste und geringste Geschöpf widerstrahlt Gottes Güte.

2. Wärst du innerlich gut und lauter, es stünde dir alles schleierlos offen und du begriffst es gut. Ein reines Herz durchdringt Himmel und Hölle.

So wie jemand selber ist, so beurteilt er auch andere und anderes.

Falls es überhaupt eine Freude auf Erden gibt, besitzt sie der Mensch mit einem reinen Herzen.

Herrscht umgekehrt irgendwo Trübsal und Beklemmung, kennt sich darin am besten das schlechte Gewissen aus.

Wie das Eisen im Feuer den Rost verliert und weißglühend wird, so streift der Mensch in der restlosen Hinkehr zu Gott seine Erstarrung ab und verwandelt sich in eine neue Kreatur.

3. Wer anfängt, lau zu werden, den schreckt schon die geringste Mühe ab, und er hascht nach äußerer Ablenkung.

Beginnt jedoch einer, sich zu beherrschen und auf Gottes Wegen zu wandeln, so erscheint ihm geringfügig, was ihn vorher fast erdrückte.

Anmerkung

Als Jesus Christus seinen Jüngern ein Vorbild vor Augen führen wollte, wählte er es etwa unter Menschen, die andere durch Wissen oder Geist überragten? Nein, «er rief ein Kind herbei, stellte es in ihre Mitte, und sprach: Wahrlich, ich sage euch, wenn ihr euch nicht bekehrt, und wie Kinder werdet, gelangt ihr nicht ins Himmelreich.» Was nehmen wir bei Kindern wahr? Einfalt, Reinheit. Sie glauben, lieben, handeln: ohne Hintergedanken, spontan, und das gefällt Gott. Er verlangt weder langatmige Gebete, noch gescheite Vorträge, noch tiefe Betrachtungen, sondern einen geraden Willen und eine einfältige Liebe. In allen Dingen nur das wünschen, was er wünscht; sich gänzlich vergessen; sich den Fügungen seiner anbetungswürdigen Vorsehung überlassen, ohne sie erforschen zu wollen. Gibt es etwas Reineres als diese Hingabe, als diesen schlichten Gehorsam? Daher auch die herrliche Belohnung: «Selig, die reinen Herzens sind, denn sie werden Gott anschauen!»

5. KAPITEL: WACHE ÜBER DICH SELBST

1. Wir dürfen uns selber nicht allzusehr vertrauen, denn Gnade und Urteil mangeln uns oft.

Schwach ist das Licht, das in uns brennt, und lassen wir uns gehen, erlischt es bald.

Häufig nehmen wir übrigens gar nicht wahr, wie blind wir innerlich sind.

Nicht selten handeln wir verkehrt; ja, was schlimmer ist, rechtfertigen uns noch.

Leidenschaft verwechseln wir zuweilen mit Eifer.

Wir tadeln an andern geringe Verstöße und gehen über unsre eigenen, schwerwiegenden hinweg.

Schnell empfinden und ermessen wir, was andere uns antun; übersehen aber, was wir ihnen zufügen.

Wer die eigenen Mißgriffe richtig einschätzte, müßte die Fehler anderer milde beurteilen.

2. Ein innerlicher Mensch stellt die Sorge um sich selber allen übrigen Sorgen voran; und wer richtig auf sich achtet, schweigt gerne über die Mitmenschen.

Solange du über das, was dich nichts angeht, nicht schweigen kannst und zugleich dich selber aufmerksam bewachst, bleibt dir die wahre Innerlichkeit fremd.

Das Äußere wird dich nur wenig berühren, sobald dein Blick gänzlich dir und Gott zugewandt ist.

Wo weilst du, wenn du dir selber nicht gegenwärtig bist? Und wieviele Fortschritte machst du, wenn du dich um alles kümmerst, außer um dich?

Verlangst du nach wahrem Frieden und echter Gottvereinigung, mußt du alles hintansetzen und dein Augenmerk auf dich allein richten.

3. Du wirst innerlich viel gewinnen, sobald du dich jeder zeitlichen Sorge entledigst.

Umgekehrt verlierst du viel, wenn du etwas Zeitliches hoch anschlägst.

Gott allein, und was von ihm herrührt, soll dir groß, erhaben, kostbar, liebenswert vorkommen.

Jeden rein geschöpflichen Trost erachte als eitel.

Eine gottliebende Menschenseele verschmäht alles, was nicht Gott ist. Nur der ewige, unendliche Gott, der alles erfüllt, erquickt die Seele und beglückt das Menschenherz.

Anmerkung

Wüßtest du, was jeder einzelne Mensch an Gutem und Bösem birgt, wärst aber dir selber gegenüber blind, was nützte es dir? Am Jüngsten Tag wirst du nicht über das Gewissen anderer erforscht werden. So laß fahren die Besorgtheit, die fast immer mit Hochmut und Bosheit zusammenhängt. Befasse dich mit Gedanken, die Gott angenehmer und dir nützlicher sind. Die große, wahre Kenntnis besteht darin, sich selber zu kennen. Dahin muß unser Bemühen unablässig gehen. Da lernt man sich verachten, sein törichtes Herz bedauern, sich betrüben über die dickflüssige Eigenliebe in uns, über die geheimen Gelüste, die uns bewegen. Und man ruft mit dem Apostel: «Wer wird mich befreien von diesem todgeweihten Leib?» O selige, überselige Befreiung! Und was eröffnet sich uns später, nachdem wir treu gewesen? Gott, nur Gott, und in ihm alle Dinge, jeder Trost, jedes Gut. O meine Seele, da es sich so verhält, beginne von diesem Augenblick an, dich vom Gewicht zu lösen, das dich niederzieht, von der Erde, von den Geschöpfen, um dich an Gott allein zu halten.

6. KAPITEL: VOM GLÜCK EINES GUTEN GEWISSENS

1. «Der Ruhm eines guten Menschen liegt im guten Gewissen.»

Bewahre ein gutes Gewissen, und du wirst dich immer froh fühlen.

Ein gutes Gewissen vermag viel zu ertragen; sogar bei Widerwärtigkeiten bleibt es frohgemut.

Ein schlechtes Gewissen dagegen fühlt sich immer ängstlich und gequält.

Du ruhst wohl, wenn dir dein Herz nichts vorwirft.

Frohlocke bloß, wenn du gut gehandelt hast.

Die Bösen verkosten nie wahre Freude; sie genießen keinen Seelenfrieden. «Den Gottlosen wird kein Friede zuteil, spricht der Herr.» Und behaupten sie: «Wir sind ruhig, uns begegnet kein Übel, wer wollte uns schaden», glaube ihnen nicht. Denn der Zorn Gottes bricht plötzlich über sie her, ihr Tun wird in Rauch aufgehen, und ihre Gedanken werden zuschanden.

2. Der Trübsal sich rühmen, fällt dem Liebenden nicht schwer; denn so sich rühmen, heißt «sich des Kreuzes des Herrn rühmen».

Kurzlebig ist der Ruhm, den die Menschen einander spenden und voneinander empfangen.

Weltlicher Ruhm geht immer mit Leid gepaart.

Der Ruhm der Guten liegt im guten Gewissen, nicht im Munde der Leute.

Die Gerechten freuen sich über Gott und in Gott, ihr Genügen gilt der Wahrheit.

Wer nach dem wahren und ewigen Ruhm verlangt, den kümmert keine zeitliche Glorie.

Wer aber nach dieser verlangt, oder sie wenigstens nicht herzlich verachtet, der beweist, daß er die ewige Glorie verschmäht.

Großen Herzensfrieden genießt, wer gleichgültig bleibt gegenüber Lob und Tadel.

3. Ein reines Gewissen verschafft rasch Frieden und Ruhe.

Lob macht dich nicht besser; Tadel nicht schlechter: du bist, was du bist. Reden können dich nicht größer machen, als du vor Gott dastehst.

Wenn du auf dein eigenes Urteil über dich hörst, ficht dich das Gerede der Leute wenig an.

«Die Menschen schauen auf das Gesicht, Gott auf das Herz.» Die Menschen beobachten dein Tun, Gott jedoch deine Absicht.

Immer gut handeln und gering von sich denken, das kennzeichnet eine demütige Seele.

Auf allen geschöpflichen Trost verzichten, verrät große Reinheit und großes inneres Vertrauen.

4. Wer kein äußeres Zeugnis zu seinen Gunsten sucht, der hat sich offenbar Gott ganz hingegeben.

Denn «nicht wer sich selber empfiehlt, ist bewährt», sagt der hl. Paulus, «sondern wer von Gott gutgeheißen wird».

Innerlich mit Gott umgehen, und äußerlich völlig losgeschält sein: so sieht der Zustand eines innerlichen Menschen aus.

Anmerkung

Ruhe findest du nur in dir selber, nicht anderswo. Ein rastloses Herz, das außen, in den Geschöpfen, den Frieden sucht, der ihm innerlich fehlt, täuscht sich gewaltig: außen ist er nicht zu finden. Warum dich selber betrügen? Das sturmgepeitschte Meer kann nicht wildbewegter sein als die Welt, und du bittest sie: Dämpfe meine Verwirrung! – Nur in Gottes Schoß gibt es Ruhe; ein reines Gewissen allein kennt die Freude. Die Vergnügen zerstreuen, die Leidenschaften berauschen für den Augenblick. Was bleibt, wenn dieser Augenblick vergangen? Wieviel Verdrießlichkeiten und Bitternis begleiten ihn zudem häufig. Kannst du dir anderseits ein Glück denken, das dem der Unschuld gleicht; etwas, das schon hienieden dem Himmel näher kommt, als der Zustand einer vom Irdischen losgeschälten Seele, die in Gottes Hand ruht, den sie hoffend und liebend bereits besitzt? Nun denn, möge dieser Zustand der deine werden! «Kommet und kostet, wie süß der Herr ist.» Strengt euch wirklich an, wollt ernsthaft. Und der den guten Willen gab, wird auch die Erfüllung nicht verweigern.

7. KAPITEL: LIEBE JESUS ÜBER ALLES

1. Selig, wer den Sinn der Jesusliebe und der Selbstverachtung um Jesu willen erfaßt hat.

Es gilt, den Geliebten um des Geliebten willen zu verlassen, denn Jesus will allein über alles geliebt werden.

Die Liebe der Geschöpfe trügt und schwankt; die Liebe Jesu dagegen steht fest und unerschüttert.

Wer sich an Geschöpfe hängt, wird mit den Unsteten fallen; wer sich Jesus hingibt, bleibt ewig aufrecht.

Ihn liebe und behalte als Freund; auch wenn dir alle andern den Rücken kehren, gibt er dich nicht auf und verhütet deinen Untergang.

Ob gern oder ungern, wirst du dich einmal von allem trennen müssen.

2. Halte dich im Leben und Sterben an Jesus, überlaß dich seiner Treue; denn wo alles versagt, vermag nur er dir zu helfen.

Seinem Wesen nach kann dein Geliebter keinen andern neben sich dulden. Er will dein Herz ungeteilt besitzen und es zum selbsteigenen Königsthron haben.

Verstündest du es, dich alles Geschöpflichen zu entschlagen, so müßte Jesus gerne bei dir einkehren.

Beinahe alles, was du außer Jesus von den Menschen erhoffst, würde sich dann als Fehlrechnung erweisen.

Stütze dich nicht vertrauensselig auf ein windbewegtes Rohr, da doch «alles Fleisch dem Gras gleicht, und all seine Herrlichkeit dahinwelkt wie die Grasblume».

3. Heftest du dein Auge nur auf das Äußere an den Menschen, bist du bald betrogen. Du erwartest von ihnen Trost und Hilfe und kommst anstatt dessen häufig zu Schaden.

Suchst du dagegen Jesus in allem, wirst du ihn finden. Suchst du dich selber, findest du dich, aber zu deinem Verderben.

Wer sich nicht um Jesus bemüht, der schadet sich mehr als die ganze Welt und alle Feinde ihm je schaden könnten.

Anmerkung

Benommen vom «Reiz des Fühlens», wie Bossuet sagt, suchen wir unser Behagen in den Geschöpfen, obschon sie uns entgleiten und wie ein Schatten entschwinden. Wir möchten lieben und geliebt werden, entfernen uns aber dabei von der Quelle der wahren Liebe, der unendlichen Liebe. Begreifen wir doch endlich, wie unklug derjenige handelt, der sein Herz an Vergängliches hängt, und wie eitel die Freundschaften dieser Welt sind, «die mit den Jahren und den Interessen aufhören». Lieben wir Jesus ungeteilt. Lieben wir ihn, wie er uns liebt, und wie er geliebt sein will. «Das Maß unsrer Liebe zu ihm besteht darin, ihn maßlos zu lieben», sagt der hl. Bernhard. Wehe dem, der etwas ihm vorzieht! Dessen Wünsche laufen auf der Straße zum Nichts.

8. KAPITEL: DER VERTRAUTE UMGANG MIT JESUS

1. Weilt Jesus bei dir, steht alles gut, und nichts kommt dir schwer vor; bleibt er jedoch fern, fällt dir alles hart.

Spricht Jesus nicht in deinem Innern, bedeutet kein Trost dir etwas. Spricht er dagegen nur ein Wort, fühlst du dich sichtlich erleichtert.

Erhob sich nicht Maria Magdalena alsbald von der Stelle wo sie weinte, als ihr Martha ankündigte: «Der Meister ist da und ruft dich»?

Glückselige Stunde, in der Jesus von den Tränen zur geistlichen Freude aufruft!

Wie trocken und kalt bleibst du ohne Jesus!

Wie töricht und schlecht beraten ist, wer etwas außer Jesus sucht. Schadet das nicht mehr als der Verlust der ganzen Welt?

2. Was vermag dir die Erde zu bieten ohne Jesus?

Ohne Jesus leidet man eine wahre Hölle; mit ihm genießt man Paradiesesfreuden.

Steht dir Jesus zur Seite, vermag kein Feind dir etwas anzutun.

Wer Jesus findet, entdeckt einen wertvollen Schatz, ja den wertvollsten aller. Wer hingegen Jesus verliert, der büßt viel ein, mehr als die ganze Welt.

Bettelarm ist, wer ohne Jesus lebt; überreich, wer mit ihm gut steht.

3. Es ist eine große Kunst, mit Jesus verkehren zu können; und ihn zu behalten verstehen, setzt viel Klugheit voraus.

Sei demütig und friedfertig, und Jesus wird mit dir sein.

Du kannst Jesus rasch vertreiben und seine Gnade verscherzen, wenn du dich den Außendingen hingibst.

Hast du ihn aber vertrieben und verloren, zu wem willst du dann fliehen, welchen Freund dir suchen?

Ohne Freund kommst du nicht wohl aus; bildet aber Jesus nicht dein bester Freund, so bist du notwendigerweise niedergeschlagen und trostlos.

Du handelst töricht, wenn dein Vertrauen und deine Freude jemand anderm gilt.

Besser die ganze Welt gegen sich haben, als Jesus beleidigen.

Unter allen Lieben sei dir Jesus der allerliebste.

4. Liebe alle um Jesu willen, Jesus aber um seiner selbst willen.

Mit ihm allein darf dich eine Sonderfreundschaft verbinden, denn er übertrifft jeden Freund an Güte und Treue.

Seinetwegen und in ihm muß dir Freund und Feind teuer sein; für sie alle rufe ihn an, damit ihn alle erkennen und liebgewinnen.

Verlange nie, besonders gelobt oder geliebt zu werden; nur der unvergleichliche Gott hat Anrecht darauf.

Wünsche auch nicht, daß dich sonst jemand ständig im

Herzen trage, oder du selber auf diese Weise an jemandem hängst: in dir und in allen Guten soll Jesus weilen.

5. Sei lauter und innerlich frei, ohne an einem Geschöpf zu kleben.

Du mußt entblößt sein und Gott gegenüber ein reines Herz haben, falls du ungehindert die Süßigkeit des Herrn erfahren willst.

Allerdings kannst du nur dahin gelangen, wenn seine Gnade dir zuvorkommt und dich anzieht, so daß du alles andere ausräumst und entfernst, um allein mit dem Alleinigen dich zu verbinden.

Denn wenn Gottes Gnade den Menschen erfaßt, wird er zu allem befähigt. Bleibt sie dagegen aus, ist er arm und krank und gleichsam bloß Gegenstand von Züchtigungen.

Doch sogar dann soll er nicht verzagen, noch den Mut sinken lassen: man ergebe sich in Gottes Willen und erdulde alles, was einen trifft, Jesus Christus zu Ehren. Auf den Winter folgt der Sommer, der Nacht rückt der Tag nach, und das Unwetter weicht dem strahlend blauen Himmel.

Anmerkung

Die Liebe hat den Sohn Gottes zur Erde hinabsteigen lassen; die Liebe hebt uns zu ihm empor. So entsteht zwischen unsrer Seele und Jesus eine beglückende Vereinigung. Die Verheißung erfüllt sich: «Ich werde euch nicht als Waisen zurücklassen, sondern zu euch kommen.» So komm denn, Jesus, komm, zerreiße die letzten Bande, die mich mit den Geschöpfen verbinden und den seligen Augenblick verzögern, wo ich nur noch für dich lebe. Bewirke, daß ich mich selbst vergesse, und dich allein sehe und verlange, an deiner Brust ruhe, gleich dem Liebesjünger, im köstlichen Frieden, «den die Welt nicht geben kann», ja nicht einmal begreift, aber mit ihren Stürmen auch nicht zu stören vermag.

9. KAPITEL: TROSTLOSIGKEIT

1. Leicht verschmäht menschlichen Trost, wer sich des göttlichen erfreut.

Etwas Großes, ja sehr Großes ist es dagegen, menschlichen wie göttlichen Trost entbehren können, Gott zu Ehren gerne die Verwaisung des Herzens ertragen, in keinem Ding sich selber suchen und seiner Verdienste nicht achten.

Was liegt Ungewöhnliches daran, beim Wehen der Gnade frohgemut und andächtig zu sein? Dieser Zustand paßt allen. Behaglich reitet, wen Gottes Gnade trägt.

Was Wunder, wenn die Last nicht fühlt, wer vom Allmächtigen erhoben wird und vom Leiter der Geschicke geführt ist?

2. Wir sind so trosthungrig und entledigen uns so schwer des eigenen Ich!

Ermuntert von seinem Oberhirten, besiegte der heilige Blutzeuge Laurentius die Welt, verschmähte ihre Reize, ja ertrug sogar gelassen, Christus zulieb, die Trennung vom teuren Papst Sixtus.

So überwand er die Liebe zum Menschen aus Liebe zum Schöpfer und bevorzugte den göttlichen Willen dem menschlichen Trost.

Ebenso lerne auch du sogar den vertrautesten Freund aus Liebe zu Gott verlassen.

Und nimm es nicht allzu schwer, wenn ein Freund dich verläßt, da wir doch alle früher oder später voneinander scheiden müssen.

3. Der Mensch hat viel und lange mit sich zu kämpfen, bevor er sich vollständig überwunden hat und ausschließlich Gott anhängt.

Vertraut jemand auf sich selber, wird er bald die Hand nach menschlichen Zerstreuungen ausstrecken.

Wer allerdings Christus wirklich lieb hat und ernsthaft nach Tugend ringt, der verzichtet auf derartige Zerstreuungen und jagt keinen Sinnesfreuden mehr nach. Ihn ziehen vielmehr die Strengheiten an, und Kreuz und Leid, um Christi willen ertragen.

4. Spendet also Gott geistlichen Trost, nimm ihn dankbar an. Aber bleibe dir bewußt, daß es sich um eine Gabe Gottes und keine Entlöhnung handelt.

Überhebe dich nicht, frohlocke nicht übermäßig, bilde dir nichts ein, demütige dich vielmehr angesichts der Gabe und vollziehe alles behutsamer und ehrfürchtiger als bisher, denn diese Stunde wird vorübergehen und die Versuchung wiederkehren.

Weicht die Tröstung, verzage nicht gleich, sondern erwarte demütig und geduldig die folgende himmlische Heimsuchung. Gott hat es in der Hand, dich bald in vermehrtem Maß heimzusuchen.

Darin liegt weder etwas Neues noch etwas Unerhörtes für den, der mit Gottes Wegen vertraut ist; die großen Heiligen und die alten Propheten machten häufig einen solchen Wechsel durch.

5. Einer von ihnen kennzeichnet die Gnadenwirkung mit den Worten: «Ich versprach mir in meiner Fülle: in Ewigkeit werde ich nicht wanken.» Die Auswirkung des Gnadenentzuges hingegen schildert er so: «Du hast dein Angesicht weggewandt, und ich wurde verwirrt.»

Dennoch verzweifelte er nicht, sondern verdoppelte sein Flehen: «Zu dir, Herr, rufe ich; meinen Gott beschwöre ich.»

Schließlich wurde sein Gebet erhört, was er folgendermaßen wiedergibt: «Der Herr hat mich erhört und sich meiner erbarmt; der Herr ward meine Zuflucht.»

Wie? – «Meine Klage hast du in Jubel verwandelt und mich mit Freude gegürtet.»

Wenn es den großen Heiligen so erging, dürfen wir Armselige nicht bestürzt sein, vom Eifer in die Kälte zu gleiten und umgekehrt. Der Geist weht heran und verweht wie er will. Schon der selige Job mußte feststellen: «Bereits beim Morgengrauen suchst du uns heim und prüfst uns unverweilt.»

6. Worauf soll ich also hoffen, worauf bauen, wenn nicht einzig auf Gottes großes Erbarmen und die himmlische Gnadenhilfe?

Denn trotz der Anwesenheit guter Menschen, frommer Mitbrüder, treuer Freunde, trotz geistlicher Bücher, schöner Abhandlungen, ergreifenden Hymnengesangs, ist mir wenig geholfen, empfinde ich wenig, wenn die Gnade mich verläßt und ich im eignen Elend steckenbleibe.

Da gibt es keine wirksamere Abhilfe als Geduld und Ergebung in Gottes Willen.

7. Ich bin nie auf einen frommen und heiligen Menschen gestoßen, der nicht bisweilen den Entzug der Gnade und eine Abnahme des Eifers erfahren hätte.

Kein Heiliger war je so hoch entrückt und dermaßen erleuchtet, ohne vorher oder nachher Versuchungen durchgemacht zu haben.

Unwert erhabener Beschauung ist, wer nicht für Gott durch die Schule irgend einer Trübsal ging.

Gewöhnlich zeigt ja eine Prüfung gerade auf die kommende Tröstung hin.

Die himmlischen Verheißungen gelten denen, «die in der Versuchung erprobt wurden». Wir lesen: «Dem Sieger werde ich vom Baum des Lebens zu essen geben.»

8. Göttliche Tröstungen zielen darauf ab, den Menschen zum Ertragen von Widerwärtigkeiten zu stärken. Auch folgt die Prüfung, damit er sich auf das Gute nichts einbilde.

Der Teufel schläft nicht, und das Fleisch lebt noch: so wappne dich denn unaufhörlich zum Kampf; rechts und links lauern nimmermüde Feinde.

Anmerkung

Gewiß verkostete die heilige Menschheit des Erlösers, dank ihrer Verbindung mit dem göttlichen Wort, Frieden und Freude ohne Trübung. Aber deswegen empfand Jesus doch oft im niedern Seelenteil Betrübnis und Leid, wie sie seit der Erbsünde der Anteil unsrer Natur geworden sind. Wem klingt nicht das erschütternde Wort im Ohr: «Meine Seele ist todtraurig; mein Vater, mein Vater, warum hast du mich verlassen?» Ähnlich wird auch der Christ, ohne seinen Frieden einzubüßen, von Trauer und Betrübnis heimgesucht. Fühlte er sich immer getröstet, müßte man fürchten, er könnte nach und nach lau werden, und was hätte er seinem Vielgeliebten noch aufzuopfern? «Die Tugend erstrahlt am schönsten in der Schwachheit», lehrt der Apostel und fügt sogleich hinzu: «So rühme ich mich meiner Schwachheit, damit die Kraft Jesu Christi in mir wohne.» Diese Art Hingabe, diese «Verbannung des Herzens», hält uns lebhaft unser Elend vor Augen, das wir nur allzu leicht vergessen; sie erprobt unsern Glauben, unsre Liebe und erhält uns demütig.

Wenn sich also Jesus von dir zurückzuziehen scheint, hüte dich, unter der Last der Prüfung zu versagen und dich der Mutlosigkeit zu überlassen. Ein frommer Schriftsteller bemerkt, das gute Kreuztragen gelinge besser, wenn es ohne Unruhe geschehe und wenn das Leid durch restlose Hingabe an Gottes Willen in ruhige Bahnen gelenkt werde. Anstatt zu seufzen und sich verwirren zu lassen, freue dich also vielmehr, denn es steht geschrieben: «Wer mit Tränen sät, wird in Freude ernten. Sie gingen hin und säten ihren Samen unter Tränen; jubelnd werden sie mit den Garben in ihren Händen wiederkehren.»

10. KAPITEL: DANKE GOTT FÜR SEINE GNADE

1. Was suchst du Ruhe, da du doch zur Mühsal geboren bist?

Stelle dich mehr auf Geduld ein als auf Trost und mehr auf das Kreuztragen als auf Jubel.

Wo wären die Weltleute, die nicht gerne geistlichen Trost und innere Freude empfingen, wenn sie ihrer immer habhaft werden könnten?

Denn die geistlichen Tröstungen übertreffen jegliche Weltfreude und jeden rein irdischen Genuß.

Alle Weltfreude ist ja eitel, wo nicht sündhaft.

Die geistlichen Wonnen allein sind erquickend und gut, sie entspringen der Tugend, und Gott verleiht sie denen, die reinen Herzens sind.

Niemand kann sie jedoch nach Belieben ununterbrochen genießen; denn die Versuchungen bleiben nie lange aus.

2. Sehr hindernd stellt sich der himmlischen Heimsuchung die falsche Freiheit entgegen, die man sich herausnimmt, sowie übermäßiges Selbstvertrauen.

Gott tut wohl, die Tröstungsgnade zu verleihen; aber der Mensch handelt verkehrt, wenn er nicht alles dankbar auf Gott bezieht.

Deshalb kommen die Gnadengaben in uns nicht in Fluß, weil wir gegen ihren Spender undankbar sind und sie nicht restlos auf ihren Ursprung zurückführen.

Der wirklich Dankbare hat immer einen Titel auf die Gnade; dem Hochfahrenden hingegen wird entzogen, was der Demütige erhält.

3. Ich verschmähe den Trost, der mir die Zerknirschung raubt, und will keine Beschauung, die aufbläht.

Denn nicht alles Hohe ist auch heilig, und nicht alles Angenehme auch gut.

Es gibt unreine Wünsche und gewisse liebe Dinge, die Gott nicht behagen.

Freudig empfange ich die Gnade, die mich demütiger und ehrfürchtiger macht und mich wirksamer darauf vorbereitet, mich selbst zu verlassen.

Wen die Gnadengabe erleuchtete und die Zuchtrute des Verlustes unterwies, der schreibt sich nichts Gutes mehr zu, sondern anerkennt seine Armut und Blöße.

Gib Gott, was Gottes ist, und schiebe auf dich, was aus dir stammt. Mit andern Worten, danke Gott für seine Gnade und bekenne dich allein als schuldig und entsprechend strafbar.

4. Nimm immer den untersten Platz ein, so wird dir der oberste angewiesen; der oberste setzt den untersten voraus.

Die größten Heiligen in Gottes Augen schätzten sich selber am geringsten ein; je glorwürdiger sie waren, um so demütiger verharrten sie in ihrem Nichts.

Die voll Wahrheit und himmlischer Glorie dastehen, verlangen nicht nach eitlem Ruhm.

In Gott fest gegründet, können sie sich gar nicht überheben.

Und die alles Empfangene auf Gott zurückführen, haschen nicht nach gegenseitiger Anerkennung. Sie wünschen einzig den Ruhm, der von Gott kommt; ihr Ziel und Verlangen besteht bloß darin, in sich und in allen Heiligen: Gott über alles zu loben.

5. Sei also dankbar für das Geringste, so machst du dich größerer Gaben würdig.

Das Kleinste muß dir bedeutsam erscheinen und das Verächtlichste als besondere Gabe vorkommen.

Zieht man die Würde des Gebers in Betracht, ist keine Gabe klein oder belanglos zu nennen. Denn nichts, was vom Allerhöchsten stammt, ist geringfügig.

Auch seine Strafen und Schläge haben uns willkommen zu sein; alles ereilt uns ja nur zu unserm Heil.

Wer Gottes Gnade bewahren will, verhalte sich dankbar in bezug auf die empfangene Gabe und gelassen in bezug auf die entzogene. Er erbitte ihre Rückkehr und vermeide dann durch Wachsamkeit und Demut ihren fernern Verlust.

Anmerkung

Dermaßen armselig ist der Mensch, daß er keinen guten Gedanken fassen, kein frommes Verlangen hegen kann, ohne daß sie ihm von oben kommen. Aus sich selber vermag er nichts, nicht einmal die Befreiung von seinem Elend zu wünschen, in das ihm ebenfalls nur ein übernatürliches Licht Einblick gewährt. Käme ihm die göttliche Barmherzigkeit nicht zuvor, wäre er zu nichts Gutem imstande. Je mehr Gnade er deshalb empfängt, um so mehr hat er sich zu demütigen. Denn dann sieht er, was er ohne sie ausrichtete, was er aus sich selber ist. Törichtes Geschöpf, das sich etwas einbildet auf Gottes Gaben! «Was hast du, das du nicht empfangen hast; aber wenn du es empfangen hast, warum rühmst du dich, als hättest du es nicht empfangen?» Beugen muß sich der Stolz vor diesem Wort, zunichte werden der ganze Mensch in der Gegenwart dessen, der ihn allein aus dem Abgrund herausziehen kann, in den ihn die Sünde stürzte. Nur wer sich erniedrigt, kann aufstehen. Das ließ den heiligen Paulus schreiben: «Wenn ich mich schwach fühle, dann bin ich stark.» Ich verstehe dich, großer Apostel. Dasselbe Gefühl, das dich demütigt, ruft die dem Demütigen verheißene Gnade herbei, und diese gürtet dich mit der Kraft Gottes selber. Was schulden wir nicht dem Gott der Güte; wie vergelten wir ihm seine zahllosen Wohltaten? Ach, in unsrer Armseligkeit können wir ihm bloß unser Herz darbieten. Und gerade das ist es, was er von seinem armen Geschöpf wünscht. So möge ihm wenigstens dieses Herz restlos angehören, ohne Teilung, ohne etwas anderes zu wollen oder zu verkosten als Gott. Von seiner Liebe allein möge es leben. So soll auf Erden die berückende Vereinigung beginnen, die später unsre ewige Seligkeit ausmachen wird.

11. KAPITEL: WIE WENIGE DAS KREUZ CHRISTI LIEB HABEN

1. Gegenwärtig besitzt Jesus eine Menge Liebhaber seines himmlischen Reiches; aber nur wenige Kreuzträger.

Er kennt viele, die nach Trost verlangen; doch nur eine geringe Anzahl, denen auch die Trübsal recht ist.

Tischgenossen findet er in Fülle; Fastengefährten stellen sich kaum ein.

Freuen wollen sich alle mit ihm; für ihn etwas zu leiden, verweigern die meisten.

Zahlreich sind, die ihm bis zum Brotbrechen folgen; doch nur eine kleine Schar begleitet ihn bis zum Leidenskelch.

An Verehrern seiner Wunder fehlt es nicht; die jedoch an der Schmach des Kreuzes teilnehmen wollen, lassen sich an den Fingern abzählen.

Solange sie auf keine Schwierigkeiten stoßen, lieben manche Jesus. Sie loben und preisen ihn, solange er sie mit Tröstungen erquickt.

Verbirgt er sich aber, und läßt er sie auch nur kurze Zeit allein, fangen sie an zu jammern und verlieren den Mut.

2. Die dagegen Jesus um Jesu willen lieben, und nicht seiner Tröstungen halber, die preisen ihn bei Trübsal und Herzensnot wie bei höchster Erquickung.

Und sollte ihnen Jesus auch nie Trost spenden, würden sie ihn dennoch unaufhörlich loben und verlangten, ihm stets Dank zu sagen.

3. Wieviel vermag die ganz uneigennützige, selbstlose Liebe zu Jesus!

Müssen nicht samt und sonders Mietlinge heißen, die stets auf Tröstungen erpicht sind?

Beweisen nicht eher Eigenliebe als Christusliebe, die nur auf eigenen Vorteil und Gewinn ausgehen?

Wo den finden, der Jesus völlig selbstlos zu dienen bereit ist?

4. Selten gelangt jemand im geistlichen Leben zur restlosen Selbstentäußerung.

Wer kennt den Mann, der wirklich arm im Geiste und aller Geschöpfe ledig ist? «Man müßte ihn weit suchen, bis an die Enden der Erde.»

Die Aufgabe des gesamten Eigentums bedeutet noch nichts.

Das größte Bußleben besagt wenig.

Der Erwerb aller Kenntnisse gibt keineswegs den Ausschlag.

Ja sogar hohe Tugend und innige Andacht bleiben fern vom Ziel.

Das Eine, Unentbehrliche fehlt!

Was denn? – Nachdem du alles verlassen, auch dich verlassen, dich restlos verleugnen, die Eigenliebe gänzlich abstreifen, und hast du alles getan, wozu du dich gehalten fühltest, das alles als nichts erachten!

5. Schätze gering ein, was du hoch einschätzen könntest, und bekenne dich recht eigentlich als unnützen Knecht, gemäß dem Wort der Wahrheit: «Habt ihr jeden Auftrag erfüllt, gesteht immer noch: Wir sind unnütze Knechte.»

Das erlaubt wirklich, arm und geistig entblößt zu sein, und mit dem Propheten zu sprechen: «Ich bin allein und arm.»

In Wirklichkeit ist niemand so reich, so vielvermögend und frei, als wer imstande ist, sich und allem Eigenen den Abschied zu geben und den letzten Platz zu wählen.

Anmerkung

Man muß Gott um seiner selbst willen lieben, nicht um der Annehmlichkeit willen, die uns aus seinem Dienst erwächst. Denn würde er uns seine Tröstungen entziehen, was täte dann die eigensüchtige Liebe? Wer sich noch selber in etwas sucht, versteht nicht zu lieben. Schau auf dein Vorbild, betrachte Jesus. Er hat sich nirgends gesucht:

Christus non sibi placuit. Er opferte alles für dich: seine Ruhe, sein Leben, sogar seinen Willen. «Nicht was ich will, sprach er, sondern was du willst.» Er hat alles gelitten, bis zum Kreuzestod, bis zur Verlassenheit von seiten des Vaters: «Mein Gott, warum hast du mich verlassen?» Suchen wir nach seinem Beispiel in den Opfergeist einzudringen. Fortan losgelöst von jeder Eigensucht, empfangen wir ebenso freudig Wohl und Wehe, Freud und Leid. Indem wir keine andern Gedanken, keine andern Wünsche als diejenigen Jesu haben, gelangen wir mit ihm zur Vollendung in «vollkommener Einheit», wie er sie beim Verlassen dieser Welt von seinem Vater für uns erbat als letzte und größte Gabe.

12. KAPITEL: VOM KÖNIGLICHEN WEG DES HEILIGEN KREUZES

1. Hart berührt manche das Wort: «Verleugne dich selbst, nehme dein Kreuz auf dich und folge Jesus nach.»

Aber weit härter wird sie das Endurteil treffen: «Weichet von mir, ihr Verfluchten, ins ewige Feuer.»

Die gegenwärtig das Wort vom Kreuz willig hören und befolgen, die haben kein Urteil ewiger Verdammnis zu befürchten.

Das Zeichen des Kreuzes wird am Himmel stehen, wenn der Menschensohn zum Gericht erscheint.

Alle Kreuzträger, die ihm hienieden gleichförmig zu werden suchten, nähern sich alsdann vertrauensvoll dem richtenden Christus.

2. Was zögerst du also, dich mit dem Kreuz zu beladen, das zum Reiche führt?

Im Kreuz wohnt Heil, im Kreuz wohnt Leben, im Kreuz wohnt Schutz vor Feinden, Inbegriff himmlischer Süßigkeit, innere Stärkung, geistige Freude, höchste Tugend, vollendete Heiligung.

Kein Seelenheil und keine Hoffnung auf das ewige Leben besteht, außer im Kreuz.

Trage also dein Kreuz und folge Christus nach, so wirst du das ewige Leben erben.

Mit dem Kreuz auf den Schultern ist er dir vorangegangen; er starb für dich daran, damit auch du dein Kreuz tragest und den Kreuzestod lieb gewinnest.

Teilst du den Tod mit Jesus, wirst du auch das Leben mit ihm teilen.

Heute Leidensgefährte, wirst du morgen Gefährte seiner Verherrlichung sein.

3. Schau, das Kreuz verheißt alles, und das Sterben enthält alles. Es gibt keinen andern Weg zum Leben und zum wahren Seelenfrieden als den Weg des heiligen Kreuzes und der täglichen Abtötung.

Wende dich wohin du willst, suche was immer: du wirst keinen kühnern Höhenpfad und keine gefahrlosere Straße in der Ebene finden als den Weg des heiligen Kreuzes.

Plane und regle alles nach Lust und Willen, stets begegnest du, ob gern oder ungern, lauter Leid. Dem Kreuz kannst du nicht ausweichen. Bald leidest du körperlich, bald fühlst du dich seelisch geplagt.

4. Zuweilen verläßt dich Gott, zuweilen machen dir die Mitmenschen zu schaffen, oder, noch schlimmer, du selbst wirst dir zur Last.

Da hilft kein Heilmittel und keine Tröstung, du mußt es aushalten solang es Gott fügt.

Gott möchte dich nämlich ungetröstet leiden lehren, dich ihm restlos gefügig gestalten und dich demütiger aus der Trübsal hervorgehen sehen.

Wer selber ähnliches erduldete, kann tiefer als andere das Leiden Christi nachfühlen.

So steht das Kreuz immer bereit und erwartet dich allerorten.

Wohin du auch eilst, du entrinnst ihm nicht; denn Schritt

auf Tritt nimmst du dich selber mit und findest dich selber. Wende dich aufwärts, wende dich abwärts, wende dich nach außen, wende dich nach innen: überall stößt du auf das Kreuz.

Es bleibt dir nichts übrig, als die Geduld zu bewahren, wenn du den innern Frieden behalten und die ewige Krone erlangen willst.

5. Trägst du gerne das Kreuz, so trägt das Kreuz auch dich und bringt dich zum ersehnten Ziel, nämlich zum Leidensende, obschon nicht auf dieser Welt.

Trägst du jedoch das Kreuz unwillig, so machst du es noch schwerer und bist noch mehr geplagt, ohne dich seiner entledigen zu können.

Wirfst du das Kreuz ab, findest du sicher ein anderes, das unter Umständen noch schwerer wiegt.

6. Glaubst du vermeiden zu können, was kein Sterblicher vermeiden konnte? Welcher Heiliger ertrug in diesem Leben nicht Kreuz und Trübsal?

Sogar Jesus Christus, unser Herr, verbrachte keine Stunde seines Erdenwandels, ohne sein bitteres Leiden zu fühlen.

Christus mußte leiden, erklärt er selber, von den Toten auferstehen und so in seine Glorie eingehen.

Und du wolltest einen andern Weg einschlagen als diesen königlichen Weg, den Weg des heiligen Kreuzes?

7. Das ganze Leben Christi war Kreuz und Marter, und du möchtest für dich Ruhe und Freude haben?

Du gehst gewaltig irre, wenn du etwas anderes suchst, als Trübsal durchzumachen. Denn das sterbliche Dasein besteht aus einer einzigen Kette von Leid.

Je weiter jemand im innern Leben vorgedrungen ist, um so schwerere Kreuze begegnen ihm oft; die Liebe verschärft ja die Pein der Verbannung.

8. Dennoch bleibt er inmitten der Trübsal nicht trostlos, spürt er doch den gewaltigen Nutzen des geduldigen Kreuztragens.

Indem er sich willig unterwirft, verwandelt sich für ihn alles Drückende am Leid in tröstliches Gottvertrauen.

Und je mehr die Trübsal das Fleisch bedrängt, um so mehr erstarkt der Geist unter dem Einfluß der innern Gnade.

Ja das Verlangen nach Leid und Widerwärtigkeiten, die ihn dem Gekreuzigten gleichförmig machen, flößt ihm bisweilen eine derartige Kraft ein, daß er gar nicht ohne Leid sein wollte: er ist sich bewußt, Gott in dem Maße zu gefallen, als er für ihn mehr durchmacht.

Allerdings übersteigt das die menschlichen Kräfte; nur die Gnade Christi vermag unser gebrechliches Fleisch dahin zu bringen, herzlich im Geiste zu lieben und herbeizuwünschen, was der Natur zutiefst widerstrebt.

9. Übermenschlich ist es, das Kreuz freiwillig zu tragen, das Kreuz zu lieben, den Leib zu zähmen und zu züchtigen, Ehren zu fliehen, gern Schmach zu erdulden, sich selbst zu verachten und verachtet werden zu wollen, alles mögliche Widrige samt Schädigungen auszuhalten und kein Erdenglück zu suchen.

Frage dich, ob du auch nur etwas davon aus dir selber vermöchtest?

Doch vertraust du auf den Herrn, wird er dir Kraft von oben geben, und Welt und Fleisch unterwerfen sich dir.

Nicht einmal den Teufel hast du zu fürchten, wenn du mit dem Glauben gewappnet und mit dem Kreuz Christi bezeichnet bist.

10. So entschließe dich, als guter und getreuer Knecht Christi, mutig das Kreuz deines Herrn zu tragen, der sich dir zulieb daran annageln ließ.

Mach dich gefaßt, in diesem Jammerdasein auf viel Widriges und Unbequemes zu stoßen; denn das erwartet dich überall und begegnet dir in jedem Versteck.

So muß es sein, und es gibt kein anderes Mittel gegen Leid und Trübsal, als sich selber ertragen.

Trinke bereitwillig den Kelch des Herrn, willst du ihn zum Freund gewinnen und Anteil an ihm haben.

Die Tröstungen stelle Gott anheim; er spende sie nach Belieben.

Du mache dich einfach auf Trübsal gefaßt und betrachte sie als größten Trost, indem ja «die Leiden dieser Zeit nicht ins Gewicht fallen, verglichen mit dem Gewinn der künftigen Glorie». Sogar dann nicht, wenn du allein sie alle ertragen könntest.

11. Bist du einmal dahin gelangt, die Trübsal um Christi willen als angenehm zu empfinden, kannst du über deinen Zustand beruhigt sein. Du hast dann das irdische Paradies gefunden.

Umgekehrt, solange dir das Leiden noch schwer fällt und du ihm zu entrinnen suchst, wirst du dich nie recht wohl fühlen; die Angst vor dem Leiden verfolgt dich überall.

12. Stellst du dich, wie billig, auf Leiden und Sterben ein, wird es rasch besser werden, und du findest den Frieden.

Wärst du, wie Paulus, bis zum dritten Himmel entrückt, verbürgte dir noch nichts die Bewahrung vor Drangsal. «Ich werde ihm zeigen, sprach Jesus, wieviel er um meines Namens willen zu leiden hat.»

So bleibt dir nur das Leiden übrig, wenn du Jesus liebhaben und ihm unverdrossen dienen willst.

13. Wieviel Glorie käme dir zu, wie jubelten alle Heiligen Gottes, wie erbaut wären auch deine Mitmenschen, wenn du um des Namens Jesu willen etwas aushalten dürftest. Denn so gering die Zahl derer ist, die zum Leiden bereit sind, empfehlen doch alle die Geduld.

Du solltest gern etwas für Christus ertragen, da manche für die Welt weit Schwereres erdulden.

14. Überzeuge dich davon, daß dein Leben einem ständigen Sterben gleichen muß.

Je mehr jemand sich abstirbt, um so mehr beginnt er für Gott zu leben.

Himmlisches kann nur erfassen, wer für Christus Widriges zu ertragen weiß.

Nichts ist Gott angenehmer, und nichts dir heilsamer auf Erden, als für Christus gerne leiden.

Hättest du die Wahl, du müßtest trotzdem allen denkbaren Tröstungen das Leiden für Christus vorziehen, denn es verähnlicht dich ihm mehr und macht dich den Heiligen gleichförmiger.

Verdienst und Fortschritt liegen nicht in einer Menge Wonne und Trost, sondern im Ertragen schwerer Schläge und Drangsal.

15. Hätte irgend etwas wirksamer zum Heil der Menschen beigetragen als das Leiden, Christus hätte es uns sicher durch Wort und Beispiel gelehrt.

Nun aber ermahnt er offenbar seine Jünger und alle zukünftigen Nachfolger gerade zum Kreuztragen mit den Worten: «Wer mir nachfolgen will, verleugne sich selbst, nehme sein Kreuz auf sich und folge mir.»

So bleibt nach Durchlesen und Überlegen des Dargelegten der Schluß: Ins Reich Gottes gelangen wir nur um den Preis vieler Trübsal.

Anmerkung

Die Lehre vom Kreuz, «Ärgernis für die Juden, Torheit für die Heiden», verstehen die Menschen am wenigsten. Zwar beugt sich ihre Vernunft vor dem Geheimnis eines Gottes, der um der Erlösung willen starb. Aber die Vereinigung mit diesem erstaunlichen Opfer, durch Absterben an sich, ihre Leidenschaften, Wünsche, Willensneigungen, empört sie und läßt sie mit den Einwohnern Kapharnaums sprechen: «Dieses Wort ist hart, wer kann es hören.» – Und dennoch müssen wir es hören, denn unser Heil hängt davon ab. Der Himmel war von der Erde getrennt; das Kreuz hat sie wieder vereint. Und vom Fuß des Kreuzes geht alles aus, was zum Himmel emporsteigt. Scharen wir uns also um das Kreuz: es bilde hienieden unsern Trost, wie es unsre Kraft ausmacht. Schickt uns Gottes Güte eine Prüfung, sprechen wir mit dem heiligen Andreas: «O süßes Kreuz, so lange Zeit herbeigesehnt, und endlich hergerichtet für die Seele, die glühend nach dir verlangt!» Alle Heiligen empfanden dieses Verlangen; alle führten dieselbe Sprache. «Entweder leiden oder sterben», wiederholte häufig die heilige Theresia, und sie fand im Leid mehr Frieden und Glück, als es diejenigen verkosten, die vor der Welt: glücklich heißen. Eine einzige Träne, zu Füßen Jesu geweint, wiegt tausendfach alle irdischen Genüsse auf.

DRITTES BUCH
VOM INNERN TROSTE

1. KAPITEL: JESU EINSPRECHUNGEN

1. «Ich will hören, was Gott der Herr in mir spricht.»

Selig, wer den Herrn in sich reden hört und aus seinem Mund Trostworte vernimmt.

Selig die Ohren, die das Flüstern Gottes gewahren, und das Säuseln dieser Welt verschmähen.

Ja selig die Ohren, die nicht der außen tönenden Stimme lauschen, sondern der innen lehrenden Wahrheit.

Selig die Augen, die nach außen geschlossen sind, nach innen aber weit offen stehen.

Selig, wer ins Innere eindringt und täglich bemüht ist, die himmlischen Geheimnisse stets besser zu erfassen.

Selig, wer sich gern mit Gott beschäftigt und alle irdischen Hindernisse wegräumt.

Beachte das, meine Seele, und verrammle den Zugang zu deinen Sinnen, damit du die Stimme des Herrn, deines Gottes, vernimmst.

2. So spricht dein Geliebter: «Ich bin dein Heil», dein Friede, dein Leben.

Bleibe bei mir und du findest Frieden.

Entlaß alles Vergängliche, suche das Ewige.

Überbordet nicht alles Zeitliche von Verführung?

Was helfen dir alle Geschöpfe, wenn der Schöpfer dich aufgibt?

So verzichte auf alles, suche deinem Schöpfer zu gefallen und treu zu sein; das ist der Weg zum wahren Glück.

2. KAPITEL: DIE WAHRHEIT REDET IN UNS OHNE WORTGERÄUSCH

1. «Sprich, Herr, dein Knecht lauscht.» – «Dein Knecht bin ich, gib mir Verständnis für deine Gebote.» – «Mach mein Herz aufgeschlossen für dein Wort.» – «Möge es wie Tau darauf niederträufeln.»

Einst sprachen die Kinder Israels zu Moses: «Falls wir achthaben sollen, rede du zu uns, und nicht Gott, sonst droht uns der Tod.»

Ich bete anders, Herr. Ich rufe demütig und inbrünstig mit dem Propheten Samuel: «Sprich, Herr, dein Knecht lauscht.»

Weder Moses noch sonst ein Prophet soll mich unterrichten, sondern du, mein Herr und Gott, der alle Propheten gelehrt und erleuchtet hat.

Denn nur du kannst mich, ohne sie, vollkommen erfüllen, wogegen sie, ohne dich, nichts ausrichten.

2. Sie können zwar Worte formen, aber den Geist nicht verleihen.

Ihre Rede gefällt, aber zündet nicht, wenn du schweigst.

Sie übermachen den Buchstaben, doch den Sinn erschließest nur du.

Sie verkünden Geheimnisse, du aber öffnest das Siegel.

Gebote stellen sie auf, deren Erfüllung von dir abhängt.

Sie zeigen den Weg, doch die Kraft, ihn zu gehen, stammt von dir.

Sie wirken von außen; du belehrst und erleuchtest das Herz.

Sie begießen; du gibst Gedeihen.

Sie rufen; du schenkst Verständnis.

3. Also nicht Moses soll mich unterweisen, sondern du, Herr, mein Gott, ewige Wahrheit.

Sonst drohen mir Tod und Dürre, wenn ich nur äußerlich belehrt, nicht innerlich begeistert bin.

Mein Urteil würde gesprochen vom gehörten Wort, das ich nicht ausgeführt; vom erkannten, das ich nicht geliebt; vom anvertrauten, das ich nicht bewahrt habe.

«Sprich also, Herr, dein Knecht lauscht; du hast Worte des ewigen Lebens.»

Sprich zu mir, um meine Seele irgendwie zu trösten, mein Leben umzugestalten, dir aber Lob und Ruhm und immerdar Ehre zu geben.

Anmerkung

Es gibt eine Stimme, die sich innerlich an uns wendet, gleichsam in den Tiefen der Seele, sobald wir das Ohr vor dem Lärm der Geschöpfe schließen und nur noch auf Gott hören und ihn sehnlichst herbeiwünschen. Abseits der Menschen, entzückte diese Stimme in der Wüste einen Paulus, einen Antonius, einen Pacomius und enthüllte ihnen schleierlos die Geheimnisse der Erkenntnis Gottes. Diese Stimme belehrt die Heiligen, entflammt sie, tröstet und berauscht sie sozusagen mit himmlischer Süßigkeit. Moses und die Propheten kamen den Jüngern von Emmaus dunkel vor. Da erschien Jesus. Sein Wort zerstreute das Dunkel, das ihr Verständnis hemmte. Etwas Unbekanntes wurde in ihnen wach, so daß sie zueinander sprachen: «Brannte nicht unser Herz, als er auf dem Weg zu uns redete und uns die Schrift erschloß?» – Und wir, arme Unglückliche, noch hingehalten vom Weltgetriebe, was sollen wir tun? Wollen nicht auch wir Jesus lauschen? Den beiden Jüngern gleich, machen wir ja ebenfalls eine Reise, pilgern der Ewigkeit zu. Jesus nähert sich uns in seiner Liebe, wird unser Weggefährte. Doch da er uns dermaßen unaufmerksam findet, zieht er sich wieder zurück, und wir stehen allein. Erschreckendes Alleinsein! Hüten wir uns davor, sonst könnte uns die Nacht am Ende des Weges überraschen. Beeilen wir uns, den göttlichen Führer zu rufen, sprechen wir zu ihm aus ganzer Seele: «Bleibe bei uns, Herr, denn es will Abend werden, und der Tag geht zur Neige.»

3. KAPITEL: HÖRE DEMÜTIG GOTTES WORT AN, OBSCHON VIELE ES NICHT BEHERZIGEN

1. Mein Sohn, lausche meinen Worten; sie sind köstlich und übertreffen alle Wissenschaft der Denker und Weisen dieser Welt.

«Geist und Leben» sind meine Worte; sie lassen sich nicht auf eine menschliche Waagschale legen.

Nicht einem Ohrenschmaus haben sie zu dienen; sondern müssen schweigend angehört und äußerst demütig und begierig empfangen werden.

2. Und ich sprach: «Selig, wen du belehrst, Herr, und durch dein Gesetz unterrichtest, um ihm am bittern Tag Ruhe zu verschaffen» und ihn vor «Trostlosigkeit in der Welt» zu bewahren.

3. Von Anfang an habe ich zu den Propheten gesprochen; und ich wende mich bis heute an alle. Aber viele haben taube Ohren für mein Wort.

Viele lauschen lieber der Welt als Gott, folgen schneller der Wollust als dem göttlichen Wohlgefallen.

Die Welt verspricht Zeitliches und Geringes, und man dient ihr beflissen; ich stelle Höchstes und Ewiges in Aussicht, und erfahre Ablehnung.

Wer dient und gehorcht mir in allem so eifrig, wie man der Welt dient und ihren Herren?

«Erröte, Sidon, spricht das Meer.» Willst du wissen warum, so höre: Einer schmalen Pfründe halber macht man einen weiten Weg; doch handelt es sich um das ewige Leben, heben manche kaum den Fuß vom Boden.

Dem lächerlichsten Gewinn eilt man nach; um ein einziges Geldstück entsteht zuweilen törichter Streit; Tag und Nacht bemüht man sich um einer Kleinigkeit oder eines dürftigen Versprechens willen. Aber ach, für ein dauerhaftes Gut, für eine unschätzbare Belohnung, für die höchste Ehre und eine endlose Glorie scheint auch die geringste Anstrengung zu groß.

4. Ja, schäme dich, träger und mürrischer Knecht, daß jene bereitwilliger ins Verderben laufen als du zum Leben. Der Eitelkeit jubeln sie lauter zu als du der Wahrheit.

Und doch trügt sie bisweilen ihr Hoffen, wogegen meine Verheißung niemanden irreführt, noch den enttäuscht, der auf mich baut.

Was ich gelobt, das gebe ich; was ich in Aussicht stellte, halte ich, vorausgesetzt, daß jemand bis zum Ende in meiner Liebe ausharrt.

Ich belohne alle Guten und erprobe nachhaltig alle Frommen.

5. Präge meine Worte deinem Herzen ein und denke aufmerksam darüber nach, denn zur Zeit der Versuchung benötigst du sie.

Was dir beim Lesen dunkel bleibt, wird klar am Tag der Heimsuchung.

Auf zwei Arten suche ich meine Auserwählten heim: durch Prüfung und Tröstung.

Und zwei Lehren erteile ich ihnen täglich: durch die eine rüge ich ihre Fehler, durch die andere ermuntere ich sie zum Tugendfortschritt.

Wer meine Worte hört und sie trotzdem verschmäht, den werden sie am Jüngsten Tag verurteilen.

6. *Gebet um die Gnade der Andacht.*

Mein Herr und Gott, Inbegriff alles Guten für mich. Wer bin ich, um das Wort an dich zu richten?

Kein armseligeres Knechtlein hast du als mich elenden Wurm, weit armseliger und verächtlicher, als ich es weiß und auszudenken wage.

Doch, Herr, berücksichtige mein Nichts, wie ich nichts habe, nichts wert bin.

Du allein bist gut, gerecht und heilig; du vermagst alles, spendest alles, erfüllst alles außer den Sünder.

«Gedenke deiner Erbarmungen», und gieße meinem Herzen deine Gnade ein, der du keinen Leerlauf deines Wirkens wünschest.

Wie könnte ich mich in diesem Leben ertragen, wenn mich deine Barmherzigkeit und Gnade nicht aufrechterhielte?

Wende doch dein Antlitz nicht ab von mir; mach der Prüfung ein Ende; tröste mich erneut; sonst liegt «meine Seele vor dir da wie ein ausgetrocknetes Erdreich».

Herr, lehr mich deinen Willen tun; lehr mich würdig und demütig vor dir wandeln. Denn meine Weisheit bist du, der mich unverfälscht kennt, und gekannt hat vor Anbeginn der Welt, und vor meinem Eintritt in die Welt.

Anmerkung

Nichts ist seltener, als ein aufrichtiges Verlangen nach dem Heil. Das muß uns Schrecken einflößen, denn jeden trifft das Los, das er sich selbst bereitet hat. Gewiß, Gott hilft uns, er steht dem freien Willen mit seiner Gnade bei. Aber er zwingt uns nicht. Doch was gewahren wir? Welches Schauspiel bietet uns die Welt? Wir denken hier nicht an die Gottlosen, die entschlossen zu den Verworfenen gehören wollen und bereits dieses Zeichen tragen. Wir haben die im Auge, die ihrem Namen und ihrer Ansicht nach Jünger Christi sind. Sie möchten sich zwar retten, aber wünschen doch zugleich, ja in erster Linie, den Besitz und Genuß der Erdengüter. Im Vorbeigehen lassen sie für Gott einige Pflichtgebete abfallen, erkundigen sich nach dem, was streng geboten ist. Diesbezüglich beruhigt, jagen sie jedoch alsdann wieder allen Ehren, Reichtümern und Vergnügen nach, die sie «rechtmäßig» nennen, und schlummern ein in einer, ihrer Ansicht nach erlaubten Behaglichkeit, die scheinbar kein Gebot direkt verletzt. Wo bleibt jedoch der Glaube, der unser ganzes Tun und Lassen im Hinblick auf die Ewigkeit regeln soll? Wo die unablässig ihrem Gegenstand gewidmete Liebe, die opferdurstige Liebe? Wo die Buße, wo das Kreuz? O Gott, und das nennt man: nach dem Heile verlangen! Steht nicht geschrieben, wer sein Leben retten wolle, müsse es verlieren? Nach dem Maßstab dieses Wortes prüfe sich jeder vor dem Schreckenstag, an dem der Herr selber über ihn zu Gericht sitzen wird.

4. KAPITEL: WANDLE VOR GOTT IN WAHRHEIT UND DEMUT

1. Mein Sohn, wandle vor mir in Wahrheit und suche mich immerfort in Herzenseinfalt. Wer vor mir in Wahrheit wandelt, ist gegen den Ansturm des Bösen gefeit, und die Wahrheit erlöst ihn von Verführern und Verleumdern.

Hat die Wahrheit dich befreit, bist du wirklich frei, und bleibst gegenüber dem Gerede der Menschen gleichgültig.

2. Herr, du hast recht, so möge es mit mir geschehen. Deine Wahrheit soll mich lehren, behüten und bis zum seligen Ende bewahren.

Sie löse mich von jeder schlechten Anwandlung und ungeordneten Liebe, auf daß ich vor dir in großer geistiger Freiheit wandle.

3. Ich werde dir sagen, was recht und wohlgefällig vor mir ist.

Denke mit großem Mißfallen und reumütig an deine Sünden, und glaube nie, etwas zu sein auf Grund deiner guten Werke.

In der Tat bist du ein Sünder und lebst in viele Leidenschaften verstrickt.

Aus dir selber neigst du stets zum Nichts, fällst bald, unterliegst rasch, bist schnell beunruhigt und entmutigt.

Grund zum Rühmen liegt also keiner vor; dagegen hast du allen Grund, dich gering zu achten, da du weit elender dastehst, als du glaubst.

4. Halte somit keine deiner Taten für bedeutsam.

Groß, wertvoll, wunderbar, ruhmreich, erhaben, wahrhaft lobwürdig und begehrenswert ist nur das Ewige.

Über alles soll dir die ewige Wahrheit gefallen; dagegen stets mißfallen deine große Schlechtigkeit.

Nichts fürchte, tadle und fliehe so sehr als deine Sünden; sie müssen dir schlimmer vorkommen als irgendein Verlust.

Einige wandeln nicht aufrichtig vor mir, sondern suchen, unter dem Einfluß einer gewissen Neugier und Vermessenheit, meine Geheimnisse zu ergründen und die Tiefen Gottes zu erkennen, unter Vernachlässigung ihrer selbst und ihres Heiles. Während ich ihnen widerstehe, läßt sie dabei ihr Hochmut und Fürwitz oft in große Versuchungen und Sünden fallen.

5. Fürchte Gottes Gericht, erzittere vor dem Zorn des Allmächtigen.

Nörgle nicht an den Fügungen des Allerhöchsten, sondern überlege deine Fehltritte, ihre Unzahl, und das Versäumnis zahlreicher guten Taten.

Einige verlegen ihr Frommsein ausschließlich in Bücher, andere in Bilder, wieder andere in äußere Zeichen und Formen; viele tragen mich auf der Zunge, aber nur dürftig im Herzen.

6. Es gibt allerdings auch solche, die, erleuchteten Geistes und geläuterten Herzens, immerfort nach dem Ewigen verlangen, nur mit Widerwillen vom Irdischen reden hören, und bloß ungern den Naturnotwendigkeiten folgen. Diese vernehmen die Stimme des Geistes der Wahrheit in ihrem Innern, der sie das Irdische verachten und das Himmlische liebhaben heißt, die Welt verschmähen, und Tag und Nacht den Himmel herbeisehnen.

Anmerkung

«Ich bin der allmächtige Gott; wandle vor mir und sei vollkommen.» So sprach der Herr zum Vater der Gläubigen. Dasselbe Gebot wendet sich noch eindringlicher an die Christen, die im Menschensohn das Vorbild jeder Vollkommenheit zu Gesicht bekamen. Steht doch geschrieben: «Seid vollkommen, wie euer himmlischer Vater vollkommen ist.» Erstaunliches Gebot, das unser unfaßbares Elend erhebt und uns verstehen läßt, was der erlöste Mensch bedeutet, was ein Christ bedeutet in Gottes Augen. Aber wie sollen schwache Geschöpfe, die unter der Last des Fleisches gebeugt gehen, der erhabenen Vollkommenheit nahekommen, die uns geboten ist? Höre Jesus Christus: «Ich bin der Weg, die Wahrheit und das Leben.» Er ist der Weg, der zu Gott führt; die Wahrheit, die Gott selber ist; das Leben, all denen verheißen, die «in der Wahrheit wandeln und die Wahrheit tun», wie der Apostel so tief sagt. Das heißt: alles in Christus und durch Christus. Sind unsre Gedanken, Neigungen und Werke mit den seinigen verbunden, werden sie vergöttlicht. Und wie die Vollkommenheit des Sohnes diejenige des Vaters ist, so werden auch wir vollkommen wie der Vater, dank unsrer Vereinigung mit dem Sohn, die auf Erden beginnt und sich im Himmel vollendet. So geht das Gebet Jesu Christi in Erfüllung: «Heiliger Vater, bewahre in deinem Namen die du mir gegeben hast, damit sie eins seien, wie wir eins sind; heilige sie in der Wahrheit. Ich opfere mich für sie, damit sie in der Wahrheit geopfert seien.» Doch diese gewaltige Vereinigung, die uns bis zur Teilnahme an den unendlichen Verdiensten des Erlösers erhebt, verwirklicht sich nur nach dem Maß unsrer Selbsthingabe; nach dem Maß unsrer Demut. Sie bildet die Frucht der Selbstverleugnung, der Losschälung, unsrer Erniedrigung vor Gott. Dort, wo die verderbte Selbstliebe, wo die Natur noch lebt, bleibt die Vereinigung mit Christus lückenhaft. Es heißt sich absterben, seinen Wünschen, seiner

Vorliebe, seinem Willen, seiner blinden Vernunft entsagen, um eins zu werden mit dem Sohn, wie er mit dem Vater eins ist; um «geheiligt zu sein in der Wahrheit». Glückseliger Tod, der uns in den Besitz des wahren Lebens bringt, ja von Gott selber und seiner Heiligkeit, seiner ewigen Wahrheit.

5. KAPITEL: DIE WUNDERBAREN WIRKUNGEN DER GOTTESLIEBE

1. Ich preise dich, himmlischer Vater, Vater meines Herrn Jesus Christus, daß du des Armen, der ich bin, gedenken wolltest.

O Vater der Barmherzigkeit und Gott allen Trostes, ich danke dir dafür, daß du mich, der keinen Trost verdiente, trotzdem zuweilen damit heimsuchst.

Ich preise dich immer und verherrliche dich, mit deinem eingeborenen Sohn und dem Heiligen Geist, dem Tröster in alle Ewigkeit.

Fürwahr, Herr, mein heiliger, göttlicher Liebhaber, wenn du in mein Herz kommst, frohlockt all mein Inneres.

Du bist mein Ruhm und meine Herzenswonne; du meine Hoffnung und «meine Zuflucht am Tag der Trübsal».

2. Weil meine Liebe noch schwach ist, und meine Tugend unvollkommen, mußt du mich stärken und trösten.

So neige dich mir denn öfter zu, und erteile mir heilige Lehren. Erlöse mich von den verkehrten Leidenschaften, heile mein Herz von jeder ungeordneten Anhänglichkeit, auf daß eine durchgreifende Läuterung mich liebesfähig, leidensbereit und beharrlich mache.

3. Es ist etwas Großes um die Liebe. Sie ist ein wahrhaft erhabenes Gut, macht allein alles Schwere leicht, und erträgt gleichmütig alles Ungleiche.

Sie fühlt die Mühen nicht; das Bittere verwandelt sie in Wohlgeschmack.

Die edle Christusliebe spornt zu großmütigen Taten an und läßt immer Vollkommeneres verlangen.

Die Liebe drängt nach oben; sie läßt sich durch keine niedrigen Dinge zurückhalten.

Die Liebe will frei sein, ohne weltliche Anhänglichkeit; nichts soll ihren Aufschwung hindern; kein zeitlicher Vorteil sie blenden; kein Verlust sie hemmen.

Es gibt nichts Süßeres als die Liebe; nichts, das stärker wäre, höher, weiter, wohltuender, vollendeter im Himmel und auf Erden.

Die Liebe ist aus Gott geboren; sie vermag in Gott allein über allem Geschöpflichen zu ruhn.

4. Der Liebende fliegt, läuft, jubelt; er ist ledig, unbehindert.

Er vertauscht alles gegen alles, und besitzt alles in allem, weil er einzig im Hocherhabenen ruht, aus dem alles Gute uranfänglich hervorkommt.

Nicht die Gabe zählt in den Augen der Liebe: dem Geber wendet sie sich, über allen Gaben, zu.

Häufig kennt sie kein Maß, sondern eifert über alle Maßen.

Die Liebe verspürt keine Last, achtet keine Mühe, wagt über ihr Vermögen. Sie läßt kein «unmöglich» gelten, weil sie sich alles zutraut und zubilligt.

So kann sie alles und bringt manches zustande, wo ein nicht Liebender versagt.

5. Die Liebe wacht; sie schläft auch im Schlafe nicht.

Der Ermüdung zum Trotz, ermattet sie nicht; man kann sie bedrängen, doch nicht einschüchtern; erschrecken, aber nicht abschrecken.

Einer lebendigen Flamme und einer brennenden Fackel gleich, lodert sie empor und kommt sicher durch.

Wer liebt, weiß, was damit gemeint ist.

Ein gewaltiger Schrei in Gottes Ohr ist der Liebesruf einer Seele, die spricht: Mein Gott, meine Liebe, du bist ganz mein, und ich gehöre ganz dir an.

6. Herr, weite mein Herz in Liebe, damit es deren Wonnen verkoste, darin aufgehe und sich darin verliere.

Die Liebe soll mich ergreifen und über mich selber emporheben vor Eifer und Staunen.

Singen will ich der Liebe Lied; dir, meinem Geliebten, aufwärts folgen; meine Seele soll dahinschmelzen in deinem Lob und in Liebesjubel.

Mehr als mich, verlange ich dich zu lieben; mich aber nur deinetwegen, ebenso alle, denen du wahrhaft teuer bist, in dir, gemäß dem Heisch des aus dir hervorleuchtenden Liebesgebotes.

7. Die Liebe ist schnell, ehrlich, fromm, leutselig und wohltuend; sie ist stark, geduldig, getreu, klug, langmütig, mannhaft und selbstlos.

Sobald jemand sich selber sucht, verleugnet er die Liebe.

Die Liebe ist behutsam, demütig und gerade; nicht weichlich, nicht leichtsinnig, noch geht sie in Eitlem auf; sie ist mäßig, keusch, standhaft, ruhig und Herr über die Sinne.

Die Liebe unterwirft sich den Vorgesetzten und gehorcht ihnen, sie achtet sich selber gering, verhält sich fromm und dankbar Gott gegenüber, vertraut und hofft immerdar auf ihn, auch wenn er sie zu verlassen scheint, denn ohne Leid ist kein Leben der Liebe möglich.

8. Wer nicht zu jedem Leid und zur Fügsamkeit gegenüber dem Geliebten bereit ist, verdient den Namen eines Liebenden nicht.

Wer liebt, muß um des Geliebten willen alles Harte und Bittere gerne ertragen; bei keiner Widerwärtigkeit darf er ihm die Treue brechen.

Anmerkung

«Gott ist die Liebe; wer in der Liebe bleibt, bleibt in Gott und Gott in ihm.» Aber die Liebe kennt Prüfungszeiten wie Wonnezeiten; dabei hat das ganze Leben lediglich eine fortwährende Liebesbetätigung zu sein, der Vollzug einer einzigen großen Opferhandlung, deren Preis das ewige Leben, eine unwandelbare Liebe ist. Alle Kennzeichen der Nächstenliebe, die der heilige Paulus aufzählt, rufen uns den Opfergedanken in Erinnerung. Und die unendliche Liebe selber konnte sich uns nur vollständig kundgeben durch ein unendliches Opfer. «So sehr hat Gott die Welt geliebt, daß er seinen eingeborenen Sohn dahingab.» Unsre Liebe zu Gott kann sich ebenfalls nur durch ein Opfer kundtun. Nicht durch ein ebenbürtiges – das ist ausgeschlossen – aber durch ein ähnliches, und zwar mittels der Hingabe unseres ganzen Wesens und mittels der restlosen Unterwerfung des Geistes und der Sinne gegenüber dem, der uns überaus liebte. Dann kommt es zur unaussprechlichen Vereinigung, deren Verwirklichung, zwischen ihm und dem erlösten Geschöpf, Jesus am letzten Lebensabend von seinem Vater erfleht hat. Solange die Natur noch lebt in uns, trennt uns etwas von Gott und Jesus. Die Liebe aber drängt uns, das Opfer zu vollziehen und das letzte Wort zu sprechen, das die Welt nicht versteht, das aber den Himmel erfreut: «Alles ist vollbracht.»

6. KAPITEL: DEN WAHRHAFT LIEBENDEN ERWARTET DIE PRÜFUNG

1. Mein Sohn, du liebst mich zwar, aber deine Liebe hat noch nicht Leuchtkraft genug.

Herr, warum nicht?

Weil du schon bei geringen Widerwärtigkeiten das Begonnene aufgibst, und weil du allzusehr nach Tröstungen verlangst.

Wer eine starke Liebe besitzt, trotzt den Versuchungen und leiht den listigen Einflüsterungen des Feindes kein Ohr. Ich gefalle ihm an guten Tagen und mißfalle ihm auch an bösen nicht.

2. Die erleuchtete Liebe sieht weniger auf die Gabe des Liebenden als auf die Liebe des Gebenden.

Sie zieht das Herz dem Wert vor und stellt den Geber über alle seine Spenden.

Die edle Liebe verweilt nicht bei der Gabe, sondern ruht über allen Gaben in mir.

Halte jedoch nicht gleich alles für verloren, wenn du dich zuweilen gegenüber mir oder meinen Heiligen gleichgültig fühlst, ohne es zu wollen.

Derartige fromme und angenehme Gefühle, wie du sie bisweilen empfindest, entspringen einer augenblicklichen Gnade und bilden einen gewissen Vorgeschmack der ewigen Heimat. Man lege nicht zuviel Gewicht darauf, denn sie kommen und gehen.

Das Bekämpfen der in deinem Innern aufwallenden bösen Regungen und die Verachtung teuflischer Einflüsterung zeugt von großer Tugend und ist überaus verdienstvoll.

3. Laß dich also nicht durch irgendwelche Einbildungen verwirren. Bleibe nur deinem Vorsatz entschlossen treu, und habe unentwegt Gott vor Augen.

Auch liegt keine Täuschung vor, wenn du dich bisweilen entrückt fühlst, und dann plötzlich wieder den gewöhnlichen blöden Herzensgedanken gegenüber siehst.

Sie haben mehr dich, als du sie. Solange sie dir mißfallen und du dich dagegen wehrst, bedeuten sie keinen Verlust, sondern ein Verdienst.

4. Der alte Feind bemüht sich bekanntlich nach Kräften, dein Verlangen nach dem Guten zu stören und dich von den frommen Übungen abzulenken, so von der Heiligenverehrung, vom andächtigen Betrachten meines bittern Leidens, von der heilsamen Erinnerung an begangene Sünden, von der Achtsamkeit auf dein Herz und vom festen Vorsatz, in der Tugend voranzukommen.

Um dich zu plagen und zu schrecken und dir das Gebet

und die fromme Lesung zu verleiden, flößt er dir eine Unmenge böser Gedanken ein.

Er haßt eine demütige Beicht und möchte dich gerne auch von der heiligen Kommunion zurückhalten.

Leih ihm kein Ohr, ja kümmere dich gar nicht um ihn, mag er noch so oft seine täuschenden Netze auslegen.

Ihm schreibe die unlautern, schlechten Gedanken in dir zu. Sprich zu ihm: Weiche, unreiner Geist; schäme dich, Elender; du starrst vor Schmutz, sonst könntest du mir nicht solches einflüstern. Weiche, gemeiner Verführer, du wirst keinen Teil an mir haben. Mir steht Jesus als starker Held zur Seite; du mußt unterliegen.

Lieber sterben und alles Mögliche erdulden, als dir zustimmen. «Schweige und verstumme.» Alle erdenklichen Machenschaften werden mich dir nicht gefügig machen. «Der Herr ist mein Licht und mein Heil, wen sollte ich fürchten? Steht ein ganzes Kriegsheer gegen mich auf, verzagt mein Herz trotzdem nicht. Der Herr ist meine Stütze und mein Heiland.»

5. So kämpfe als unentwegter Streiter. Und strauchelst du bisweilen aus Schwäche, raffe dich um so entschiedener wieder auf, im Vertrauen auf meine überströmende Gnade.

Hüte dich besonders vor Selbstgefallen und Hochmut. Diese führen manchen irre und machen zuweilen fast unheilbar blind.

Laß dir den Sturz solcher hochmütiger und vermessener Menschen zu einem Warnungssignal der Wachsamkeit und Demut werden.

Anmerkung

«Nicht alle, die da sagen: Herr, Herr, werden ins Himmelreich eingehen, sondern wer den Willen meines Vaters im Himmel tut, der wird ins Himmelreich eingehen.» Die wahre Liebe gibt sich in den Werken kund. Sie ist immer bereit, zu gehorchen, ermüdet nie, läßt sich nicht entmutigen. In Bitternis und Freude, in Trost und Leid lobt und preist sie gleichermaßen denjenigen, der schlägt und heilt, nach seinem göttlichen Ratschluß, unerforschlich für uns Geschöpfe. Wird die Liebe von einer Versuchung befallen, kämpft und widersteht sie friedlich. Sie zählt nicht auf ihre eigene Kraft, sondern erwartet den Sieg bloß von der Hilfe von oben. Unterliegt sie bisweilen, steht sie sogleich, ohne sich verwirren zu lassen, wieder auf, gedemütigt, aber nicht entmutigt. Ihre Reue ist zwar tief, aber ruhig, weil sie die Aufregung des Hochmutes nicht kennt. Ihre Fehler betrüben sie, aber überraschen sie nicht. Sie kennt ihre Schwäche, bedauert sie, aber vertraut auf die Gnadenhilfe. Was erstrebt diese Liebe mittels der Loslösung von der Erde und ihren Eitelkeiten, die Güter heißen? Das, was Gott will. Sie kennt keinen andern Willen, noch ein anderes Verlangen. Wenn sich der Vielgeliebte verbirgt und sich ihren Gefühlen entzieht, so murrt sie nicht, sondern erkennt sich unwürdig, ihn zu besitzen. Der Entzug, der sie läutert, facht ihren Eifer nur noch mehr an. O Jesus, wie wunderbar sind doch die Wege, auf denen du die Seelen führst, die dich lieben, die nach dir dürsten. Bald überflutest du sie mit Freuden, bald überantwortest du sie den Tränen; heute kommst du ihnen zuvor, morgen rufen sie scheinbar umsonst nach dir, gleich der Braut des Hohenliedes. Lauter zarte, barmherzige Prüfungen. So geläutert, löst sich die auserwählte Seele allmählich von ihren Banden, und ein letzter Anlauf der Liebe trägt sie bis zum Fuße des Thrones, wo du dich schleierlos offenbarst. Da herrscht Freude, Jubel, ewige Sättigung: *Satiabor, cum apparuerit.* Gesättigt werde ich, wenn er erscheint.

7. KAPITEL: DIE GNADE UNTER DEM SCHUTZ DER DEMUT

1. Mein Sohn, falls die Gnade Andachtsgefühle in dir weckt, tust du gut daran, sie nach außen zu verbergen, dir nichts darauf einzubilden, kaum davon zu reden, kein besonderes Gewicht darauf zu legen, sondern dich selbst gering zu achten und solche Gefühle als Gaben an einen Unwürdigen anzusehen.

Klammere dich übrigens nicht sonderlich an irgendein Andachtsgefühl, da es schon bald ins Gegenteil umschlagen kann.

Wirkt die Gnade, bedenke wie schwach und elend du bist ohne sie.

Zudem geht der Fortschritt im geistlichen Leben nicht bloß zur Zeit des Gnadentrostes vor sich. Auch dann vollzieht er sich, wenn du seinen Entzug demütig, abgestorben, geduldig erträgst, das Gebet deshalb keineswegs einstellst, noch die übrigen Frömmigkeitsübungen aufgibst, sondern einfach dein möglichstes tust, ohne dich wegen Geistesdürre oder Bedrängnis gehen zu lassen.

2. Viele werden nämlich sogleich ungeduldig und mutlos, wenn sie sich nicht erhoben fühlen. Und doch «liegt der Weg des Menschen nicht in seiner Hand».

Gott kann bereichern und trösten wann er will, wieviel er will, wen er will, ganz nach seinem Belieben.

Einige richteten sich unvernünftigerweise zugrunde, indem sie in ihrer Begeisterung für die Gnade der Andacht, aber gegen alle Vernunft, mehr tun wollten als sie konnten, ohne Rücksicht auf ihr geringes seelisches Ausmaß.

Indem sie weiter langen wollten, als es Gott gefiel, verloren sie bald die Gnade.

Elend und kraftlos blieben liegen, die sich «ihr Nest im Himmel zu bauen» erkühnten.

Sie sollten lernen, bescheiden und demütig nicht mit

eigenen Flügeln fliegen zu wollen, sondern «auf meine Fittiche» zu vertrauen.

Neulinge auf dem Weg des Herrn müssen sich von Erfahrenern leiten lassen, sonst gehen sie leicht irre und entgleisen.

3. Ziehen sie ihre eigene Ansicht dem Rat Erfahrener vor, können sie schlimm enden, falls sie sich nicht eines bessern besinnen.

Selten verstehen sich allerdings Selbstkluge dazu, sich demütig von andern lenken zu lassen.

Wenig Erleuchtung und wenig Verstand, doch mit Demut gepaart, taugen mehr als ganze Berge selbstgefälliger Kenntnisse.

Besser, du hast wenig als du hast viel, worauf du dir etwas einbildest.

Es ist nicht klug, sich restlos dem Fröhlichsein auszuliefern, ohne sein früheres Elend im Auge zu behalten und ohne die keusche Gottesfurcht zu bewahren, die vor dem Verlust der erhaltenen Gnade bangen läßt.

Auch beweist wenig Tugend, wer sich bei Kämpfen und Schwierigkeiten wie verzweifelt gebärdet und mir nur karges Vertrauen entgegenbringt.

4. Fühlt sich jemand zur Zeit des Friedens allzu sicher, wird er sich oft zur Zeit des Kampfes feige und furchtsam benehmen.

Wüßtest du immer demütig und bescheiden zu bleiben und dein Denken und Fühlen weise zu regeln, du kämst weniger in Gefahr zu sündigen.

Ein weiser Rat lautet, schon während des geistlichen Eifers sich für die kommende Umdüsterung vorzusehn.

Tritt diese dann ein, bedenke, daß auch das Licht wiederkehren kann, das ich, dir zur Warnung, mir zur Glorie, eine Zeitlang entzog.

5. Oft bringt dir eine derartige Prüfung mehr Nutzen, als wenn es dir immer nach Wunsch und Willen ginge.

Das Verdienst hängt ja nicht von der Zahl der Gesichte und Tröstungen ab, noch von der Bibelkenntnis oder der Rangstufe, die man einnimmt.

Es hängt ab von der Tiefe echter Demut und der Höhe der Gottesliebe, von der reinen, ausschließlichen Absicht, Gottes Ehre zu fördern, der wahren Geringschätzung und Verachtung seiner selbst, sowie davon, ob jemand auch von andern lieber verschmäht und gedemütigt als geehrt sein will.

Anmerkung

Sein Elend erkennen und nie aus dem Auge verlieren, sich restlos den Händen Gottes überlassen, mit lebendigem Glauben und gehorsamer Liebe: darin erschöpft sich das geistliche Leben, dessen tiefstes Fundament: Demut heißt. Wer im Grunde seiner Seele spricht: Ich bin ganz Schwäche und Unbeholfenheit, der sucht keine Stütze in sich selber, sondern setzt seine ganze Hoffnung auf Jesus. Er folgt schlicht den Regungen der Gnade, überhebt sich nicht zur Zeit des Eifers, läßt sich aber auch nicht entmutigen bei Trockenheit. Stets ist er zufrieden; wenn nur Gottes Wille an ihm geschieht. Der Stolz, der sich so oft unter dem Deckmantel des Heiligsten verbirgt, verführt ihn nicht durch das eitle Verlangen nach einem scheinbar bessern Stand, wozu er nicht berufen ist. Getreu und ruhig spricht er auf seinem Weg zu Gott: «Gib mir die Weisheit, die an deinem Throne steht, und schließ mich nicht aus von der Zahl deiner Kinder: denn ich bin dein Knecht, und der Sohn deiner Magd, ein schwacher, kurzlebiger Mensch, dem deine Anordnungen und Gesetze unbegreiflich vorkommen.» Wessen Herz so betet und wer diese Einstellung hat, der mag in Frieden hingehen: Gott blickt wohlgefällig auf ihn, und sein Segen begleitet ihn.

8. KAPITEL: HALTE DICH FÜR GERING VOR GOTTES AUGEN

1. «Obwohl nur Staub und Asche, rede ich doch zum Herrn.»
Wenn ich mich hoch einschätze, so widersprichst du mir und meine Vergehen zeugen wahrheitsgetreu gegen mich, ohne daß ich widersprechen könnte.

Achte ich mich jedoch gering, steige ich in mein Nichts hinunter, löse ich mich von aller Selbstverhimmelung und erniedrige ich mich bis zum Staub, der ich bin, dann neigt sich mir deine Gnade gnädig zu und dein Licht nähert sich meinem Herzen, so daß alle Selbstüberhebung im Grunde meines Nichts endgültig erlischt.

Da zeigst du mir, was ich bin, was ich war, wohin ich gelangte; daß «ich, ohne es zu ahnen, nichts bin».

Mir selbst überlassen, bleibt bloß Nichts und Schwäche übrig.

Wirfst du mir jedoch einen Blick zu, erstarke ich unversehens, und neue Freude erfüllt mich.

Wie ist es nur möglich, daß ich mich plötzlich so erhoben und von dir liebevoll ergriffen fühle, während mein Eigengewicht mich stets nach unten zieht?

2. Das bewirkt deine Liebe. Unverdienterweise kommt sie mir zuvor, greift mir in zahlreichen Nöten unter die Arme, bewahrt mich vor großer Gefahr, entreißt mich, wortwörtlich, unzähligen Abgründen.

Die verkehrte Selbstliebe hatte mich ins Verderben gestürzt. Als ich dich allein suchte und lauter liebte, fand ich zugleich dich und mich wieder zurück, nicht ohne mich, aus Liebe zu dir, noch mehr in mein Nichts zu versenken.

Allgütiger, du begnadest mich über jedes Verdienst, ja über alles, was ich zu hoffen oder zu erbitten wagte.

3. Gepriesen seist du, mein Gott; denn so unwert ich jeglichen Gutes bin, beschenkt mich doch deine Hoheit

und grenzenlose Güte, ungeachtet meiner Undankbarkeit und Entfernung von dir.

«Bekehre uns zu dir», so werden wir dankbar, demütig und fromm. «Unser Heil bist du, unsre Kraft und Stärke.»

Anmerkung

Gott erscheint in der Bibel voll Mitleid für die sozusagen rein menschlichen Fehler, aber erbarmungslos dem Hochmut gegenüber, diesem «Ursprung alles Bösen», dem eigentlichen Verbrechen der aufrührerischen Engel, das direkt das höchste Wesen angreift. Gott sprach: «Ich bin Jahve, so lautet mein Name, und lasse meine Ehre keinem anderen.» Seinem Wesen nach, stellt sich nur der Hochmut neben Gott; er möchte gleichsam Gott werden: eine Umwertung aller Werte, der keine gleichkommt, ja die man für unmöglich hielte, spielte sie sich nicht fortwährend unter unseren Augen ab und spürte man nicht die Verlockung dazu in sich selber. – Doch sieh zu, wie Gott ihn niederschleudert! Zuerst durch Worte, die die Seele in übernatürlichem Entsetzen erstarren lassen: «Schau, Adam wurde wie unsereiner!» Adam, der nackt, mit seiner Sünde, auf eine verfluchte Erde gestürzt war! Adam, der soeben das Wort vernommen hatte: «Du wirst des Todes sterben!» Seine Nachkommen ahmen trotzdem seine Missetat nach; maßlos erhebt sich ihr Stolz. Da spricht Gottes Geist: «Wie bist du gefallen, der wie der Morgenstern aufging, der in seinem Herzen sprach: Ich will in den Himmel hinaufsteigen, meinen Thron über die Sterne setzen und dem Allerhöchsten gleich sein. Und nun fällst du in die Unterwelt, in die Tiefen des Meeres, so daß man sich bücken muß, um dich wahrzunehmen.» Lies im Evangelium die schreckliche Verwünschung nach, die gegen den hochmütigen Pharisäer geschleudert wird, während der Zöllner unverzüglich gerechtfertigt weggeht. Da weint eine Frau zu Füßen Jesu: sie erniedrigt sich angesichts ihrer

Fehltritte, kaum wagt sie um Verzeihung zu bitten, bloß ihr Schweigen fleht. Ergriffen tröstet sie der Heiland: «Viele Sünden werden ihr nachgelassen, weil sie viel geliebt hat.» Der Hochmut liebt nichts. Auch darin liegt eines seiner Kennzeichen, gleichsam das Höllenmerkmal. Er ist der Vater von Haß, Neid, Gewalt, falscher Sicherheit und Verhärtung. Dem Abgrund entstiegen, taucht er dorthin zurück; das übrige bildet das Geheimnis der ewigen Gerechtigkeit. – O Gott, habe Mitleid mit deinem armen Geschöpf! Die Stirn zum Staube gebeugt, erniedrige ich mich vor dir. Ich fühle, ich gestehe mein Elend, meine tiefe Verderbtheit, meine entmutigende Ohnmacht, kurz alles, was mich für immer von dir trennen würde, wenn deine große Barmherzigkeit mir nicht mit der Gnade zu Hilfe käme. Spende, spende sie meiner Seele! Verlaß mich nicht, Herr, rette mich; sonst gehe ich zugrunde. O Gott, hab Mitleid mit deinem armen Geschöpf!

9. KAPITEL: BEZIEHE ALLES ENDGÜLTIG AUF GOTT

1. Mein Sohn, willst du wirklich glücklich sein, muß ich dein höchstes und letztes Ziel bilden.

Diese Ausrichtung läutert deine Liebe, die nur allzu oft verkehrterweise dir und den Geschöpfen gilt.

Suchst du dich selber in etwas, so versagst und verdorrst du unverweilt.

Beziehe also alles in erster Linie auf den, von dem alles herstammt.

Betrachte jedes Ding als Ausfluß vom höchsten Gut, weshalb auch alles auf mich, als den Ursprung, zurückzuführen ist.

2. Klein und groß, arm und reich schöpfen lebendiges

Wasser aus der lebendigen Quelle, die ich bin. Die mir frohgemut dienen, empfangen Gnade um Gnade.

Wer jedoch sein Glück außer mir sucht, etwa in sich selber, findet keine wahre Freude; sein Herz weitet sich nicht; er stößt immer wieder auf Widerstand und Bangen.

Schreibe dir also selber nichts Gutes zu, und vermute in niemand eine selbsteigene Kraft; Gott betrachte als die Quelle von allem, ohne den der Mensch nichts hat.

Ich gab alles, ich will dich ganz zurückerhalten, und fordere mit großer Strenge den Ausdruck deines Dankes.

3. Das sind Tatsachen, die allen eiteln Selbstruhm wegfegen müssen.

Dringt die himmlische Gnade und die wahre Liebe irgendwo ein, verschwinden Neid und Herzensenge, und für die Eigenliebe bleibt kein Platz mehr übrig. Denn die Gottesliebe bezwingt alles, sie weitet alle Seelenkräfte.

Hast du die wahre Weisheit gefunden, freust du dich nur noch in mir, hoffst nur noch auf mich, denn «außer Gott ist niemand gut»; er allein verdient über alles gelobt und in allem gepriesen zu werden.

Anmerkung

Alles Gute stammt von Gott, dem höchsten Gut. Und alles, was er tut, ist gut, weil er es aus sich schöpft. Das einzige Übel auf Erden ist im Grunde die Sünde; denn die Sündenstrafe stellt kein Übel dar, da sie, geduldig ertragen, sie vielmehr sühnt und in jedem Fall die von der Sünde gestörte Ordnung wiederherstellt. So haben wir also von Gott: Leben, Verstand und Liebe, die stets zu ihrer Quelle emporsteigen muß. Aus uns selber vermögen wir nichts, nicht einmal zu sagen: Mein Vater; denn «wir verstehen nicht zu beten; der Geist ist es, der in uns mit unaussprechlichen Seufzern fleht». Die Sünde allein gehört uns zu eigen; sie ist das Erzeugnis unseres freien Willens, mit dem «Tod als ihrem Sold». Mögen wir eine noch so hohe Auffassung von uns haben, wir bleiben was wir sind, und besitzen lediglich, was uns Gott in seiner Güte und seiner völlig unverdienten Barmherzigkeit geben wollte. So gebührt uns also Verachtung und Schmach, indem wir uns so elend vorfinden; Gott hingegen «Preis, Ehre, Ruhm, Macht», wie es die Heiligen im Himmel beim Throne des Lammes singen.

10. KAPITEL: WER DIE WELT VERSCHMÄHT, DIENT GOTT FREUDIG

1. Ich ergreife wiederum das Wort, Herr, breche das Schweigen und spreche zu meinem Gott, meinem Herrn und König in Himmelshöhen: «Wie groß ist die Fülle deiner Süßigkeit, Herr, die du denen bereitet hast, die dich fürchten.»

Aber was bedeutest du erst denen, die dich lieben? Was denen, die dir aus ganzer Seele dienen? Unaussprechlich ist die Wonne deiner Anschauung, die den Liebenden erwartet.

Wie sehr du mir zugetan bist, hast du bewiesen, indem du mich schufst, da ich nicht war; indem du mich zu deinem Dienst zurückriefst, nachdem ich irregegangen; indem du mir befahlst, dich zu lieben.

2. Quell ewiger Liebe, was soll ich von dir sagen? Wie könnte ich dein vergessen, der meiner gedachte, als ich schon gefehlt hatte und gesunken war?

Mehr als ich hoffen durfte, hast du Erbarmen an deinem Knecht geübt und mir völlig unverdienterweise Gnade und Freundschaft erwiesen.

Wie kann ich dir für solche Gnade danken? Denn nicht jeder empfängt die Kraft, alles, samt der Welt, zu verlassen und das Mönchsleben zu erwählen.

Was liegt Großes daran, daß ich dir heute diene, zu dessen Dienst jedes Geschöpf gehalten ist?

Dein Dienst darf mir nicht als etwas Besonderes vorkommen, wohl aber die Tatsache, daß du mich Armen und Unwürdigen dazu berufen und deinen treuen Knechten beigesellt hast.

3. Sieh, alles, was ich habe, und womit ich dir diene, ist dein. Aber nicht ich diene dir im Grunde, sondern du dienst vielmehr mir.

Himmel und Erde hast du zu Nutz und Frommen des Menschen erschaffen; sie sind da und erfüllen täglich dein Gebot. Mehr noch, sogar die Engel hast du ihm botmäßig gemacht.

Doch das alles wird unvergleichlich dadurch übertroffen, daß du selber ihm dienstbar werden wolltest und dich ihm hinzugegeben verheißen hast.

4. Wie kann ich dir dieses tausendfache Gute vergelten? Könnte ich mich alle Tage meines Lebens als dein Knecht betragen, ja, wäre ich wenigstens imstande, dir einen einzigen Tag würdig zu widmen.

Dir gebührt jeder Dienst, alle Ehre, ewiges Lob.

Du bist wahrhaft mein Herr und ich dein armer Knecht, gehalten, gänzlich für dich zu leben und nie von deinem Lobe abzulassen.

Das ist mein Wunsch und Wille; ergänze gnädig, was mir abgeht.

5. Ehr- und ruhmvoll ist es, dir verpflichtet zu sein und alles deinetwegen verachten zu dürfen.

Eine große Freude bereitet dir, wer sich ungezwungen deinem hochheiligen Dienste weiht.

Wer dir zulieb jeder irdischen Freude entsagt, empfängt die süßen Tröstungen des Heiligen Geistes.

Große innere Freiheit gewinnt, wer um deines Namens willen den schmalen Weg betritt und auf jede weltliche Sorge verzichtet.

6. O dankbare und selige Knechtschaft, die den Menschen wahrhaft frei und vollkommen macht.

Heilige Dienstbarkeit des Ordenslebens, die ihn den Engeln angleicht, mit Gott versöhnt, zum Schrecken der bösen Geister werden läßt und zur Erbauung der Gläubigen.

Allzeit wünschbare und willkommene Dienstbarkeit, die zum höchsten Jubel berechtigt und zu endloser Freude führt.

Anmerkung

Die Welt ist dermaßen in die Leidenschaften verstrickt, daß sie das Glück der Gotteskinder nicht zu begreifen vermag. Bisweilen beklagt sie sie, wie die Welt eben etwas beklagt, durch Geringschätzung; bisweilen betrachtet sie diese Glücklichen mit einer Art törichten Staunens. Sie hat keinen Begriff von dem, was in einer Seele vor sich geht, die mit ihrem Schöpfer eins ist; keinen Begriff von den Tröstungen und der köstlichen Ruhe, die eine solche Seele genießt. Wenn der heilige Paulus ausruft: «Ich überströme von Glück inmitten der Trübsal», so bildet das für die Welt ein unerklärliches Rätsel. Nie wird sie die reine Freude fassen können, die «in der Gerechtigkeit und im Frieden im Heiligen Geiste ruht». Was fällt also für den Weltmenschen ab? Eine ungeheure Langeweile, unterbrochen von einigen seltenen Vergnügen und, falls Gott ihn nicht gänzlich verläßt, von Gewissensbissen. Prüfe sein Herz, du wirst nur das finden. Die Gewissensbisse bilden seine «Gerechtigkeit»; die Langeweile seinen «Frieden». Christliche Seelen, losgeschälte Seelen, ihr habt auf die Welt und alles, was weltlich ist, verzichtet; beklagt die Unglücklichen, die noch Ketten schleppen. Aber beklagt sie, indem ihr euch zu Füßen desjenigen demütigt, der euch befreit hat und dessen offenbare Gnade euch den Besitz der allein wahren Güter verschafft. Hütet sorgfältig diesen kostbaren Schatz, der euch «vom Vater des Lichtes» anvertraut wurde, von dem «jede vollkommene Gabe» herstammt. Bittet ihn innig, er möge nicht bloß eure Freude auf Erden angebahnt haben, sondern sie auch eines Tages im Himmel vollenden.

11. KAPITEL: PRÜFE DEIN VERLANGEN, UND MÄSSIGE ES

1. Mein Sohn, du hast noch manches zu lernen, was du noch nicht recht begriffen hast.

Was denn, Herr?

Mein Wohlgefallen zur einzigen Richtschnur deines Verlangens zu nehmen; nicht deiner Eigenliebe zu folgen, sondern meinen Willen auszuführen.

Häufig erfassen und treiben dich heftige Wünsche. Aber zielen sie wirklich auf meine Ehre hin oder vielmehr auf deinen Vorteil?

Geht es dir um mich, so gibst du dich mit jeder Anordnung zufrieden. Hat aber Eigensucht die Hand im Spiel, so weißt du, was dich aufhält und beunruhigt.

2. Versteife dich also nicht auf ein Verlangen, ohne zuvor mich darüber zu Rate gezogen zu haben. Sonst könnte es dich nachher reuen, oder dir schnell mißfallen, was dir vorher gefallen hat und von dir eifrig betrieben wurde.

Folge nicht gleich jeder scheinbar guten Regung, noch lehne von vornherein jede anfänglich unwillkommene Regung ab.

Zuweilen heißt es bremsen, sogar bei guten Wünschen und Begierden, sonst verursacht dir deren Ungestüm Zerstreuung, andere stoßen sich an deinem Vorgehen, und ihr Widerstand verwirrt dich und bringt dich zu Fall.

3. Zuzeiten muß man eigentlich Gewalt anwenden und den Begierden mannhaft widerstehen, ohne Rücksicht auf das Gefallen oder Mißfallen der sinnlichen Natur. Ihrem Widerstreben zum Trotz, ist sie dem Geiste zu unterwerfen.

Und so lange muß sie abgetötet und gewaltsam bezähmt werden, bis sie restlos gefügig geworden ist, sich mit Wenigem begnügt, mit Einfachem zufriedenstellt, und sich nicht länger gegen Unangenehmes auflehnt.

Anmerkung

Wir haben einen harten Kampf zu kämpfen: gegen unsern Geist, der uns verführt, weil er selber durch mancherlei Irrlichter und eine falsche Neugier verführt wird; gegen unsre Wünsche, die uns verwirren; gegen unsre Sinne, deren Gelüste die Seele beflecken und erdwärts beugen. Trauriges Los des gefallenen Menschen! Aber Gott läßt ihn nicht im Stich. Er kann siegen, wenn er will. Der Glaube beseitigt die krankhafte Unruhe des Geistes und versetzt ihn in die Wahrheit zurück. Eine völlige Unterwerfung gegenüber dem Willen Gottes erzeugt den Herzensfrieden, indem sie die eitlen, nur scheinbar frommen, aber in Wirklichkeit irreführenden Wünsche erstickt. Endlich triumphieren wir über die Sinne durch Gebet, Demut und Buße, indem wir den aufrührerischen Leib züchtigen und bändigen. In diesem stündlich neuen Kampf vervollkommnet sich der Christ; beharrlicher Widerstand erlaubt ihm, mit dem Apostel zu sprechen: «Ich glaube, noch nicht dort angekommen zu sein, wohin ich strebe; aber indem ich vergesse, was hinter mir liegt, und das ersehne, was vor mir liegt, laufe ich dem Ziel meines Daseins entgegen, um den Preis zu erringen, den Gott gestiftet hat», nämlich die himmlische Seligkeit, «zu der er uns durch Jesus Christus berief.»

12. KAPITEL: ÜBE GEDULD, UND BEKÄMPFE DIE BEGIERDEN

1. Ich sehe, mein Herr und Gott, daß ich unbedingt Geduld brauche, denn dieses Leben ist voll Verdrießlichkeiten.

Mag ich mich noch so sehr auf ein geruhsames Dasein einrichten, ohne Kampf und Schmerz geht es nicht ab.

2. So ist es, mein Sohn.

Doch ich wünsche dich nicht auf der Suche nach einem Frieden ohne Versuchungen und ohne Widerwärtigkeiten. Sei vielmehr überzeugt, den Frieden auch dann zu besitzen, wenn du mancherlei durchmachst und viel leidest.

Schützest du deine geringe Leidensfähigkeit vor, wie wolltest du dann das Fegfeuer aushalten? Unter zwei Übeln ist stets das geringere zu wählen.

Um also der zukünftigen, ewigen Pein zu entrinnen, suche die Leiden dieser Zeit geduldig zu ertragen.

Oder meinst du, die Weltleute hätten nichts oder nur wenig zu erdulden? Nicht einmal von den Verwöhntesten gilt das.

3. Aber genießen sie nicht zahlreiche Vergnügen und können tun was ihnen beliebt, wodurch ihre Verdrießlichkeiten versüßt werden? – Zugegeben, sie erhalten was ihr Herz begehrt, aber auf wie lange?

Sieh, «wie Rauch zergehen» die Üppigen dieser Welt, und niemand erinnert sich mehr ihrer einstigen Belustigungen. Sogar zu ihren Lebzeiten träufelten Bitterkeit, Überdruß und Angst in ihre Genüsse.

Was ihnen Vergnügen bereitete, verursachte ihnen häufig auch Ärger. Recht geschieht ihnen jedoch: sind sie auf sündhafte Art Freuden nachgegangen, mögen sie billigerweise auch Schande und Verdruß in Kauf nehmen.

4. Wie kurzlebig, verlogen, ungeordnet und anstößig sind doch derartige Freuden!

Vor lauter Trunkenheit und Blindheit sehen es die Weltmenschen allerdings nicht ein. Stummem Vieh gleich, laufen sie um eine Handvoll hinfälliger Weltlust in den seelischen Tod.

Du jedoch, mein Sohn, «fröne nicht deinen Begierden, sondern widerstehe den Gelüsten; freue dich im Herrn; und er wird deine Sehnsucht erfüllen».

5. Willst du wahrhaft glücklich sein und viel Trost von mir empfangen, so verschmähe alles Weltliche und trenne

dich von allen niedern Genüssen: das bringt Segen und reichen Trost.

Je mehr du dich von jeder geschöpflichen Zerstreuung lösest, um so süßere und nachhaltigere Tröstungen entdeckst du in mir.

Allerdings wirst du dabei zuerst etwas traurig sein und kämpfen müssen.

Die schlechte Gewohnheit bäumt sich auf, doch eine bessere wird obsiegen.

Das Fleisch murrt, aber der geistliche Eifer weist es in die Schranken.

Die alte Schlange stachelt dich auf und reizt dich gewaltig; das Gebet jedoch verscheucht sie. Auch eine nützliche Beschäftigung kann ihr den fernern Zugang verwehren.

Anmerkung

Alles Fleisch hat gefehlt, alles Fleisch muß leiden, so lautet gegenwärtig das Menschheitsgesetz. Ein Gesetz der Gerechtigkeit; denn Gott wäre nicht Gott, wenn er die Unordnung ungestraft ließe. Ein Gesetz der Liebe; denn das bejahte Leid, mit dem des Erlösers vereinigt, heiligt die Seele und versetzt sie wieder in den ursprünglichen Zustand der Unschuld. Worüber also beklagst du dich, wenn sich dieses göttliche Gesetz auch an dir auswirkt? Etwa darüber, daß die Barmherzigkeit dich neugestalten möchte? Oder darüber, daß du Christus ähnlich werden sollst, der leiden wollte, ja leiden mußte, gemäß dem Schriftwort: «Er begann, ihnen beizubringen, daß der Menschensohn viel leiden müsse, von den Ältesten verworfen und von den Hohenpriestern und Schriftgelehrten getötet werden.» So sieht die gewaltige Sühne aus. Doch soll sie uns fruchten, müssen wir sie uns aneignen, indem wir auch die unsere damit vereinigen. Das Heilsgeheimnis vollzieht sich in jedem von uns am Kreuz. Das Kreuz ist zudem das einzige Glück auf Erden. Es entspringt nur der vollständigen Unterwerfung unter die Ordnung, als der Quelle des guten Gewissens und Herzensfriedens. Die Welt blendet sich durch Scheinfreuden. Glaubst du jedoch, daß sogar ihre meist bevorzugten Jünger nichts auszuhalten hätten? Sahst du je auch nur einen von ihnen zufrieden, während ihn seine Gelüste plagten, die der Genuß nur noch steigerte? Weitere Wünsche verzehren sie unablässig. Und haben sie übrigens nicht ebensoviel, ja mehr als andere an Lebensleid auszuhalten, an Sorge, Plage, Unruhe, an einer ununterbrochenen Reihe von Krankheiten, die das Laster und die geheimen Verirrungen erzeugten? Und dann das Ende: die unerbittliche Gerechtigkeit, die sich geltend macht. Der auf Erden Reiche wird nackt ins Gefängnis geworfen; «und ich sage euch, er wird nicht herauskommen, bis er den letzten Heller bezahlt hat». – Freut euch also, wenn euch der Herr läutert und schon hienieden befreit. Vollzieht liebend das Opfer der Gerechtigkeit. Manche sagen: «Wer wird uns das Gute zeigen? – Herr, das Licht deines Angesichtes erschien über uns; du hast meinem Herzen den Frieden geschenkt.» Deshalb «werde ich in Frieden schlafen und ruhen, weil du, mein Gott, mich in der Hoffnung bestärkt hast».

13. KAPITEL: DER CHRISTUSFÖRMIGE GEHORSAM EINES DEMÜTIGEN DIENERS GOTTES

1. Mein Sohn, wer sich dem Gehorsam zu entziehen sucht, verscherzt die Gnade; und wer einzeln etwas besitzen möchte, verliert das Gemeinsame.

Wer sich nicht willig und gerne den Obern unterwirft, hat offenbar seine fleischliche Natur noch nicht völlig in der Hand, sonst würde sie nicht so oft ausschlagen und Widerstand leisten.

Lerne dich also den Obern rasch fügen, falls du dein Fleisch bezähmen willst.

Der äußere Feind ist bald besiegt, wenn der innere keinen Kampfplatz bietet.

Du selber bist deiner Seele lästigster und schlimmster Feind, falls nicht der Geist in dir herrscht.

Willst du fertig werden mit Fleisch und Blut, heißt es unbedingt um wahre Selbstverachtung ringen.

Weil du dich selber noch verkehrterweise liebst, zitterst du vor der Unterwerfung unter den Willen eines andern.

2. Und doch, was liegt Großes daran, wenn du, Staub und Nichts, dich Gott zulieb einem Menschen fügst, nachdem ich, der Allmächtige und Allerhöchste, der alles aus nichts erschuf, mich deinetwegen demütig einem Menschen gefügt habe?

Ich erniedrigte mich unter alle, um dir mit meiner Demut zum Sieg über deinen Hochmut zu verhelfen.

So lerne gehorchen, Staubgeborener; lerne dich demütigen, Erde und Lehm, und dich allen zu Füßen werfen.

Lerne deine Launen brechen und keine Unterwürfigkeit ablehnen.

3. Eifere gegen dich; dulde keine Hochfahrenheit in dir. Ja mache dich so geringfügig und klein, daß alle auf dir herumlaufen könnten und dich wie Straßenkot mit Füßen treten.

Worüber hast du dich zu beklagen, Menschlein? Was wolltest du deinen Tadlern entgegnen, befleckter Sünder, der so oft Gott beleidigt und die Hölle verdient hat?

Gewiß senkte ich meinen Blick gnädig auf dich nieder, denn deine Seele war kostbar in meinen Augen.

Du solltest meine Liebe kennenlernen und für meine Wohltaten immer dankbar sein; solltest dich freudig der wahren Demut und Unterwürfigkeit hingeben und geduldig die Verachtung ertragen.

Anmerkung

Nur einen Willen gibt es, der wesentlich und unbedingt Gehorsam fordern darf: der Wille des ewigen Wesens, das alles geschaffen hat und alles erhält. Daher das wundersame Gebet des königlichen Propheten: «Lehre mich, Herr, deinen Willen tun, denn du bist mein Gott.» Dieser höchste Wille hat jedoch «Boten», die seine Befehle in Erinnerung rufen und deren Ausführung in Familie, Staat, Kirche überwachen müssen. Wir schulden ihnen Gehorsam, weil sie Gott vertreten, jeder an seinem Platz, gemäß den Stufen einer erhabenen Rangordnung, die vom Vater zum König, vom König zum Bischof, vom Bischof zu Jesus Christus und von Christus zu dem geht, der «ihn gesandt hat», «von dem jede Vaterschaft im Himmel und auf Erden den Namen hat», nämlich die Autorität. So stellt die Pflicht im Grunde nichts anderes dar als das Gebot Gottes. Und die Tugend besteht lediglich im Gehorsam gegen dieses Gebot. Umgekehrt ist jede Sünde, gleich der ersten, Ungehorsam, Auflehnung. Und der Mensch wurde in der Auflehnung empfangen, da er «in der Sünde empfangen wurde». Deshalb die packende und tiefe Wendung beim Psalmisten: «Vom Mutterschoße an ist der Sünder aufrührerisch und schon vor der Geburt dem Bösen überantwortet.» Darum mußte auch das Opfer, das die Sünde sühnte und die menschliche Natur wiederherstellte, laut dem Apostel, zutiefst im vollen Gehorsam bestehen. Christus «wurde gehorsam bis zum Tode, ja bis zum Kreuzestode». Und wir, armselige Geschöpfe, losgekauft durch diesen wunderbaren Gehorsam, wir wollten uns weigern, uns zu fügen? Wir wollten unsern Willen dem Willen des Allmächtigen entgegenstellen mittels des erschreckenden Hochmutes, dem die Hölle ihr Dasein verdankt, wo, in Finsternis und Qual, in Wut und Verzweiflung, in der Schande widerlichster Sklaverei, der aufrührerische Engel und seine Gefährten ewig wiederholen: «Ich will nicht gehorchen, *non serviam*»? O Gott, bewahre mich vor einem derart wahnwitzigen, verbrecherischen Hochmut! Deine Gnade lehre mich die Unterwerfung dir gegenüber und gegenüber allen, die du mir zu Vorgesetzten gegeben hast. «Ein Fremdling bin ich auf Erden; verbirg deine Gebote nicht; meine Seele erfüllt sie zu jeder Stunde. Lehre mich, Herr, deinen Willen tun, denn du bist mein Gott.»

14. KAPITEL: ERWÄGE GOTTES GEHEIME GERICHTE, UND ÜBERHEBE DICH NICHT

1. Herr, du läßt deine Gerichte über mir erdröhnen; mit Furcht und Schrecken erfüllst du mein Gebein, so daß meine Seele erschaudert.

2. Erschüttert steh ich und schaue, denn «die Himmel sind nicht rein genug vor deinem Angesicht».

«Sogar in den Engeln hast du Sünde gefunden» und ihrer nicht geschont; was verdiene ich?

«Die Sterne fielen vom Himmel»; und ich Staub, was bilde ich mir ein?

Menschen mit scheinbar vorbildlichem Wandel stürzten denkbar tief, und «die das Brot der Engel aßen, sah ich die Treber der Schweine genießen».

2. So besteht also keine Heiligkeit, wenn du, Herr, deine Hand zurückziehst.

Keine Weisheit hilft, wo deine Lenkung aussetzt.

Keine Kraft richtet etwas aus, solange du nicht aufrechterhältst.

Keine Keuschheit ist verbürgt, die du nicht schirmst.

Keine Wachsamkeit über sich fruchtet, wenn deine heilige Wachsamkeit fehlt.

Uns selbst überlassen, versinken und versagen wir; suchst du uns jedoch heim, erheben wir uns und leben.

Unstet sind wir, doch du stärkst uns; wir erlahmen, aber du machst uns Mut.

3. Wie demütig und bescheiden habe ich von mir zu denken. Wie gering muß ich das Gute anschlagen, das ich allenfalls in mir entdecke.

Wie tief muß ich mich unter deine abgrundtiefen Gerichte beugen, Herr, da ich nichts anderes in mir gewahre als Nichts und wieder Nichts.

O unermeßliche Last, o unüberschiffbares Meer, wo ich nichts von mir finde, allzumal nichts.

Wo bleibt da noch ein Schlupfwinkel für den Hochmut übrig, wo ein Pochen auf vermeintliche Tugend?

Alles eitle Rühmen versinkt in der Flut deiner Gerichte über mich.

4. Was bedeutet alles Fleisch vor deinem Angesicht? «Kann der Ton vor dem Bildner prunken?» Wie wollte sich blöde rühmen, wer Gott wirklich von Herzen untersteht?

Die ganze Welt vermag den nicht aufzublähen, den sich die Wahrheit unterworfen hat. Und von keinem tausendstimmigen Lob wird betört, wer sein Hoffen auf Gott allein setzte.

Auch die Lobspender sind ja samt und sonders nichts. Mit ihrem Lob vergehen auch sie. «Die Wahrheit des Herrn dagegen währt ewig.»

Anmerkung

Zu den gefährlichsten und am schwersten erkennbaren Versuchungen gehört der Hochmut im Guten. Wenn eine Seele, die von der Gnade über die Natur und deren Verderbtheit erhoben wurde, auch nur etwas in der Selbstbewachung erlahmt, gleitet sie unmerklich in sich selbst zurück. Sie wurde gegen gewisse Fehler gefeit, übte gewisse Tugenden, und schon labt sich die Eigenliebe bei diesem Gedanken und ruht darin selbstgefällig. Der Mensch betrachtet sich, wird selbstzufrieden, bevorzugt sich allenfalls diesem oder jenem, und schreibt sich schließlich selber die Gaben Gottes zu, ein Vergehen, das den «eifersüchtigen und rächenden» Gott am meisten verletzt. Denn dieser läßt seine Ehre keinem anderen, sondern «widersteht den Hoffärtigen». Was tut Gott also? Er zieht sich zurück, verläßt den Toren, der auf eigene Kraft baute, überantwortet ihn dem Hochmut. Dann kommt es zu den schrecklichen Fällen, die Erstaunen und Entsetzen hervorrufen, zu den unerwarteten Fällen, die erschreckend von Gottes Gerichten erzählen. Wehe dem, der auf die eigene Gerechtigkeit vertraut! Ihn erwartet der Untergang. «Ich bin mir zwar nichts Schlechtes bewußt», sagt der Apostel, «aber deswegen bin ich noch nicht gerechtfertigt; denn es ist der Herr, dem das Urteil über mich zusteht.» Und der königliche Prophet bittet: «Reinige mich von meinen verborgenen Fehlern; vergiß, was mir entgeht und verzeih mir die Sünden an andern.» Ein wunderbares Gebet, das dem Menschen zudem die verhängnisvolle Verkettung des Bösen in Erinnerung ruft, kraft deren es leider so wenige rein persönliche Sünden gibt. So bietet bloß die Demut Zuflucht und Sicherheit, das ehrliche Geständnis, die Überzeugung und immerwährende Durchdrungenheit von unserm großen Elend, verbunden mit Vertrauen auf Gott allein. Zu seinen Füßen niedergeworfen, sprechen wir mit dem Psalmisten: «Meine Schande steht mir unablässig vor Augen, und Scham bedeckt mein Antlitz; Herr, ein zerknirschtes und demütiges Herz verachtest du nicht.»

15. KAPITEL: WIE MAN SICH DEN VERSCHIEDENEN WERTEN GEGENÜBER VERHALTEN UND ÄUSSERN SOLL

1. Mein Sohn, sprich bei allem: Herr, wenn es dir gefällt, geschehe es so. – Herr, gereicht es dir zur Ehre, so sei es in deinem Namen. – Herr, hältst du das für gut und mir heil-

sam, laß mich zu deiner Ehre Gebrauch davon machen. — Weißt du aber, daß etwas mir schadet und mein Seelenheil gefährdet, entzieh mir das Verlangen darnach.

Nicht jedes Verlangen stammt ja vom Heiligen Geiste, so gut und recht es dem Menschen zuweilen vorkommt.

Nur schwer läßt sich sicher entscheiden, ob der gute oder der böse Geist dir dieses oder jenes Verlangen eingibt, oder allenfalls dein eigener Geist.

Viele wurden schließlich betrogen, die zu Beginn scheinbar einem guten Geist gehorchten.

2. So ist die Verwirklichung aller Wünsche stets nur mit Gottesfurcht und Herzensdemut zu ersehnen und zu erbitten. Besonders aber muß man mir alles gelassen anheimstellen mit den Worten: Herr, du weißt was besser ist; schicke gemäß deinem Willen dies oder jenes.

Gib was du willst, wieviel du willst, wann du willst.

Verfahre mit mir, wie du es verstehst, es dir wohlgefällt und zu deiner größern Ehre gereicht.

Stelle mich hin, wo du willst, und verfüge in allen Dingen mit mir nach deinem Belieben.

Ich bin in deine Hand gegeben, dreh und wende mich.

Dein Knecht bin ich, zu allem bereit; ich wünsche, nicht mir zu leben, sondern dir – möge es würdig und vollkommen geschehen.

3. Gütigster Jesus, schenke mir deine Gnade. «Sie begleite mich, wirke mit mir» und bleibe bei mir bis ans Ende.

Laß mich immer das verlangen, was dir am angenehmsten ist und dich am meisten freut.

Dein Wille sei der meine; mein Wille passe sich stets restlos dem deinigen an.

Möge ich dasselbe wollen und zurückweisen wie du, ja sogar lediglich dasselbe wollen und zurückweisen können.

Laß mich allem in der Welt absterben, und deinetwegen gern verachtet und verkannt sein auf Erden.

Laß mich über allem Begehrenswerten in dir ruhen und mein Herz in dir Frieden finden.

Wahrer Herzensfriede, Christus, alleinige Ruhe: außer dir herrscht allenthalben nur Härte und Unrast.

«In deinem Frieden», nämlich in dir, dem höchsten und ewigen Gut, «sei mir Rast und Ruhe gegönnt.» Amen.

Anmerkung

Nie vollständig zufrieden mit dem, was er ist und besitzt, seiner Herzensleere überdrüssig, allzeit unruhig, stets auf irgendein unbestimmtes Gut aus, das ihm fortwährend enteilt, genießt der Mensch keinen Augenblick wahrer Ruhe: sein Leben verzehrt sich in Wünschen. Darin liegt ein großer Mangel, aber auch eine große Gefahr, denn «die Wurzel aller Übel besteht in der Begierde; und viele überließen sich ihr, verloren den Glauben, und verwickelten sich in eine Unmenge von Leid». In diesem Zustand fühlt sich die Einbildungskraft gewaltsam vom erhofften Gut angezogen. Dadurch betört sie den Verstand, erschüttert und bewegt sogar den Willen. Suche sie deshalb sorgfältig im Zaume zu halten, auch dann, wenn ihr Gegenstand keineswegs böse scheint, und man glauben könnte, ihre Träume verschafften lediglich eine erlaubte Erleichterung und unschuldige Zerstreuung. Sogar die Frömmigkeit verirrt sich leicht, wenn sie vor scheinbar harmlosesten Wünschen nicht auf der Hut ist. Wir kennen weder was uns nützt, noch was uns schadet. Bald verlangen wir, von einem Kreuz befreit zu werden, das uns teilweise vielleicht nötig war. Umgekehrt läßt uns etwa eine Anwandlung unklugen Eifers ein anderes Kreuz wünschen, das unsre Kräfte übersteigen würde, wenn wir es tragen müßten. Was also tun? Gott bitten, daß sein Wille geschehe, in uns und außer uns. Unsern Willen gänzlich mit dem seinigen in Übereinstimmung bringen und all unsre Wünsche darein versenken. Bloß die

Hingabe an unsern Vater wird uns Frieden und Sicherheit geben. «Mein Vater, nicht was ich will, sondern was du willst.»

16. KAPITEL: SUCHE DEN WAHREN TROST IN GOTT ALLEIN

1. Was ich zu meinem Trost mir wünschen und ausdenken kann, erwarte ich ausnahmslos nicht hier, sondern in Zukunft.

Denn könnte ich auch ganz allein jeden irdischen Trost haben und alle irdischen Wonnen genießen, sie gingen doch zweifellos über kurz oder lang zu Ende.

Nur in Gott, meine Seele, dem Tröster der Armen und dem Beistand der Demütigen, schöpfst du vollen Trost und ungetrübte Erquickung.

Warte noch ein wenig, meine Seele, erwarte die göttliche Verheißung, und der Himmel wird dir die Fülle alles Guten bieten.

Verlangst du ungestüm das Gegenwärtige, so verlierst du das Ewige und Himmlische.

Nütze das Zeitliche, aber ersehne das Ewige.

Kein Erdengut kann dich sättigen, weil du nicht dafür geschaffen bist.

2. Würdest du alle irdischen Güter dein nennen, du wärst trotzdem nicht glücklich.

Nur in Gott, der alles schuf, finden sich Glück und Seligkeit für dich.

Allerdings nicht das Glück, das die törichten Bewunderer dieser Welt unter diesem Wort verstehen und preisen, sondern jenes andere, das die guten Christgläubigen erwarten, dessen Vorgeschmack innerlichen Menschen, die reinen Herzens sind, zuweilen schon hier zuteil wird, Menschen, deren «Wandel im Himmel ist».

Eitel und hinfällig ist jeder menschliche Trost; beseligend und wahrhaft hingegen jener andere, den die Wahrheit innerlich mitteilt.

Ein frommer Mensch ist allerorten in Begleitung seines Trösters Jesus; er spricht zu ihm: Herr Jesus, steh mir überall und jederzeit bei.

Mein Trost bestehe in freudigem Verzicht auf jede menschliche Tröstung.

Und sollte sogar deine Tröstung ausbleiben, so bilde dein Wille und deine gerechte Prüfung meine Wonne.

«Denn nicht auf immer zürnst du, noch drohst du ewig.»

Anmerkung

«Jede Kreatur seufzt», sagt der Apostel; und die ganze Welt wiederholt es mit ihm von Jahrhundert zu Jahrhundert. Was suchst du also in den Geschöpfen? Was verlangst du von ihnen, und was können sie dir bieten? Allzeit bewegt und unruhig wie du, wünschen sie Ruhe, und finden sie nicht. Wie könnte also dein Friede aus Ängsten und Stürmen herauswachsen, dem Ergebnis rastloser Leidenschaft? Täusche dich nicht länger; bitte fortan die Stürme nicht mehr: Beruhigt mich; die Ruhe liegt in Gott, und nur dort. In ihm allein gibt es Rast, Frieden, Freude, Trost. Wende dich dem Herrn, deinem Gott, zu; verzichte auf alles übrige. Dann, und nur dann, wirst du allmählich das wahre Glück verkosten. «Nichts, gar nichts gleicht dem Glück dessen, der das Sinnliche verachtet, sich vom Fleisch und der Welt losschälte, nur noch durch die Bande der Notwendigkeit mit den menschlichen Dingen verbunden ist, einzig mit Gott verkehrt und mit sich selber, der über allem Sichtbaren lediglich von der göttlichen Erleuchtung zehrt, sie immerfort ungetrübt in sich tragend, lichtvoll, schattenlos, ohne die uns allenthalben umschwirrenden Täuschungen, Gott und seine strahlende Vollkommenheit wie in einem himmlischen Spiegel widerspiegelnd und das Licht immerfort um ein noch helleres Licht vermehrend, bis zum Augenblick, wo die Wahrheit alle Wolken vertreibt, und er zur Quelle allen Lichtes gelangt, zum ewigen Brunnen des Glanzes, der das beseligende Ziel unseres Wesens und unsere ewige Wonne sein wird.»

17. KAPITEL: WIRF ALLE SORGE AUF DEN HERRN

1. Mein Sohn, laß mich nach meinem Wohlgefallen mit dir schalten und walten; ich weiß, was dir frommt.

Du denkst menschlich und richtest dich in vielen Dingen nach menschlichem Empfinden.

2. Herr, du hast recht, du bist mehr um mich besorgt, als ich es je sein könnte.

Ein Spielball des Zufalls wird, wer seine Sorgen nicht ausnahmslos dir anheimstellt.

Verfüge, Herr, beliebig über mich; wenn nur mein Wille fest und gerade auf dich gerichtet bleibt. Denn was immer du tust, kann nur gut sein.

Gefällt es dir, daß Finsternis mich einhülle, so sei gelobt; soll Licht mich umfluten, sei ebenfalls gepriesen.

Ich preise dich gleichermaßen, ob du mich tröstest oder mir Trübsal schickst.

3. Mein Sohn, so mußt du gesinnt sein, wenn du mit mir wandeln willst.

Du mußt ebenso aufnahmebereit für das Leiden sein wie für die Freude.

Armut und Dürftigkeit seien dir nicht weniger willkommen als Reichtum und Fülle.

4. Herr, laß über mich kommen, was dir gefällt; ich will es gerne für dich tragen.

Gelassen empfange ich aus deiner Hand: Wohl und Wehe,

Süßes und Bitteres, Freude und Trauer; ich will dir danksagen für alles, was mich trifft.

Bewahre mich nur vor der Sünde, so fürchte ich weder Tod noch Hölle.

Falls du mich nicht ewig verwirfst und aus dem Buch des Lebens streichst, wird keine Trübsal mir eigentlich schaden können.

Anmerkung

Es läßt sich kaum oft genug wiederholen, daß sich das christliche Leben darin erschöpft, zu wollen, was Gott will, und abzulehnen, was er nicht will. Beinahe immer täuschen uns unsre Wünsche infolge unsrer Unwissenheit und Verderbnis. Aber Gott kennt alles Verborgene, er kennt unsre geheimen Herzensneigungen, das Maß unsrer Schwachheit, die Prüfungen, die uns ersprießlich sind, die Hilfe, die wir brauchen, um sie zu ertragen. Und er wird nicht zulassen, daß wir über unsere Kräfte versucht werden. Seine Weisheit ist unendlich. So sehr hat er uns geliebt, «daß er seinen eingeborenen Sohn dahingab». Wieviel Vertrauen, welchen Frieden sollten wir aus diesem Gedanken schöpfen! Gibt es etwas Wohltuenderes, als sich dem rückhaltlos zu überlassen, der alles für sein armes Geschöpf tat; als sich in ihm zu verlieren, durch die innige Vereinigung unseres Willens mit dem seinigen, wobei wir uns bloß den Dank und die Liebe vorbehalten? Das läßt unsre Seele, unser ganzes Wesen, gleichsam in dieses eine Wort eingehen, das alles sagt: Mein Herr und mein Gott!

18. KAPITEL: NACH CHRISTI VORBILD ERTRAGE GLEICHMÜTIG DIE WECHSELFÄLLE DES LEBENS

1. Mein Sohn, für dein Heil bin ich vom Himmel herabgestiegen, nahm dein Elend auf mich, nicht gezwungen, sondern aus Liebe. Du solltest Geduld haben lernen und die Mißhelligkeiten des Lebens willig ertragen.

Von der Krippe bis zum Kreuz ging mir das Leid zur Seite.

Ich litt viel Armut, hörte oft andere an mir nörgeln, erduldete es gleichmütig, bloßgestellt und geschmäht zu werden; Wohltaten wurden mir mit Undank gelohnt, Wunder mit Lästerungen, meine Lehre mit Kritik.

2. Herr, du warst hienieden geduldig, und hast so deines Vaters Gebot vollkommen erfüllt. Deshalb muß auch ich, armer Sünder, deinem Willen gemäß mich geduldig ertragen und die Last dieses sterblichen Lebens zu meinem Heil aushalten, solange es dir gefällt.

Gewiß bedeutet dieses Leben eine Last; doch deine Gnade hat es bereits überaus verdienstlich gemacht. Und dein Beispiel, samt dem Vorbild deiner Heiligen, gestaltet es für uns schwache Menschen erträglicher und schöner.

Überdies enthält es bei weitem mehr Trost als früher im Alten Bund, da die Himmelspforte noch verschlossen war, und der Weg dorthin dunkel, als sich nur wenige um das Himmelreich bemühten.

Vermochten doch sogar die damaligen Gerechten und Auserwählten erst nach deinem Leiden und heiligen Sterben in den Himmel zu gelangen.

3. Wie dankbar muß ich sein, daß du mir und allen Gläubigen den rechten und geraden Weg zu deinem ewigen Reiche angibst.

Unser Weg ist dein Leben; und durch deine heilige Geduld wandeln wir nun dir, unsrer Krone, entgegen.

Wärst du uns nicht vorangegangen, um unser Lehrmeister zu werden, wer strengte sich um die Nachfolge an?

Viele blieben zurück, stünde ihnen nicht dein Vorbild vor Augen.

Sogar jetzt schleppen wir uns bloß, trotz deiner zahlreichen Zeichen und Mahnungen. Was wäre erst der Fall, wenn uns dein strahlendes, wegweisendes Licht fehlte?

Anmerkung

Hienieden überbordet das Menschenleben von Leid, Elend und Schmerz; wer wüßte es nicht? Wir sind sichtbar gestraft. Und da die strafende Gerechtigkeit allmächtig ist, besteht kein Mittel, der Strafe zu entrinnen. In dieser Lage hatte die menschliche Weisheit nur die zweifache Wahl, entweder sich gegen die Natur zu stemmen und den Schmerz zu leugnen, oder sich in Wollust zu zerstreuen. Sie erbat das Glück vom Stolz und von den Sinnen. In ihrer Hoffnung getäuscht, verhüllte sie das Haupt und sprach: Alles ist umsonst. Soweit war die Welt gekommen, als sich plötzlich eine Stimme erhob: «Selig die Weinenden!» Da begriff und verkostete der Mensch die Freude der Tränen. Vom Kreuz herab, woran der Schmerzensmann hing, ergoß sich ein unerschöpflicher Strom bisher unbekannten Trostes auf das Menschengeschlecht. Das Leben verlor seine Traurigkeit, seitdem Jesus in Blutschweiß und Todesnot ausgerufen: «Meine Seele ist todtraurig.» Ja es hat nicht einmal mehr genug Leiden für die Reue, die darnach verlangt; für die Liebe, die Leiden herbeisehnt und sich daran freut. Welches Wunder geschah? O Sohn des lebendigen Gottes, dein Licht leuchtete in der Welt und deine Gnade berührte sie. Der verirrte Mensch fand sie in dir wieder, der du «der Weg, die Wahrheit und das Leben bist». Er begriff, daß nach der Sünde nur noch ein Gut bleibt, nämlich die Sühne. Und er sprach, den Blick aufs Kreuz gerichtet: Ja, leiden; ja, sterben. Heiliges Opferlamm, Lamm Gottes, das hinwegnimmt die Sünde der Welt, laß mich mit dir leiden und sterben, indem ich meine letzten Schmerzen mit denen vereine, die uns den durch die Sünde verrammelten Himmel wiedererschlossen haben.

19. KAPITEL: WIE DAS UNRECHT ERTRAGEN UND DIE GEDULD ERPROBT WERDEN MUSS

1. Warum jammerst du, mein Sohn? Beklage dich nicht mehr; denke an mein Leiden und an das meiner Heiligen. «Noch hast du nicht bis zum Blut widerstanden.»

Du leidest wenig, verglichen mit dem, was andere aushielten an schrecklichen Versuchungen, großer Trübsal, mannigfachen Heimsuchungen und Schicksalsschlägen.

Halte dir also die Prüfungen anderer vor Augen, so wirst du deine eigenen Unannehmlichkeiten leichter ertragen.

Kommen sie dir keineswegs gering vor, rührt das nicht von deiner Ungeduld her?

Doch, ob gering oder schwer, suche alles geduldig hinzunehmen.

2. Je besser du auf das Leiden gerüstet bist, um so weiser handelst du und um so größere Verdienste kannst du sammeln. Auch hältst du alles leichter aus, wenn du dich seelisch und durch Angewöhnung darauf vorbereitest.

Sage nicht: Von dem nehme ich das nicht an; das habe ich nicht verdient; er hat mich schwer geschädigt; ich hätte solches von ihm nie erwartet. Dagegen würde ich es von andern hinnehmen und könnte es vermutlich ertragen.

Törichte Einstellung das! Ein solcher Mensch kennt weder die Tugend der Geduld, noch denjenigen, der die Geduld krönt, sondern bloß den Beleidiger und die Beleidigung.

3. Wer nur leiden will was und von wem es ihm beliebt, der weiß nicht, was Geduld bedeutet.

Der wahrhaft geduldige Mensch frägt nicht, von wem die Prüfung ausgeht, ob von seinen Obern, oder Gleichgestellten, oder Untergebenen; ob von guten und frommen Menschen, oder von bösen und verkehrten.

Mag sie woher immer kommen, und in gleich welchem Maß und welcher Häufigkeit, er empfängt alles dankbar aus Gottes Hand wie einen großen Gewinn.

Denn bei Gott bleibt nichts unbelohnt, nicht einmal das geringste, solange es für Gott ertragen wird.

4. Willst du somit den Sieg erringen, rüste dich zum Kampf. Ohne Kampf keine Geduldkrone.

Das Leiden ablehnen, heißt die Krone verschmähen.

Wünschest du die Krone, so ringe mannhaft und harre geduldig aus.

Die Anstrengung allein führt zur Ruhe, und nur das Ringen verschafft den Sieg.

5. Herr, die Gnade muß mir ermöglichen, was mir natürlicherweise unausführbar vorkommt.

Wie du weißt, kann ich nur wenig ertragen und verliere rasch den Mut, sobald sich ein Hindernis einstellt.

Möge mir fortan jede Prüfung, um deines Namens willen, teuer und wünschbar werden; denn für dich leiden und geplagt sein, ist meiner Seele überaus heilsam.

Anmerkung

Haben wir oft unter unsern Mitmenschen zu leiden, so übersehen wir nicht, daß auch sie unter uns leiden. Deshalb sprach der Apostel: «Einer trage des andern Last; so erfüllt ihr das Gesetz Jesu Christi.» – Aber ich höre euch sagen, es gibt Dinge, die schwer zu ertragen sind. – Nun denn, euer Verdienst wird dadurch um so größer. Eben darum wurde euch ja die Gnade gegeben, damit ihr mit Gottes Hilfe zustande bringt, was der Natur versagt bliebe. Was trifft euch übrigens, das er nicht vorausgesehen, nicht gewollt? Also bildet die Geduld bloß eine milde und ruhige Unterwerfung unter seine Fügung. Ohne die Geduld lebten wir in beständiger Unruhe. Denn «wer hat Gott widerstanden und trotzdem Frieden genossen?» Und wieviel Geduld muß Gott gegen euch aufbringen? Fragt euer Gewissen und sagt an, hat er nichts von euch zu ertragen, euch nichts zu verzeihen? Fürwahr, «der Herr ist geduldig und voll Erbarmen». So üben auch wir Geduld mit andern. «Ein geduldiger Mensch ist besser als ein starker, und wer sich selbst beherrscht, steht höher, als wer Städte unterwirft.» «Ich habe geschwiegen», sprach David, mit dem Blick auf Christi Leiden, «ich habe geschwiegen und meinen Mund nicht aufgetan.» Und ein anderer Prophet erklärt: «Er schwieg wie ein Lamm schweigt vor dem, der es scheren will.» Wer wagt alsdann noch zu murren, sich aufzulehnen, mit Beleidigungen zu antworten? Jesus, diene uns zum Vorbild. Du hast uns zu Gott beten gelehrt: «Vergib uns unsre Schulden, wie auch wir vergeben unsern Schuldigern.» So beten wir täglich; das geloben wir täglich. – Wehe dem, dessen Gebet sich selber Lügen straft.

20. KAPITEL: VON DER SCHWÄCHE DES MENSCHEN UND DEM ELEND DIESES LEBENS

1. «Bekennen will ich gegen mich meinen Frevel» und dir, Herr, meine Schwäche eingestehen.

Genügt nicht häufig ein Nichts, um mich zu entmutigen und niederzudrücken?

Da nehme ich mir vor, tapfer zu sein; und die erste beste Versuchung bringt mich schon aus der Fassung.

Ja etwas ganz Gewöhnliches reicht zuweilen hin, um eine schwere Versuchung heraufzubeschwören.

Fühle ich mich unbehelligt und glaube ich einigermaßen sicher zu sein, wirft ein leichter Hauch mich beinahe um.

2. So achte denn, Herr, meines Elends und meiner Schwachheit, die du nur zu wohl kennst.

Erbarme dich meiner; «entreiße mich dem Schlamm, sonst versinke ich darin» und gehe endgültig unter.

Die Unbeständigkeit und Schwachheit, die ich im Kampf gegen die Versuchungen an den Tag lege, plagt und beschämt mich tief vor dir.

Kommt es auch nicht zur vollen Zustimmung, fallen mir ihre Anfälle doch äußerst lästig; ich leide darunter, täglich kämpfen zu müssen.

Vor allem tritt meine Schwachheit auch dadurch zutage, daß die verwerflichsten Vorstellungsbilder schneller kommen als gehen.

3. Ach, starker Gott Israels, Eiferer der gläubigen Seelen, achte auf die Qual deines Knechtes, stärke ihn in allem, was er unternimmt.

Rüste mich aus mit Himmelskraft, sonst triumphiert der alte Mensch, solang das armselige Fleisch dem Geiste noch nicht voll gefügig. Gegen dieses heißt es ja in diesem Jammertal zeitlebens ankämpfen.

Was ist doch das für ein Leben, übersät mit Trübsal und Elend, erfüllt von Fallstricken und Feinden!

Kaum ist man die eine Plage oder Versuchung los, taucht schon eine andere auf.

Ja, zuweilen erscheinen unversehens neue Verwicklungen, während die alten noch andauern.

4. Wie könnte man ein solches Leben lieben, das mit Verdrießlichkeiten durchsetzt ist und zahlloses Unglück und Leid birgt?

Kann überhaupt Leben heißen, was allenthalben Tod und Pest erzeugt?

Trotzdem liebt man es, und Unzählige suchen sich darin zu ergötzen.

Wohl werden Trug und Wahn der Welt häufig angeprangert, aber man verläßt sie nur schwer: allzu mächtig wirken die fleischlichen Begierden.

Gewisse Kräfte in uns treiben zur Weltliebe, andere zur

Weltverachtung. Zur Weltliebe bewegen Fleischeslust, Augenlust und Hoffart des Lebens. Da diese jedoch, wie billig, Strafe und Elend nach sich ziehen, erwecken sie ebenso Haß gegen die Welt und Überdruß daran.

5. Leider siegt die böse Lust über einen Geist, der an der Welt hängt. Für ihn zählen die Sinnenfreuden, weil er die Süßigkeit Gottes und die Wonnen der Tugend nie begriff noch verkostete.

Verschmäht jemand die Welt jedoch wirklich und sucht er in heiliger Zucht für Gott zu leben, weiß er, was die der wahren Weltverachtung verheißene göttliche Süßigkeit bedeutet. Ebenso versteht er, wie ungemein die Welt in ihrem Wahne irregeht.

Anmerkung

Was bedeuten die Prüfungen, die von außen kommen, verglichen mit denen, die sich im Innern abspielen? Jenen widerstehst du mit aller Kraft. Diese Kraft ist gespalten bei den andern Prüfungen, wo die Seelenvermögen miteinander ringen. Der heilige Paulus schildert dieses schreckliche Ringen kurz so: «Ich tue nicht das Gute, das ich möchte, sondern das Böse, das ich nicht tun will. Innerlich freue ich mich am Gesetz Gottes, aber ich gewahre in meinen Gliedern ein anderes Gesetz, das dem Gesetz meines Geistes widerspricht und mich unter das Joch der Sünde beugt, die in meinem Leibe wohnt.» Diese Tatsache läßt die Guten dermaßen leiden; der beschämende Kampf demütigt sie, und sie leben ständig in Angst zu unterliegen. Das ließ den Apostel aufseufzen: «Wer wird mich von diesem todgeweihten Leib befreien?» Aber sogleich fügt er hinzu: «Die Gnade Gottes durch Jesus Christus, unsern Herrn.» Werfen wir uns also in seine göttlichen Arme. Mit unsäglicher Liebe hält er sie ja ausgebreitet, uns zu empfangen. Nähern wir uns seinem heiligen Herzen, vor dessen ständig ausströmender Kraft die bösen Mächte zittern. Zählen wir nur auf ihn; hoffen wir nur auf ihn; rufen wir aus tiefstem Herzensgrund: «Befreie mich, Herr; stelle mich dir zur Seite, dann möge sich gleich welche Hand gegen mich erheben. Der Herr ist meine Stütze, mein Hort, mein Befreier. Er ist mein Gott, meine Zuflucht, auf ihn hoffe ich. Er ist mein Beschützer, die Kraft, die mein Heil bewirkt. Ich rufe ihn an in Lobgesängen und schüttle meine Feinde ab.»

21. KAPITEL: RUHE IN GOTT ÜBER ALLEN ANDERN DINGEN UND GABEN

1. Über allem und in allem, meine Seele, ruhe stets in Gott, dem ewigen Frieden der Heiligen.

Milder, teuerster Jesus, laß mich in dir ruhen, über jedem Geschöpf, über aller Gesundheit und Wohlgestalt, über Ruhm und Ehre, Macht und Würde, Kenntnis und Spitzfindigkeit, über Reichtum und Kunst, über jeglicher Lust und Wonne, über jedem Namen und Lob, über Süßigkeit und Tröstung, Hoffnung und Verheißung, Verdienst und Verlangen, über sämtlichen Gaben und Wohltaten, die du mitteilen und einflößen kannst, über jeder Freude und jeder Trübsal, die der Geist zu erfassen und zu fühlen vermag, endlich über Engeln und Erzengeln und jeder himmlischen Heerschar, über allem Sichtbaren und Unsichtbaren, kurz über allem, was du, mein Gott, nicht bist.

2. Niemand ist besser als du, mein Herr und Gott, niemand erhabener, mächtiger, genügender und inhaltsreicher, niemand milder und tröstlicher, schöner und liebwerter, edler und über alles herrlicher, in dem alles Gute zugleich und vollkommen ist, war und immer sein wird.

Deshalb verblaßt und tritt zurück alles, was du mir außer dir gibst, offenbarst oder versprichst, wenn ich dich nicht schaue und voll erfasse.

Mein Herz gelangt zu keiner wahren Ruhe und zu keiner

restlosen Befriedigung, solange es nicht in dir ruht und über alle Gaben und Geschöpfe hinauskommt.

3. O mein geliebter Bräutigam Jesus Christus, du liebst ganz lauter, und leitest alle Geschöpfe. «Wer gibt mir Flügel» wahrer Freiheit, «um zu fliegen» und in dir zu rasten?

Wann werde ich recht ruhen und einsehen können, wie süß du bist, Herr, mein Gott?

Wann werde ich mich vollständig in dir verlieren dürfen, so daß ich, lieberfüllt dir gegenüber, nicht mehr mich fühle, sondern jenseits aller Sinne und Weisen nur noch dich auf ungewöhnliche Weise?

Gegenwärtig seufze ich oft und leide unter meinem Elend. Denn viel Übles begegnet einem in diesem Jammertal: Übles das mich häufig beunruhigt, betrübt und umnebelt, hindert und zerstreut, verlockt und verwickelt, und mir den freien Zutritt zu dir verwehrt, und den beglückenden Genuß deiner Umarmung vorenthält, der den seligen Geistern unaufhörlich zuteil wird.

Laß dich erweichen durch mein Seufzen und die vielfache Trostlosigkeit dieser Welt.

4. O Jesus, Glanz der ewigen Glorie, Trost unsrer seelischen Pilgerschaft, an dich wendet sich wortlos mein Mund, und mein Schweigen redet zu dir.

· Wie lange verzögert mein Herr sein Kommen? Er möge mich Armseligen doch aufsuchen und frohmachen, seine Hand ausstrecken, und mich Elenden aller Not entreißen.

Komm, komm, denn ohne dich gibt es weder frohe Tage noch frohe Stunden.

Meine Freude bist du; leer steht meine Tafel ohne dich.

Elend bin ich und wie eingekerkert und gefesselt, solange du mich nicht erquickst mit dem Licht deiner Gegenwart, mir die Freiheit nicht schenkst und mich freundlich anblickst.

5. Mögen andere statt deiner dies oder jenes suchen; mir gefällt nichts anderes, noch wird mir je etwas anderes gefallen außer dir, meinem Gott, meiner Hoffnung, meinem ewigen Heil.

Ich werde nicht schweigen noch zu bitten aufhören, bis deine Gnade wiederkehrt und du mich erneut innerlich bewegst.

6. «Sieh, da bin ich.» Sieh, ich steh dir zu Diensten, weil du mich gerufen; deine Tränen und deine Sehnsucht, deine Verdemütigung und Zerknirschung haben mich erweicht und dir zugewandt.

7. Und ich sprach: Herr, ich rief dich und verlangte dich zu genießen, bereit, deinetwegen alles zu verachten.

Du hast mich angetrieben, dich zu suchen.

Sei gebenedeit, Herr, der du im Übermaß deines Erbarmens «deinem Knecht diese Wohltat erwiesen hast».

Welch andere Äußerung bleibt fortan deinem Knecht vor dir als die tiefe Verdemütigung, im steten Bewußtsein seiner Schuld und Unwürdigkeit?

Unter allen Wunderwerken im Himmel und auf Erden kommt dir keines gleich. Unübertrefflich sind deine Werke, wahrhaftig deine Gerichte, und alles leitet deine Vorsehung.

Lob sei dir und Ruhm, o Weisheit des Vaters; dich preise und verherrliche mein Mund, mein Herz und alles Geschaffene.

Anmerkung

Je mehr sich die treue Seele von der Erde und sich selber losschält, um so mehr steigen ihre Gedanken und Wünsche empor und verschmelzen mit den Gedanken und Wünschen dessen, den sie einzig liebt. Dann seufzt sie unter den Ketten, die sie fesseln und noch hienieden zurückhalten. Gedrängt von einer stets wachsenden Liebe, möchte sie ihre sterbliche Hülle zerreißen und sich in die Arme des unendlichen Wesens werfen, nach dem sie verlangt, möchte in Gott untertauchen, und sich in ihm ewig verlieren. «Wer gibt mir Taubenflügel, damit ich auffliegen und Ruhe finden kann?» Tatsächlich findet sie bloß Ruhe, wenn sie vollständig in den Gegenstand ihres Sehnens eingegangen sein wird. Im Übermaß, in der göttlichen Trunkenheit ihrer Freude, ihres Genusses, ihres nunmehr ewig unveränderlichen Besitzes des göttlichen Bräutigams kann sie dann ausrufen: «Mein Geliebter gehört mir, und ich gehöre ihm.» O wann wird dieser selige Tag anbrechen, der Tag der Befreiung und der endlosen Freude? Wann wird die Verbannungszeit ein Ende finden, die Zeit bloßen Hoffens und Weinens? Wann werden wir die Schatten fallen sehen, die den Geliebten unserm Blick entziehen? «Wie der Hirsch sich nach den Wasserquellen sehnt, so verlangt meine Seele nach dir, mein Gott! Meine Seele dürstet nach dem starken Gott, dem lebendigen Gott; wann kann ich kommen und erscheinen in Gegenwart meines Gottes?»

22. KAPITEL: GEDENKE DER VIELFACHEN WOHLTATEN GOTTES

1. Öffne, Herr, mein Herz deinem Gesetz, und lehre mich deinen Geboten willfahren.»

Laß mich deinen Willen erkennen und überaus ehrfürchtig und aufmerksam deine Guttaten erwägen, im allgemeinen wie im einzelnen, und so würdig Dank sagen.

Wohl weiß und gestehe ich, daß mein Dank hinter der geringsten Guttat zurückbleibt.

Ich reiche an keine heran, und achte ich auf deine Würde, möchte mich deine Größe fast erdrücken.

2. Jede seelische und körperliche Gabe, jede äußere und innere, natürliche und übernatürliche Anlage stammt von

dir und verkündet deine Güte und Menschenfreundlichkeit, der wir alles verdanken.

Mag der eine mehr, der andere weniger empfangen haben, ist doch alles dein, und ohne dich ist kein Besitz denkbar.

Wer mehr erhielt, hat keinen Grund, sich dessen zu rühmen, noch sich über andere zu erheben oder einen Minderbegünstigten zu verachten.

Der ist der größte und vollkommenste, der sich selber am wenigsten zuschreibt und ganz fromm und demütig danksagt.

Wer sich unter alle erniedrigt und für den unwürdigsten hält, steht reicheren Gaben am weitesten offen.

3. Wem jedoch weniger zuteil wird, der darf sich deshalb nicht betrüben, noch ärgern, noch einen bevorzugteren beneiden. Wir sollten vielmehr dich betrachten und deine Güte lobpreisen.

Ohne Rücksicht auf die Person, teilst du deine Gaben überaus reichlich, freigebig und wohlwollend aus.

Alles kommt von dir; deshalb bist du in allem lobwürdig; du weißt, was jedem am meisten frommt und warum der eine weniger, der andere mehr empfängt.

Der Entscheid darüber hängt nicht von uns ab, sondern von dir, bei dem die Verdienste eines jeden feststehen.

4. Deshalb, mein Herr und Gott, betrachte ich es als ein großes Gut, wenig von dem zu haben, was mich äußerlich und mit menschlichen Maßstäben gemessen auszeichnet.

Angesichts unsrer persönlichen Armut und Dürftigkeit, dürfen wir dergleichen keineswegs schwernehmen oder darüber traurig und niedergeschlagen sein. Trösten, ja freuen wir uns vielmehr aus ganzer Seele darüber, daß du, mein Gott, die Armen und Demütigen und von der Welt Verachteten zu deinen vertrauten Dienern erkoren hast.

So deine Apostel, die du zu «Fürsten über die ganze Erde» ernanntest. Dabei war ihr Wandel tadellos in der Welt gewesen, schlicht und einfältig, ohne List und Trug, sodaß sie sich geradezu freuten, deinetwegen geschmäht zu werden, und begeistert das ergriffen, was die Welt verabscheut.

5. Wer dich lieb hat, und um deine Wohltaten weiß, muß somit seine größte Freude darin sehen, daß sich dein Wille an ihm erfülle und alles nach deinem Wohlgefallen geschehe.

Das muß ihn dermaßen trösten und beglücken, daß er ebenso gern zuunterst steht wie andere zuoberst, und er sich am letzten Platz nicht weniger wohl fühlt als am ersten, und er ebenso gern verächtlich dasteht, ohne Ruf und Namen, wie andere Ehre und Ruhm genießen wollen.

Denn dein Wille, und die Liebe zu deiner Ehre, haben allem vorzugehen und uns mehr zu trösten und zu befriedigen als jede frühere oder künftige Wohltat.

Anmerkung

Nützen wir die Gnade, die uns geschenkt wurde, ohne nachzuforschen, ob andere mehr empfingen. Gott teilt sie nach Belieben aus. Er ist Meister über seine Gaben. Wer sind wir, um von ihm Rechenschaft zu verlangen? Preisen wir ihn ob der Gnaden, die er freigebig gab. Preisen wir ihn ebenfalls ob der Gnaden, die er uns vorenthält. Der geringsten Wohltat haben wir uns für unwürdig zu erachten. Falls du demütig bist, strebst du nicht nach außerordentlichen Gunsterweisen. Gebricht es dir jedoch an Demut, würden sie dir nichts nützen, ja vielleicht zu deinem Untergang beitragen, indem sie Eitelkeit und Hochmut erzeugten. Lebhafter Dank gegen den Herrn, volle Unterwerfung unter seine Fügungen, Treue auf dem Weg, den er dich führt: das mußt du wünschen. Dann ruhst du in Frieden, weil du in Gott ruhst und in ihm Hilfe gegen die Versuchungen findest, Friede im Leid, Trost im Elend und in Lebensnot, und endlich die Liebe, die alles leicht macht. Wie wenig verlangten wir nach einem höhern und freudereichern Zustand, wenn wir wirklich liebten! Aber wir verstehen nicht zu lieben! Seufzen wir wenigstens über unsre Lauheit, und bitten wir den göttlichen Meister, unser kaltes Herz zu erwärmen, es zu entflammen, damit uns das Apostelwort zusteht: «Wer wird uns trennen können von der Liebe Christi? Not, Drangsal, Verfolgung, Hunger, Blöße, Gefahr oder Henkersschwert?... All das überstehen wir siegreich durch den, der uns geliebt hat. Ja, ich bin gewiß, weder Tod noch Leben, weder Engel noch Gewalten noch Mächte, weder Gegenwärtiges noch Zukünftiges, weder Hohes noch Tiefes, noch überhaupt etwas in der Welt vermag uns zu trennen von der Liebe Gottes, die da ist in Jesus, dem Verheißenen, unserm Herrn.»

23. KAPITEL: VIER DINGE VERSCHAFFEN GROSSEN FRIEDEN

1. Mein Sohn, nun will ich dir den Weg des Friedens und der wahren Freiheit zeigen.

2. Tu das, Herr, denn das höre ich gern.

3. Bemühe dich, mein Sohn, eher dem Willen anderer zu folgen als dem deinigen.

Wolle lieber weniger als mehr haben.

Suche stets den letzten Platz, sei allen untertan.

Wünsche immer und bitte, Gottes Wille möge sich restlos an dir erfüllen.

Wer so eingestellt ist, gelangt ins Reich des Friedens und der Ruhe.

4. Herr, diese wenigen Worte enthalten eine hohe Vollkommenheit; so kurz sie sind, so vielsagend und fruchtreich sind sie auch.

Vermöchte ich ihnen treu nachzuleben, würde ich weniger leicht unruhig.

Denn fühle ich mich unzufrieden und bedrückt, ist jedesmal, nach meiner Feststellung, ein Abweichen von diesen Grundsätzen daran schuld.

Du jedoch, Allmächtiger, dem der Fortschritt meiner Seele unaufhörlich am Herzen liegt, vermehre die Gnade, auf daß ich dein Wort ausführe und mein Heil wirke.

5. Herr, mein Gott, «entferne dich nicht von mir; komm mir zu Hilfe». Mancherlei Gedanken und große Ängste bewegen und bedrücken mich.

Wie komme ich schadlos durch? Wie werde ich damit fertig? Da sprichst du: «Ich werde vor dir hergehen und die Großen der Erde demütigen.» Kerkertüren sprenge ich auf; Geheimnisse offenbare ich.

Ja, Herr, sprich, und alle lästigen Gedanken stieben vor dir auseinander.

Darin liegt meine Hoffnung und mein einziger Trost, zu dir flüchten zu können bei jeder Trübsal, auf dich zu vertrauen, dich innig anzurufen und deine Tröstungen geduldig abzuwarten.

6. Erleuchte mich, guter Jesus, mit dem Gnadenlicht, und vertreibe jede Finsternis aus meinem Herzensinnern.

Verhindere die vielen Abschweifungen; banne die aufsässigen Versuchungen.

Kämpfe nachhaltig für mich und verjage die wilden Tiere, nämlich die lüsternen Begierden, so daß «dein Friede in deiner Kraft erstehe» und dein Lob in Fülle in der heiligen Halle, nämlich im reinen Gewissen, ertöne.

Befiehl den Winden und Stürmen; sprich zum Meer: Sei ruhig, und zum Nordwind: Wehe nicht. Und es wird eine große Stille eintreten.

«Sende aus dein Licht und deine Wahrheit»; sie sollen auf Erden leuchten. Denn solange du mich nicht unterhältst, bleibe ich ein «unfruchtbares und dunkles Erdreich».

Gieße deine himmlische Gnade darüber aus, besprenge mein Herz mit himmlischem Tau, spende die Wasser der

Andacht, damit das Antlitz der Erde erneuert werde, und sie gute, ja allerbeste Früchte trage.

Erhebe meinen Geist, den die Menge der Sünden niederdrückt; lenke mein Verlangen gänzlich nach dem Himmlischen, damit ich nur mit Widerwillen ans Irdische denke, nachdem ich die Süßigkeit überirdischen Glückes gekostet habe. Entrücke mich, entreiße mich jeder flüchtigen Tröstung der Geschöpfe. Denn kein geschaffenes Ding vermag mein Verlangen restlos zu stillen.

Verbinde mich mit dir mit unzerreißbarem Liebesband, denn du allein genügst dem Liebenden; ohne dich ist alles eitel.

Anmerkung

«Propheten sind in Israel aufgestanden und verkündeten Jerusalem Gesichte des Friedens, wogegen kein Friede herrscht, spricht der Herr-Gott.» Auch die Welt verkündet ihren Anhängern Gesichte des Friedens. Aber dieser Friede, den sie in den Vergnügen sieht, in der Befriedigung, die der Hochmut und die übrigen Leidenschaften verschaffen sollen, erscheint bloß von weitem, als Trugbild für die ihm nachlaufen. Meinen sie ihn erfaßt zu haben, entweicht er, «wie der Traum eines Menschen, der erwacht». Der wahre Friede besteht in der Ruhe eines reinen Gewissens, besteht im Zurückdämmen der Begierden, nicht im Nachgeben. Ist den Augen der Welt ein Ort verborgen, eine Stätte dunkel, ein Platz oder Rang niedrig, so wohnt er besonders dort. Je mehr sich ein Herz verdemütigt, um so süßern und tiefern Frieden verkostet es. In der Tat, was könnte den verwirren, der nichts verlangt, der sich nichts zuschreibt? Er kann gewiß sein, daß man ihn nicht um die Erniedrigung beneiden wird, die er liebt. Welche Größe blüht in der gesuchten Erniedrigung auf, die aus ganzer Seele gewollt wird. Die Engel betrachten sie ehrfürchtig, und Gott segnet sie aus den Tiefen seiner Herrlichkeit. – Herr, komm mir zu Hilfe; zerschmettere in mir den Hochmut; und der Friede wird einkehren. Laß mich die Gefühle hegen und ausdrükken, die der königliche Prophet empfand, als er sprach: «Ich zog es vor, gedemütigt im Hause meines Gottes zu wohnen, als in den Zelten der Sünder; *elegi abiectus esse.*»

24. KAPITEL: VERMEIDE NEUGIERIGES NACHFORSCHEN ÜBER DAS VERHALTEN ANDERER

1. Mein Sohn, sei nicht neugierig, und lade dir keine unnützen Sorgen auf.

Was kümmert dich dies oder jenes? «Du folge mir!» Was geht es dich an, ob sich der eine so oder anders verhält, oder ein anderer so oder anders handelt oder spricht?

Du hast keine Rechenschaft über sie abzulegen; wohl aber hast du Rechenschaft abzulegen über dich.

Warum dich also einmischen? Schau, ich kenne alles und sehe alles, was unter der Sonne geschieht, und weiß, wie es mit einem jeden bestellt ist, was er denkt, was er will, was er beabsichtigt.

Daher ist alles mir anheimzustellen. Du aber halte dich in heiligem Frieden, und laß den Betriebsamen sich regen soviel er will.

Alles, was er tut und spricht, wird auf ihn zurückfallen, denn mich kann er nicht täuschen.

2. Kümmre dich nicht um den «Schatten eines sogenannten großen Namens», noch um die Bekanntschaft mit vielen, noch um besondere Beliebtheit bei den Menschen. Das alles führt zu Zerstreuung und großer Verfinsterung des Herzens.

Ich würde gern mein Wort an dich richten, und dir Geheimnisse offenbaren, wenn du liebend auf meine Ankunft achten wolltest und mir deine Herzenstür auftun.

Sieh dich vor, wache, bete und demütige dich in allem.

Anmerkung

Warum blickst du neidisch auf das Wirken deiner Brüder? Wer hat dich beauftragt, ihr Gewissen und Tun zu untersuchen? Überlaß Gott, was er sich vorbehalten hat, und suche bloß von dir Rechenschaft ablegen zu können. Beinahe immer täuscht sich, wer andere beurteilt. Ein strenges Gericht über sich selber beschwört herauf, wer sich ein Recht anmaßt, das ihm nicht zusteht, wobei er außerdem durch böswillige und vermessene Verdächtigungen die Nächstenliebe verletzen kann. «Die Liebe ist geduldig; sie denkt nichts Arges.» Denke von andern nur Gutes; verzeih, damit man dir verzeihe; richte nicht, damit auch du nicht gerichtet wirst.

25. KAPITEL: WAS DEN FESTEN HERZENSFRIEDEN UND DEN WAHREN FORTSCHRITT AUSMACHT

1. Mein Sohn, ich habe erklärt: «Den Frieden hinterlasse ich euch, meinen Frieden gebe ich euch, nicht so wie ihn die Welt gibt, gebe ich ihn euch.»

Den Frieden wünschen alle; aber nicht alle kümmern sich um das, was zum wahren Frieden führt.

Mein Friede ist mit den Demütigen und von Herzen Sanftmütigen. – Mein Friede gründet in viel Geduld.

Wenn du mich hörst und meiner Stimme folgst, kannst du tiefen Frieden verkosten.

2. Was soll ich also tun, Herr?

3. Nur Gott zu gefallen suchen und über andere nicht richten.

Achte in allem auf dich, auf dein Tun und Reden, und sei darauf bedacht, mir allein zu behagen, und außer mir nichts zu suchen oder zu verlangen.

Aber auch über anderer Reden und Tun urteile nie vermessen, noch mische dich in Dinge, mit denen du nicht betraut bist: so wirst du unter Umständen nur wenig oder selten verwirrt.

Jedoch gar nie einige Verwirrung empfinden, noch je ein seelisches oder körperliches Ungemach haben, ist nicht von dieser Welt; das kennzeichnet den Zustand der ewigen Ruhe.

Glaube nicht, den wahren Frieden bereits gefunden zu haben, wenn dich nichts beunruhigt; noch glaube, es stehe alles gut, solange dich niemand angreift, oder die Vollkommenheit liege darin, daß alles nach deinem Wunsch und Willen verläuft.

Ebenso halte dich nicht für groß oder bevorzugter auf Grund ungewöhnlicher Andachtsgefühle. Nicht sie verraten den wahren Tugendfreund, noch machen sie den menschlichen Fortschritt und die Vollkommenheit aus.

4. Was macht denn diese aus, Herr?

5. Das großmütige Selbstopfer an den göttlichen Willen, Uneigennützigkeit im Kleinen wie im Großen, in zeitlichen wie in ewigen Belangen, indem man mit dem nämlichen Gleichmut in der Danksagung verharrt bei Glück und Unglück und alles mit derselben Waage wägt.

Wenn deine Hoffnung dermaßen unerschüttert und fest bleibt, daß du sogar beim Entzug der innern Tröstung noch mehr zu ertragen bereit bist und dich nicht beklagst über Zahl und Art deiner Leiden, sondern mir bei allen Zulassungen recht gibst und mich benedeist: dann wandelst du im wahren Frieden und darfst unzweifelhaft hoffen, jubelnd mein Antlitz wiederzuschauen.

Erreichst du die volle Selbstverachtung, so wisse, daß du dann überfließenden Frieden verkostest, insofern er dem Erdenleben überhaupt gegönnt ist.

Anmerkung

Man kann nicht oft genug wiederholen, daß unsre Größe, unsre Sicherheit, unser Friede davon abhängen, ob wir uns entsagen können, uns selbst verachten, zunichte werden vor Gott, in allem nur die Erfüllung seines heiligen Willens anstreben, ohne Hintergedanken, in rückhaltloser Hingabe an seine Anordnungen. Sogar von seinen Gaben müssen wir uns losschälen, um uns inniger und reiner mit ihm zu verbinden. Fühlbarer Eifer, Tröstungen, hohe Liebesgefühle werden uns mitgeteilt und entzogen gemäß uns unbekannten Absichten. Jedenfalls gehen sie vorbei, und alles was vorbeigeht, beunruhigt, wenn man daran klebt. Gott allein also! Lieben wir Gott allein, wünschen wir nur Gott; hängen wir ihm an um seiner selbst willen, in Trübsal und Freude, in Bitterkeit und Genuß. Ja, «ich werde dich lieben, Herr, ich werde dich preisen, jederzeit; du selbst bist unser Friede, und in diesem Frieden schlafe und ruhe ich».

26. KAPITEL: DIE INNERE FREIHEIT IST ÜBERAUS WERTVOLL, WIRD ABER MEHR DURCH GEBET ALS DURCH LESEN ERWORBEN

1. Herr, es zeugt von hoher Vollkommenheit, nie den Blick von himmlischen Dingen abzuwenden und sozusagen inmitten aller Sorgen unbesorgt zu sein – nicht aus Nachlässigkeit, sondern dank der Gabe einer gewissen inneren Freiheit – und an keinem Geschöpf ungeordnet zu hängen.

2. So bitte ich dich denn, allgütiger Gott, bewahre mich vor den Sorgen dieses Lebens, sonst nehmen sie mich gefangen; bewahre mich vor leiblichen Nöten, sonst bedrücken sie mich; vor allen seelischen Hindernissen, sonst könnte ich daran zerbrechen.

Ich meine damit nicht Dinge, die von weltlicher Eitelkeit

eifrig umworben werden, sondern das Elend, das, infolge des allgemeinen Fluches der Sterblichkeit, die Seele deines Dieners zur Strafe trifft, hemmt, und am ersehnten Genuß der innern Freiheit hindert.

3. O mein Gott, unaussprechliche Süßigkeit, laß mir alles bitter werden, was dem Fleische schmeichelt, mich von der Liebe zum Ewigen abhält und an einem sichtbaren zeitlichen Gut verkehrterweise anlockt.

Nicht besiegen soll mich, mein Gott, nicht besiegen Fleisch und Blut, nicht betören die Welt und ihre kurze Herrlichkeit, nicht überwältigen der Teufel mit seiner Arglist.

Mach mich stark zum Widerstand, geduldig zum Ertragen, beharrlich im Aushalten.

Anstatt jeder irdischen Tröstung, verleihe mir die süße Salbung deines Geistes; anstelle menschlicher Liebe schenke mir die Liebe zu dir.

4. Speise, Trank, Kleidung, und was sonst der leibliche Unterhalt fordert, hemmt den geistlichen Eifer.

Laß mich diese Notwendigkeiten mäßig gebrauchen, ohne Gier. Darauf allgemein verzichten, geht freilich nicht an, weil das Leben erhalten sein will. Jedoch Überflüssiges suchen, und das, was mehr ergötzt als nützt, verwehrt mir dein heiliges Gesetz, weil sonst das Fleisch sich wider den Geist auflehnt.

Möge mich deine Hand lenken und leiten, damit ich die richtige Mitte finde und nicht übertreibe.

Anmerkung

Wenn man sieht, wie die Menschen im gegenwärtigen Leben aufgehen, wie wichtig sie alles nehmen, was sich darauf bezieht, wie sie möglichst viele Güter zusammenzuraffen suchen und deren ständigen Genuß ersehnen, so könnte man kaum auf den Gedanken kommen, daß sie vom Ende, vom baldigen Ende ihres irdischen Daseins überzeugt sind. Sie vergessen in ihrer Weitsicht lediglich die Ewigkeit. Sie allein läßt sie kalt, oder berührt sie doch so wenig, daß ihnen höchstens von Zeit zu Zeit ein verdrießlicher Gedanke daran durch den Kopf geht, während der kurzen Pausen, die ihnen ihre Vergnügen und Geschäfte lassen. Welch trauriger Zustand; und wie anders sieht das Beispiel aus, das ihnen der Heiland gab! Er wandelte auf Erden «als ein Fremdling, als ein Pilger, der sich zu kurzer Rast niederläßt». Er dient uns zum Vorbild. Wer eine Reise antritt, nimmt nur das Nötigste mit. So sollen auch wir auf unsrer Himmelsreise die Dinge dieser Welt nur nach dem Maß ihrer Notwendigkeit gebrauchen und alles, was darüber hinausgeht, als eine Last betrachten, die häufig gefährlich, immer aber nutzlos ist. Was benötigt ein Vorübergehender? Der durstige Wanderer nähert seine Lippen dem Quell und löscht seinen Durst mit dem nächstbesten Wasser. Er lehnt gegen den ersten Baum, den er an der Straße trifft. Hat er ausgeruht, nimmt er den Weg wieder auf. Ein einziger Gedanke beherrscht ihn: möglichst rasch zum Ziel zu kommen. Hängt er etwa sein Herz an all die Dinge, die er bei der Wanderung erblickt? oder beschäftigen ihn tausend Sorgen, wie er eine bleibende Heimstätte aufrichten könnte im Land, das er bloß durchreist und nie mehr zu Gesicht bekommt? Wir sind diese Wanderer. Was zählt diese Erde, o mein Gott. Was bedeutet mir die Fremde, die ich in kurzem verlasse. Ich begebe mich zum Hause meines Vaters; alles übrige bedeutet mir nichts. Arbeit, Mühe, was hat das zu sagen, wenn ich nur mein Sehnsuchtsziel erreiche. «Es sehnt sich und schmachtet meine Seele nach den Vorhöfen Jahves; Herz und Leib frohlocken in mir ob dem lebendigen Gott... Deine Altäre, Herr der Heerscharen, mein König und mein Gott! Selig, die dein Haus bewohnen.»

27. KAPITEL: DIE EIGENLIEBE, DAS HAUPTHINDERNIS AUF DEM WEG ZUM HÖCHSTEN GUT

1. Mein Sohn, du mußt alles für alles geben, ohne etwas für dich zurückzubehalten.

Die Eigenliebe schadet dir mehr als irgendein Erdengut. Je nachdem du an etwas hängst, in etwas verliebt bist, klebt es dir mehr oder weniger an.

Ist deine Liebe lauter, einfältig, wohlgeordnet, so bist du kein Sklave der Dinge.

Verlange nicht, was du nicht haben darfst; besitze nicht, was dich hindern und der inneren Freiheit berauben könnte.

Seltsam, daß du dich nicht von ganzem Herzen mit jedem Wunsch und Besitz mir anheimstellst.

2. Warum läßt du dich von eitlem Kummer aufreiben? Warum von fruchtlosen Sorgen verzehren?

Suche mein Wohlgefallen, und nichts wird dir schaden können.

Verlangst du dies oder jenes, möchtest du da oder dort sein, um besser auf deine Rechnung zu kommen, wirst du nie ruhig und frei werden; denn jedes Ding hat seinen Mangel und jeder Ort sein Ungemach.

3. Also zählt nicht der Erwerb oder die Vermehrung irgendwelcher äußern Dinge, sondern deren innere Verachtung und die gründliche Losschälung davon.

Das ist nicht bloß zu verstehen von Geld und Gut, sondern auch von Ehrenämtern und Anerkennung, die alle mit dieser Welt vergehen.

Der Ort hilft wenig, wenn der Geist des Eifers fehlt, und der außen gesuchte Trost hat nur geringen Bestand, solange ihm das wahre Fundament der innern Seelenverfassung abgeht, nämlich die Verankerung in mir. In diesem Fall kannst du dich wohl verändern, aber nicht bessern. Denn bietet sich abermals eine Gelegenheit, und behagt sie dir, verfällst du wieder dem, was du geflohen, ja allenfalls noch Schlimmerem.

4. Stärke mich, mein Gott, durch die Gnade des Heiligen Geistes.

Laß die Tugend in meinem Inneren erstarken und mein Herz sich jeder nutzlosen Angst und Sorge entledigen. Keine Begierde noch irgend etwas Wertloses oder Wertvolles mögen es mitfortreißen; es betrachte alles als hinfällig, auch sich selber.

Nichts ist ja dauerhaft unter der Sonne, wo lauter Eitelkeit und Trübsal wohnen. Wie weise ist, wer die Dinge so einschätzt!

5. Verleih mir, Herr, himmlische Weisheit, die mich lehrt, dich über allem zu suchen und zu finden, dich über allem zu verkosten und zu lieben, und den Rest gemäß der Anordnung deiner Weisheit nach seinem wahren Wert.

Laß mich die Schmeichler klug fernhalten und die Widersacher geduldig ertragen.

Wohl tut, wer sich nicht durch jedes Wort bewegen läßt und das Ohr falschem Sirenengesang verschließt. So setzt man den begonnenen Weg sicher fort.

Anmerkung

Der Mensch mag sich noch so geringfügig selber suchen, er entfernt sich dadurch von Gott. Augenblicklich kehrt aber auch Unruhe in ihm ein. Er erreicht sein Wunschbild nicht, oder es wird ihm doch bald zum Ekel, indem seine Begierde ihn fortwährend quält, oder ihm Gewissensbisse und Langeweile zusetzen. Er wollte reich werden, mächtig, Titel erlangen, zu Ehren kommen, lauter Dinge, die nur durch viel Anstrengung möglich und selten mit reinem Gewissen erreichbar sind. Doch wie dem auch sei, endlich hat er den Höhepunkt menschlichen Glückes erklommen, kein Wunsch blieb ihm unerfüllt. Und nun frage ihn, ob er zufrieden sei. – Da kommen lauter Klagen und Ach- und Wehrufe aus dem Munde desjenigen, den die Welt glücklich nennt. Es ist so, wie es der Apostel in seiner kräftigen Sprache sagt: «Ihr Reichen, weint und stöhnt im Elend, das euch überfällt. Ihr habt auf Erden in Wonne und Vergnügen gelebt, habt euch gemästet für den Tag der Schlachtung.» Einerseits also ermüden die heißbegehrten irdischen Güter, ohne zu sättigen, anderseits führen sie zum Verderben, wenn nicht eine nach Christi Zeugnis außerordentliche Gnade es verhindert. Wer dagegen sich selber vollständig entsagt, und in Gott sein alles sieht, der verkostet einen unzerstörbaren Frieden. Sogar das Leid wird ihm süß, denn es vermehrt seine Hoffnung, läutert seine Liebe, läßt für ihn aus der Trübsal des Augenblickes ewige Freude hervorquellen. «Verharrt also in der Geduld bis zur Wiederkunft des Herrn. In der Hoffnung, die kostbare Frucht der Erde zu ernten, wartet der Bauer geduldig den Regen des Frühjahrs und Herbstes ab. So habt auch ihr Geduld, denn die Ankunft des Herrn steht bevor.»

28. KAPITEL: RATSCHLÄGE GEGEN BÖSE ZUNGEN

1. Mein Sohn, ärgere dich nicht, wenn einige ungünstig über dich urteilen und sagen, was dir nicht behagt.

Du selber mußt dich noch viel schärfer beurteilen und keinen für gebrechlicher halten als dich.

Wenn du von innen heraus lebst, beeindrucken dich flüchtige Reden nur wenig.

Viel Weisheit legt an den Tag, wer bei Rückschlägen schweigen kann, sich innerlich mir zuwendet, und das Urteil der Menschen gelassen hinnimmt.

2. Nicht vom Reden der Menschen laß den Frieden abhängen. Mögen sie etwas gut oder schlecht auslegen: du

bleibst derselbe. Wo findet sich wahrer Friede und echter Ruhm? Etwa nicht in mir?

Wer den Menschen nicht zu gefallen sucht, noch ihnen zu mißfallen fürchtet, der genießt großen Frieden.

Jede innere Unruhe und äußere Zerstreuung hat ihre Quelle in ungeordneter Liebe oder törichter Furcht.

Anmerkung

Einige beunruhigen sich mehr über das Urteil der Menschen als über dasjenige Gottes. Welche Torheit! Wenn wir vor dem höchsten Richter erscheinen, was wird uns dann der Tadel oder die Achtung der Geschöpfe bedeuten? Weder Urteil noch Lossprechung erfolgen auf Grund von deren Einschätzung. Richten wird uns die Wahrheit; und ihr Urteil wird ewig sein. Da stand jemand vielleicht bei Lebzeiten lobumkränzt da, und büßt nun seine geheimen Verbrechen dort, wo «Heulen und Zähneknirschen» herrscht und wo «der Wurm nicht stirbt». Umgekehrt, lebte vielleicht jemand hier unter der Last von Verachtung und Schmähung, und vernimmt nun die Worte: «Kommt ihr Gesegneten meines Vaters und besitzet das Reich, das euch von Anbeginn der Welt bereitet wurde». Das Urteil Gottes lautet anders als das Urteil der Menschen; seine Gerechtigkeit unterscheidet sich von der unsrigen. «Er durchschaut den Abgrund und das Menschenherz.» So habe also ihn allein vor Augen; alles übrige soll dir gleichgültig sein. Was hilft uns das, was wir zurücklassen, wenn wir ins Grab sinken? Erhaschtes Lob befleckt das Gewissen und erstickt das Verdienst des Guten, das man in dieser Absicht tat. «Habt acht, euer frommes Tun nicht vor die Menschen zu tragen, um von ihnen gesehen zu werden; sonst empfängt ihr keinen Lohn von euerm himmlischen Vater. Wenn du also ein Almosen spendest, so posaune es nicht aus, wie es die Heuchler in den Versammlungen und auf den Gassen tun, um von den Menschen geehrt zu werden. Wahrlich, ich sage euch, sie haben ihren Lohn bereits empfangen. Wenn du ein Almosen gibst, soll deine Linke nicht wissen, was deine Rechte tut, damit so dein Almosen im Verborgenen bleibt; und dein Vater, der ins Verborgene sieht, wird es dir vergelten. Und wenn ihr betet, macht es nicht wie die Heuchler, die gerne im Gebet an den Versammlungen und Straßenecken stehen, um den Menschen aufzufallen. Wahrlich, ich sage euch, sie haben ihren Lohn empfangen. Wenn du betest, so gehe in dein Kämmerlein, schließ die Türe zu und rufe deinen Vater im Verborgenen an. Und dein Vater, der das Verborgene durchschaut, wird es dir vergelten.»

29. KAPITEL: ANRUFUNG UND PREIS GOTTES BEI HERAUFZIEHENDER TRÜBSAL

1. Herr, «dein Name sei ewig darob gebenedeit», daß du diese Versuchung und Trübsal hast über mich kommen lassen. Zu entrinnen vermag ich ihr nicht, muß aber zu dir flüchten, damit du mir beistehst und sie mir zum Guten wendest.

Herr, Trübsal überfiel mich, mein Herz bangt, und die wogende Leidenschaft macht mir viel zu schaffen.

Was soll ich sagen, lieber Vater? Angst umzingelt mich; «rette mich aus dieser Stunde»!

Doch «diese Stunde erreichte mich», damit du verherrlicht werdest, wenn ich tief gedemütigt und durch dich befreit bin.

«Möge es dir gefallen, Herr, mich zu erlösen», denn was vermag ich Armer; wohin mich wenden ohne dich?

Auch diesmal verleih wiederum Geduld, Herr.

Hilf mir, mein Gott; und sogar der schwerste Druck ängstigt mich nicht mehr.

2. Und nun, was soll ich sagen, Herr? – «Dein Wille geschehe»; ich verdiene vollauf Trübsal und Kummer.

Auszuhalten habe ich sie einfach, möglichst geduldig, bis der Sturm vorüber und es wieder besser wird.

Deine allmächtige Hand ist stark genug, auch diese Versuchung von mir zu nehmen, ihr Ungestüm zu dämpfen, damit sie mich nicht verschlinge.

So hast du ja schon früher an mir getan, mein Gott, meine Barmherzigkeit.

Und so schwer es mir fällt, so leicht fällt es dir, eine «Umkehr der Hand des Allerhöchsten» zu bewirken.

Anmerkung

Wird eine Seele von einer Versuchung überfallen, sei ihre erste Regung die, sich zu demütigen, ihr Unvermögen anzuerkennen und mit lebendigem Glauben unverzüglich zu dem zu flüchten, der allein ihre Kraft bildet. Herr, rette mich, ich geh zugrunde! Rasch wird Gott dieser armen Seele zu Hilfe eilen, ihr seine allmächtige Hand reichen. «Er wird den Winden und dem Meer befehlen, und eine große Stille tritt ein.» Und ist dein Herz gebrochen vor Kummer, angsterfüllt, was sollst du da tun? Dich Gott in die Arme werfen, dem Vater unseres Herrn Jesus Christus, dem Vater allen Erbarmens, dem Gott allen Trostes, der uns in unsrer Trübsal aufrichtet. «Wie die Leiden Christi in uns überfließen, so wird auch, durch Christus, unsre Tröstung überfließen.» Mein Vater, möge dieser Kelch an mir vorübergehen. Doch fügen wir mit ihm bei: Nicht wie ich will, sondern wie du willst.

30. KAPITEL: ERBITTE GOTTES HILFE, UND ERHOFFE DIE WIEDERKEHR DER GNADE

1. Mein Sohn, «ich bin der Herr, der am Tag der Trübsal Kraft verleiht».

Komm zu mir, wenn du dich niedergeschlagen fühlst.

Am meisten hält der Umstand die himmlische Tröstung auf, daß du dich zu spät dem Gebet zuwendest.

Bevor du mich innig anflehst, suchst du allen möglichen Trost und alle mögliche äußere Ablenkung.

Dadurch bleiben deine Anstrengungen fruchtlos, bis du einsiehst, daß ich derjenige bin, der alle befreit, die auf ihn hoffen, und daß es außer mir keinen wirksamen Beistand gibt, keinen ersprießlichen Rat, kein dauerhaftes Heil.

Doch jetzt, nachdem sich der Sturm gelegt und du wieder aufatmest, erstarke im Licht meiner Erbarmungen. «Ich bin dir nahe», spricht der Herr, um alles wiederherzustellen, gänzlich, ja überreich.

2. Fällt mir etwas schwer oder weiß ich, wie andere, bloß zu versprechen, nicht auch zu halten?

Wo bleibt dein Glaube? Steh fest, harre aus; verlier die Geduld nicht; sei ein Mann. Wenn die Zeit gekommen, wird die Tröstung erscheinen.

Harre auf mich; ich werde dich heilen.

Was dich plagt, ist eine Versuchung; was dich schreckt, eine leere Angst.

Wozu die Sorge um eine ungewisse Zukunft? Sie macht dich nur niedergeschlagen. «Jedem Tag genügt seine Plage.»

Es fruchtet nichts, Zukünftiges, das vielleicht nie eintritt, zu fürchten oder zu begrüßen.

3. Die Betörung durch solche Trugbilder ist recht menschlich; doch wenig Mut verrät, wer so rasch auf die Einflüsterungen des Feindes hört. Dem kommt es nicht darauf an, ob er uns durch wahre oder falsche Vorstellungen einnimmt, ob er uns mit der Liebe zum Gegenwärtigen oder mit der Furcht vor Zukünftigem knebelt.

Klammere dich an mich an, und vertrau auf meine Barmherzigkeit. Wenn du fast alles für verloren hältst, bieten sich oft die größten Verdienste.

Nicht alles ist dahin, wenn etwas schief geht.

Du darfst dein Urteil nicht vom augenblicklichen Gefühl

abhängig machen; darfst keine Mühsal, woher sie auch kommen mag, derart schwer nehmen, daß du jede Hoffnung auf Befreiung aufgibst.

4. Halte dich nicht für gänzlich verlassen, wenn ich dir zeitweilig Trübsal sende oder den erwünschten Trost vorenthalte: so gelangst du ins Himmelreich.

Ohne Zweifel ist es dir und all meinen Dienern nützlicher, durch Widerwärtigkeiten erprobt zu werden, als alles nach Wunsch zu haben. Ich kenne die verborgenen Gedanken und weiß um den Nutzen vorübergehender innerer Trockenheit für dein Heil. Du könntest dich erheben, wenn alles gut ginge, und dir selbst gefallen wollen in dem, was du nicht bist.

Was ich gab, kann ich auch nehmen; und kann es wiederschenken, wenn es mir gefällt.

5. Gebe ich es, bleibt es trotzdem mein; entziehe ich es, habe ich dir nichts genommen. Denn jede gute Gabe und «jedes vollkommene Geschenk» gehört mir.

Schicke ich dir etwas Schweres oder sonst etwas Widriges, bäume dich dagegen nicht auf, laß den Mut nicht sinken. Rasch vermag ich es wieder zu entfernen und jede Mühsal in Freude zu verwandeln.

Bei diesem Vorgehen, dir gegenüber, bleibe ich gerecht und überaus lobwürdig.

6. Hast du die richtige Einstellung, darfst du dich über Widrigkeiten nicht übermäßig betrüben; freuen sollst du dich vielmehr und danksagen, ja es als erlesene Gunst ansehen, daß ich dir Leiden schicke und dich nicht schone.

«Wie mich der Vater geliebt hat, so liebe ich euch», sprach ich zu meinen Jüngern. Und diese sandte ich offenbar nicht an zeitliche Festlichkeiten, sondern in schwere Kämpfe; nicht zu Ehren, sondern zu Abweisung; nicht in Muße, sondern in Mühsal; nicht zum Ausruhen, sondern um sie in Geduld reichlich Frucht bringen zu lassen.

Gedenke dieser Worte, mein Sohn.

Anmerkung

Die Menschen kennen zwar die Vergänglichkeit dieses Lebens; trotzdem besitzen sie eine ausgesprochene Neigung, das kurze Erdendasein zum Mittelpunkt zu machen und alle Dinge danach zu beurteilen. Sie wollen unbedingt glücklich sein, und zwar schon hienieden. Sie suchen auf Erden ein Glück, das die Erde nicht kennt, und täuschen sich darin elend. Die einen verlegen ihr Glück in Vergnügen und Erdengüter. Haben sie sich jedoch auf der Jagd danach ermüdet, «müssen sie feststellen, daß alles Eitelkeit und Geistesbelastung war und daß der Mensch nichts gewinnt aus all den vielen Mühen, die ihn unter der Sonne verzehren». Andere sind durchdrungen vom Nichts der Erdengüter und wenden sich Gott zu. Aber auch sie wünschen, das Glücksverlangen, das sie bewegt, möchte schon auf dieser Welt gesättigt werden. So beunruhigen und beklagen sie sich sofort, wenn ihnen Gott die fühlbaren Gnaden entzieht, oder sie durch Leid und Versuchung heimsucht. Sie wollen nicht einsehen, daß die menschliche Natur verwundet und in diesem Zustand unfähig ist, irgendein wirkliches Glück zu ertragen. Sie wollen nicht begreifen, daß die Prüfungen, worüber sie klagen, eine notwendige Arznei sind, die der göttliche Seelenarzt in seiner Güte zu ihrer Heilung gebraucht, und daß unsre irdische Hoffnung, unser Friede samt und sonders in der restlosen Hingabe an ihn besteht, verbunden mit liebendem Vertrauen. Deshalb wiederholt der königliche Prophet oft die Bitte: «Erbarme dich meiner, Herr, denn ich bin verwundet; heile mich, denn das Übel hat sich bis zu meinem Gebein durchgefressen; bessere meine Seele», der du all unsre Krankheiten heilst. In diesem Leben tut also Gelassenheit not, Geduld, ruhige Unterwerfung des Willens bei geistlicher Finsternis und Bitterkeit des Herzens. Nachher, und zwar bald, tritt dann das wahre Leben hervor, die unzerstörbare Ruhe, die unsterbliche Freude und das Glück Gottes selber, den du schauen darfst, «so wie er ist, von Angesicht zu Angesicht».

31. KAPITEL: VERLASS ALLE GESCHÖPFE, UM DEN SCHÖPFER ZU FINDEN

1. Herr, ich brauche wohl noch mehr Gnade, um dorthin zu gelangen, wo niemand, kein einziges Geschöpf, mich fortan hindern kann.

Solange mich etwas zurückhält, vermag ich nicht frei zu dir emporzusteigen.

Frei emporzufliegen wünschte, der sprach: «O hätte ich Taubenflügel, um mich aufzuschwingen und zu ruhen.»

Gibt es etwas Ruhigeres als einen einfältigen Blick? Und ist jemand freier, als wer wunschlos ist auf Erden?

Deshalb gilt es, über alle Geschöpfe hinauszukommen und auch sich selber gänzlich zu verlassen und in geistiger Loslösung zu verweilen und zu begreifen, daß du, der Schöpfer von allem, nichts gemein hast mit irgendeinem Geschöpf.

Wer nicht allen Geschöpfen den Abschied gibt, vermag sich nie ungehindert dem Himmlischen zu ergeben.

Deshalb ist die Zahl der beschaulichen Seelen so klein, weil sich nur wenige vom Vergänglichen und Geschöpflichen vollständig lösen.

2. Eine große Gnade ist dazu nötig, die die Seele emporträgt und über sich selber hinaushebt.

Solange der Mensch nicht innerlich erhoben, von allen Geschöpfen losgeschält und völlig gottverbunden ist, hat all sein Wissen und Besitzen wenig Wert.

Klein bleibt und am Boden kriecht, wer etwas anderes für groß hält als das allein unendliche, ewige Gut.

Was nicht Gott ist, gilt nichts und muß als nichts erachtet werden.

Ein von der Weisheit erleuchteter, frommer Mann unterscheidet sich grundlegend von einem bloß gelehrten und belesenen Geistlichen.

Das von oben, unter göttlichem Einfluß entstandene Wissen übertrifft bei weitem das durch menschliche Anstrengung erworbene.

Viele verlangen zwar nach Beschauung, aber unterlassen die Vorbereitung dazu.

3. Ein großes Hindernis liegt darin, daß man beim Äußern und Sinnfälligen stehenbleibt und es an durchgreifender Abtötung fehlen läßt.

Ich weiß nicht, woher es kommt, welcher Geist uns bewegt und worauf wir eigentlich warten, wenn wir zwar Geistliche heißen, aber den geringfügigen und vergänglichen Dingen weit mehr Aufmerksamkeit schenken als unserm Innenleben, dem wir uns selten völlig gesammelt widmen.

4. Kaum haben wir etwas Einkehr gehalten, brechen wir schon wieder aus und unterlassen es, unser Tun genau zu erforschen.

Wir schenken dem Zielpunkt unsrer Neigungen wenig Beachtung und erschrecken nicht über unsre allgemeine Befleckung.

«Alles Fleisch hat seinen Weg verderbt»; darum brach die große Sündflut herein.

Weil unsre Neigungen dermaßen verdorben sind, muß notwendigerweise auch das daraus entspringende Tun verdorben sein und die Gebrechlichkeit unseres ganzen Wesens bekunden.

Ein reines Herz zeitigt die Frucht eines guten Lebens.

5. Heutzutage beachtet man die Leistung, aber kaum die tugendhafte Absicht.

Man erkundigt sich, ob jemand kräftig, reich, schön, geschickt sei, ob er ein guter Schreiber, ein guter Sänger, ein guter Arbeiter. Doch in welchem Maß er demütig, geduldig und sanft ist, wie fromm und innerlich eingestellt, wird wenig geprüft.

Die Natur achtet auf das Äußere am Menschen; die Gnade richtet ihr Augenmerk auf das Innere. Jene täuscht sich häufig; diese hofft auf Gott, um nicht fehlzugreifen.

Anmerkung

Solange unser Leben, nach dem Ausdruck des Apostels, nicht «mit Christus in Gott verborgen ist», gehören wir ihm nur unvollkommen an, sind noch nicht «eins» mit dem Sohn und dem Vater, sind noch nicht vollständig verschmolzen mit ihm; es liegt noch etwas zwischen uns und Gott, wir hängen noch an uns selber und an den Geschöpfen, unsre Liebe ist geteilt, bald himmelwärts, bald erdwärts gerichtet. Um mit Christus das verborgene Leben in Gott zu leben, heißt es die letzten Bande zerreißen, die uns an die Welt fesseln. Erst nach diesem Losreißen von allem Vergänglichen, erst nach der Bekleidung, möchte ich sagen, mit dem göttlichen Wesen, nach dem Eintauchen in sein Licht, schaut die Seele Gott allein, fühlt sie sich nur noch in ihm, zehrt sie ausschließlich von seiner Wahrheit und seiner Liebe, die er ihr auf geheimnisvollen, wunderbaren Wegen mitteilt. Ist sie so innig mit dem Sohn verbunden, und durch den Sohn mit dem Vater, empfängt sie von Christus, ihrem Vorbild und Bräutigam, eine stets größere Gleichförmigkeit mit ihm. Was er empfunden hat, soll auch sie empfinden. Sie soll ihn gewissermaßen in seinen verschiedenen Zuständen wiederholen, mit demselben Geist vollkommenen Gehorsams, der ihn bei Erfüllung seiner göttlichen Sendung beseelte. Bisweilen führt er sie dann auf den Tabor, wie um ihr zu zeigen, was ihrer Treue wartet. Häufiger jedoch bringt er sie in den Ölgarten, ins Gerichtsgebäude, auf Golgotha, wo das Opfer vollzogen werden muß. Doch ob er sie erleuchtet und tröstet, oder sie scheinbar verläßt: alles trägt zu ihrer Vervollkommnung bei. Denn die Seele liebt, und wird nie müde zu lieben, in Bitterkeit und Freude: «Gott, der sie zur Heiligkeit ruft». Überaus friedsam ruht sie im Willen dieses großen Gottes. Anders eine Seele, die die Erdendinge noch nicht vollständig verlassen hat. Sie ist immer unruhig, tappt im Dunkel, tausend Sorgen quälen sie. – Brechen wir also rasch unsre Ketten, suchen wir Jesus allein, verlangen wir nur nach ihm. Zu wem sollten wir sonst gehen? Er hat «Worte des ewigen Lebens». Geben wir allem den Abschied, um ihm zu folgen, und «lassen wir die Toten ihre Toten begraben».

32. KAPITEL: SELBSTVERLEUGNUNG UND VERZICHT AUF DIE BEGIERDEN

1. Mein Sohn, die vollkommene Freiheit kannst du nur durch völlige Selbstverleugnung erlangen.

Angekettet sind alle Besitzenden und in sich selbst Verliebten, Lüsterne, Neugierige, Herumschweifende, die immer nur das Angenehme suchen und nicht was Jesu Christi ist, wohl aber Vergängliches planen und wirken.

Alles, was nicht Gott entsprungen ist, geht unter.

Merke dir das knappe aber erschöpfende Wort: Verlaß alles, so gewinnst du alles; verzichte auf die Begierden, so findest du Ruhe. Überlege dir das, und die Ausführung wird es dich voll verstehen lassen. —

2. Herr, du entwickelst da nicht die Leistung eines einzigen Tags, und kein Kinderspiel, sondern zeichnest mit wenigen Worten den Inhalt der gesamten Vollkommenheit eines Ordensmannes.

3. Mein Sohn, der angedeutete Weg der Vollkommenheit darf dich nicht abschrecken noch niederdrücken; er soll dich vielmehr zum Anstieg begeistern, oder wenigstens deine Sehnsucht darauf lenken.

Beseelte dich diese Gesinnung, gelänge dir der Sieg über die Eigenliebe, erreichtest du die lautere Hingabe an meinen

Willen und an den Willen dessen, den ich dir zum Vorsteher und Vater gab: wie freute ich mich da, und wie froh und friedsam gestaltete sich dein Leben!

Noch hast du manches zu verlassen; händigst du nicht alles mir aus, bleibt dein Beten unerhört.

«Ich rate dir, um reich zu werden, im Feuer geglühtes Gold von mir zu erwerben», nämlich die himmlische Weisheit, die alles Niedrige mit Füßen tritt. Bevorzuge sie der irdischen Weisheit und jedem menschlichen, selbsteigenen Genügen.

4. Ich sagte: Vertausche was im Menschenleben als wertvoll und erhaben gilt gegen etwas «Geringfügiges». Denn leider gilt die wahre, himmlische Weisheit als etwas äußerst Geringfügiges: man beachtet sie kaum. Dabei ist sie bloß nicht hochfahrend und weicht irdischer Ehre aus.

Manche loben die Weisheit zwar mit der Zunge, aber verraten sie im Leben. Trotzdem bleibt sie der kostbare, vielen verborgene Edelstein.

Anmerkung

Was ist der Mensch, sich selber überlassen, seinem Geist ohne Richtschnur, seinen Wünschen und Neigungen? Ein Sklave aller möglichen Irrtümer, die ihn der Reihe nach verführen, ein Sklave seiner Begierden und der Gegenstände dieser Begierden. Gibt es eine umfassendere Sklaverei? In dieser Lage, o mein Gott, befindet sich jedes Geschöpf, das dir nicht vollkommen untertan sein will. Um frei zu werden, heißt es gehorchen; die vollkommene Freiheit besteht in der restlosen Erfüllung der Gebote und Räte des Evangeliums. Und alle Gebote und Räte gehen zurück auf die Selbstverleugnung. Denn wer seinen Eigensinn verläßt, besitzt in Fülle und ohne Beimischung die Wahrheit Gottes. Wer der Eigenliebe entsagt, die in Adam verdorben wurde, behält im Herzensgrund die reine Liebe zu Gott und zum Nächsten, um Gottes willen, zurück, auf die das ganze Gesetz hinausläuft. Wer seinem Willen entsagt, handelt nur noch dem Willen Gottes gemäß, der die Ordnung selber ist. Das macht den Menschen frei wie Gott, dessen getreues Abbild er wird. Er ist frei, weil diese unbegrenzte Selbstverleugnung ihn von der doppelten Sklaverei des Irrtums und der Leidenschaften loskauft. Der heilige Paulus schreibt: «Wir wurden durch Jesus Christus erlöst und zur Freiheit berufen», das heißt zur Kenntnis des evangelischen Gesetzes, «des vollkommenen Gesetzes der Freiheit». Hat dieses seine treuen Jünger einmal von der «Knechtschaft der Verderbnis» gelöst, führt es sie schließlich zur «Freiheit und Glorie, die den Gotteskindern verheißen ward».

33. KAPITEL: UNSTET IST UNSER HERZ; UNSRE ABSICHT SEI IMMER AUF GOTT GERICHTET

1. Mein Sohn, vertraue keinem Gefühl, denn rasch kann das herrschende Gefühl ins gegenteilige umschlagen.

Solange du lebst, bist du wandelbar, sogar gegen deinen Willen: bald frohgemut, bald niedergeschlagen; bald ruhig, dann verwirrt; bald andächtig gestimmt, dann zerstreut; bald eifrig, dann träge; bald ernst, dann ausgelassen.

Ein weiser Kenner des geistlichen Lebens steht über diesem Gefühlswechsel; er legt kein Gewicht auf den augenblicklichen Anflug, noch auf die gegenwärtige Windrichtung: er hält ausschließlich das Ziel im Auge.

So vermag er sich selbst gleichzubleiben, festverwurzelt, inmitten bunt wechselnder Geschehnisse, den Blick unentwegt auf mich gewandt.

2. Je reiner dieser Blick, nämlich die Absicht, um so standhafter durchschreitest du die verschiedenen Stürme.

Vielfach verdunkelt sich allerdings das Auge der lautern Absicht: rasch bleibt es an etwas Angenehmem hängen.

Selten wird jemand frei von Selbstsucht gefunden.

So kamen einst die Juden nach Bethanien zu Martha und Maria «nicht bloß Jesu wegen, sondern auch um Lazarus zu sehen».

Läutere also deine Absicht, sie soll schlicht und geradlinig werden und über allen mannigfaltigen Mitteln mich erblicken.

Anmerkung

Des Menschen Geist schwebt ruhelos hin und her; und sein Herz ist der gleichen Unbeständigkeit unterworfen. Diese Wandlungen, die sich in uns bisweilen gegen unseren Willen abspielen, stellen entweder Versuchungen dar, die zu bekämpfen sind, oder eine Armseligkeit, die ertragen werden muß, oder Prüfungen, denen es sich demütig unterwerfen heißt. Deshalb gilt es, unablässig an der Läuterung unseres Willens zu arbeiten, der allein in unsrer Gewalt liegt. Sonst verfallen wir rasch entweder der Sünde, oder der Unruhe, oder beiden zugleich. «Erneuere in dir den innern Geist.» Wer ehrlich Gott angehören will, und zwar ihm allein, der fürchtet keinen Angriff der Hölle. Denn er weiß, daß er unbesiegbar ist «in dem, der ihn stärkt». Er ärgert sich nicht einmal über sich selber, bewahrt den Frieden, ungeachtet seiner Schwachheiten, freut sich sogar mit dem Apostel, weil dadurch «die Tugend nur vervollkommt» und der Siegespreis erhöht wird. Prüft ihn Gott, so verdemütigt er sich, anerkennt sich dessen Tröstungen für unwürdig und ergreift liebend das Kreuz, das sich ihm darbietet. Gelassen am Kreuze hängend, spricht er bei Traurigkeit, Leid, Verlassenheit nur das eine Wort, das ihm genügt: «Auf dich habe ich gehofft, Herr; ich werde in Ewigkeit nicht zuschanden werden.»

34. KAPITEL: DEM LIEBENDEN GEFÄLLT GOTT ÜBER ALLES UND IN ALLEM

1. Mein Gott und mein alles!
Was will ich mehr, und was kann ich Seligeres wünschen?
O schmackhaftes, wohltuendes Wort, allerdings nur für den, der das «Wort» liebt, und nicht die Welt, noch das, was in der Welt ist.

Mein Gott und mein alles! Erschöpfender Ausruf für den Einsichtigen und nie zu oft wiederholt von einem Liebenden.

Macht doch deine Gegenwart alles angenehm; deine Abwesenheit alles lästig.

Du beruhigst das Herz, schaffst tiefen Frieden und festliche Freude.

Du läßt uns alles Gute finden, und dich in allem loben. Nichts gefällt auf die Länge ohne dich. Es kann nur etwas angenehm berühren und einen freuen, wenn deine Gnade es begleitet und das Salz deiner Weisheit es würzt.

2. Wer an dir Geschmack findet, findet auch an allem übrigen Geschmack. Umgekehrt, was kann den wirklich freuen, dem du nichts besagst?

Die Weltweisen und irdisch Gesinnten verfehlen allerdings deine Weisheit, weil die einen eitel, die andern dem Tod geweiht sind.

Die jedoch in Weltverachtung und Abtötung dir nachfolgen, offenbaren sich als die wahren Weisen. Sie gelangen vom Wahn zur Wahrheit, vom Geist zum Fleisch.

Sie finden an Gott Geschmack und lassen alles Gute in der Schöpfung dem Schöpfer zum Lob gereichen.

Allerdings besteht ein großer, sehr großer Unterschied zwischen dem Wohlgeschmack des Geschöpfes und des Schöpfers, dem der Zeit und dem der Ewigkeit, des empfangenen und des unerschaffenen Lichtes.

3. O immerwährendes Licht, dem gegenüber alle ge-

schöpflichen Leuchten verblassen, laß einen zündenden Strahl von oben in mein Herz fallen.

Läutere, beglücke, erleuchte und belebe meinen Geist mit seinen Kräften, so hängt er dir an in entzücktem Jubel.

Wann schlägt die selige, heißersehnte Stunde, wo deine Gegenwart mich sättigt und du mir alles in allem bedeutest?

Solange ich nicht dahin gelangt bin, fehlt die volle Freude.

Ach, noch lebt in mir der alte Mensch; noch ist er nicht völlig gekreuzigt, noch nicht ganz tot.

Noch begehrt er mächtig wider den Geist, schürt innere Kämpfe, gönnt dem Seelenreich keinen Frieden.

Du aber, «der das gewaltige Meer bändigt und seinen Wogenschlag besänftigt», erhebe dich, eile mir zu Hilfe.

«Zerstreue die kriegslustigen Völker», zermalme sie in deiner Kraft. Laß deine Größe zum Vorschein kommen und deine Rechte triumphieren; denn es besteht keine andere Hoffnung noch eine andere Zuflucht für mich, als in dir, meinem Herrn und Gott.

Anmerkung

Wie merkwürdig: unsre Seele kennt Gott und wird trotzdem nicht von Liebe zu ihm ergriffen; sie verweilt weiter bei den Geschöpfen, anstatt einzutauchen und sich zu verlieren im Urquell alles Guten. Worin liegt das Glück, wenn nicht in der Liebe? Und worin besteht das unendliche Glück, wenn nicht in einer grenzenlosen Liebe? Unser Herz braucht also einen unendlichen Gegenstand, es braucht Gott. Nichts Geschaffenes könnte es je ausfüllen. Was bedeutet mir die Welt? Was benötige ich sie? Was kann sie mir bieten? Mein Herz ist weiter als ihre Werte; und Gott allein «ist größer als mein Herz». Gott allein also, Gott allein, nun und immerdar; ewig Gott allein!

35. KAPITEL: IN DIESEM LEBEN IST MAN NIE VOR VERSUCHUNGEN SICHER

1. Mein Sohn, in diesem Leben bist du nie sicher; bis zum Tod benötigst du die Waffen des Geistes.

Du stehst mitten unter Feinden, die dir rechts und links zusetzen.

Greifst du also nicht allenthalben zum Schild der Geduld, trägst du bald eine Wunde davon.

Und liebst du außerdem nicht unwandelbar mich, fest entschlossen, alles meinetwegen zu ertragen, so hältst du die Hitze des Gefechtes nicht aus und verfehlst die Palme der Seligen.

Es gilt, mannhaft alles zu ertragen und mit starker Hand jeden Gegner zurückzuschlagen.

Dem Sieger winkt das Lebensbrot; der Versagende erntet Elend in Menge.

2. Suchst du Ruhe in diesem Leben, wie willst du dann zum ewigen Leben gelangen?

Stelle dich also nicht ein auf viel Ruhe, sondern auf viel Geduld.

Suche den wahren Frieden nicht hienieden, sondern im Himmel; nicht bei den Menschen oder andern Geschöpfen, sondern bei Gott allein.

Gott zulieb mußt du alles gern aushalten, Mühe und Leid, Versuchung, Verfolgung, Angst, Not, Krankheit, Schmähung, Widerrede, Tadel, Demütigung, Beschämung, Zurechtweisung und Verachtung.

Das verhilft zur Tugend, das erprobt den Christusjünger, das schmiedet die Himmelskrone.

Ich verleihe ewigen Lohn für geringe Mühe und endlose Glorie für vorübergehende Schmach.

3. Glaubst du, stets nach Belieben geistlichen Trost haben zu können? Sogar meine Heiligen verkosteten ihn

nicht immer, im Gegenteil, sie machten viel Schweres durch, mannigfache Versuchungen und große Trostlosigkeit.

Geduldig ertrugen sie das bei jeder Gelegenheit und bauten mehr auf Gott als auf sich selber, im Bewußtsein, daß «die Leiden dieser Zeit nicht in Betracht fallen» gegenüber dem Erwerb «der künftigen Herrlichkeit».

Und du wolltest augenblicklich besitzen, was manche kaum nach vielen Tränen und großer Mühsal erlangten?

«Harre auf den Herrn, handle männlich» und sei stark; laß den Mut nicht sinken, gib nicht nach, sondern opfere dich, Leib und Seele, unablässig auf zur Ehre Gottes.

Ich werde es dir überreich vergelten; ich stehe dir in jeder Trübsal bei.

36. KAPITEL: GEGEN DAS NICHTSSAGENDE URTEIL DER MENSCHEN

1. Mein Sohn, richte dein Herz fest auf den Herrn und fürchte kein menschliches Urteil, solange dir dein Gewissen Zeugnis gibt von einem untadeligen Verhalten.

Glücklich, wer solches durchmacht. Übrigens fällt das einem demütigen Menschen nicht schwer, der mehr auf Gott vertraut als auf sich selber.

Manche reden viel und verdienen deshalb nur wenig Glauben. Aber jedem zu gefallen, ist gar nicht möglich.

Obschon Paulus allen im Herrn zu gefallen suchte, und allen alles wurde, legte er doch äußerst wenig Gewicht auf menschliches Gericht.

2. Er bemühte sich, andere möglichst zu erbauen und zu retten; sah sich jedoch außerstande, ihre Ablehnung und Verachtung stets zu vermeiden.

So überließ er alles Gott, dem Allwissenden, und verteidigte sich geduldig und demütig gegen solche, die ihn schmähten, verdächtigten und willkürlich anklagten.

Zuweilen setzte er sich allerdings zur Wehr, sonst hätten die Schwachen an seinem Schweigen Anstoß genommen.

3. Wer bist du, um einen sterblichen Menschen zu fürchten, der heute lebt und morgen verschwunden sein wird?

Fürchte Gott, und menschliche Drohungen werden dich nicht mehr schrecken.

Was erreicht jemand mit Worten und Schmähungen gegen dich? Er schadet mehr sich selber und wird dem Gericht Gottes nicht entfliehen, mag er sein wer immer.

Halte stets Gott vor Augen und meide Wortgezänk. Unterliegst du scheinbar im Augenblick, und wirst du unverdienterweise abgewiesen, rege dich darüber nicht auf. Verkleinere nicht durch Ungeduld deine Krone.

Wende vielmehr den Blick zu mir, zum Himmel empor: ich vermag dich aus aller Schmach und Unbill zu befreien und vergelte jedem nach seinen Werken.

Anmerkung

Warum mich beunruhigen über das Urteil der Menschen? Was kann mir ihre Einschätzung antun? Sie gewahren höchstens das Äußere. Nie dringt ihr Auge bis ins Innere der Seele vor, dorthin, wo Gutes und Böses verborgen liegen. Betrübe dich also nicht, wenn andere dich verurteilen. Überhebe dich aber auch nicht, wenn sie dich loben. Wirf dich vielmehr vor Gott auf die Knie und sprich zu ihm: «Herr, wenn du unsern Irrungen nachgehen willst, wer vermag dann deinen Blick auszuhalten?» Einige legen auf das, was sie ihren «Ruf» nennen, zuviel Gewicht. Gewaltsam wollen sie ihn schützen. Das zeugt oft mehr von Eigenliebe als von wirklichem Eifer. Der schmachbedeckte Jesus hat uns ein anderes Beispiel gegeben: er hat geschwiegen und den Mund nicht aufgetan. Alle Heiligen wurden gleich ihm verfolgt und verleumdet. Haben wir getan, was von uns abhing, um unsern Mitbrüdern keinen Anstoß zu geben, soll unser Gewissen ruhig bleiben. Verharre dann friedlich in der Demütigung. Gott weiß alles; das genügt. So schrieb der heilige Paulus an die Korinther: «Ich halte es für unbedeutend, von euch oder irgendeinem menschlichen Gericht beurteilt zu werden; beurteile mich aber auch selber nicht. Der Herr wird mich beurteilen. Richtet also nicht vor der Zeit, bevor der Herr kommt. Er wird erhellen, was im Finstern liegt; wird die Herzensregungen offenbar machen; und dann wird jeder von Gott nach Gebühr gelobt werden.»

37. KAPITEL: WILLST DU ZUR VOLLEN HERZENSFREIHEIT GELANGEN, ENTSAGE DIR GÄNZLICH

1. Mein Sohn, entsage dir, so findest du mich.

Verzichte auf Eigenwahl und jeden Eigenbesitz, so gewinnst du immer.

Denn sobald du auf etwas verzichtest und es nicht wieder zurücknimmst, empfängst du einen Zuwachs an Gnade.

2. Herr, wie oft muß ich verzichten und worin mir entsagen?

3. Allezeit, zu jeder Stunde, im Großen wie im Kleinen. Ich nehme nichts aus; von allem will ich dich entäußert sehen.

Wie kannst du anders mir gehören und ich dir, wenn du nicht innerlich und äußerlich jeden Eigenwillen aufgibst?

Je schneller du es tust, um so wohler fühlst du dich, und je vollständiger und aufrichtiger es geschieht, um so mehr gefällst du mir und vergrößern sich deine Verdienste.

4. Einige verleugnen sich zwar, aber mit gewissen Vorbehalten; sie überlassen sich nicht rückhaltlos Gott und treffen ihre Vorkehrungen.

Andere geben zwar anfänglich alles hin; aber kehren

nachher, unter dem Druck der Versuchungen, zu sich selbst zurück, was keinen Tugendfortschritt erlaubt.

Erst dann können sie zur wahren Herzensfreiheit und zur Gnade des vertrauten Umganges mit mir gelangen, wenn sie sich völlig entäußert haben und ihre tägliche Ganzhingabe an mich wiederaufnehmen. Ohne sie ist eine genußreiche Vereinigung unmöglich.

5. Schon oft habe ich dich gemahnt, und mahne dich nun erneut: Entsage dir, verleugne dich, und du wirst einen tiefen inneren Frieden verkosten.

Gib alles um alles hin; suche nichts; fordere nichts zurück; verharre rein und unwandelbar in mir: so besitzest du mich, fühlst dich frei, und keine Finsternis lastet auf dir.

Erstrebe, erbitte, verlange nur das eine: jeden Eigenbesitz loszuwerden und entblößt dem entblößten Jesus zu folgen; dir abzusterben und ewig mir zu leben.

Dann verwehen alle eitlen Trugbilder, niedrigen Anwandlungen, unnützen Sorgen. Die übertriebene Angst weicht, und die ungeordnete Liebe erstirbt.

38. KAPITEL: BEHERRSCHE DICH, UND NIMM DEINE ZUFLUCHT ZU GOTT

1. Mein Sohn, bemühe dich ernsthaft, überall und bei allem, was du tust, innerlich frei zu sein und dich in der Hand zu haben; über den Dingen, nicht unter den Dingen zu stehen, so daß dein Tun von dir gemeistert, nicht du von ihm bemeistert wirst.

Bemühe dich, kein Sklave noch Mitknecht, sondern ein Freier und «wahrer Hebräer» zu sein, nachdem du zu den erlösten Gotteskindern gehörst, die über dem Gegenwärtigen stehen, den Blick dem Ewigen zuwenden, das Vergängliche als nebensächlich betrachten, das Himmlische als hauptsächlich, die sich nicht vom Zeitlichen gefangennehmen lassen, sondern selber das Zeitliche zu einem würdigen Gottesdienst gestalten, so wie Gott es gewollt und unser oberster Hoherpriester es gefügt hat, der nichts ungeordnet ließ in seiner Schöpfung.

2. Wenn du bei keinem Vorkommnis am Äußern hängen bleibst, noch mit irdischem Auge Geschautes und Gehörtes prüfst, sondern bei jedem Anliegen sogleich mit Moses die Stiftshütte betrittst, um beim Herrn Rat zu holen, dann vernimmst du bisweilen Gottes Stimme und kehrst erleuchtet über viel Gegenwärtiges und Zukünftiges zurück.

Denn Moses wandte sich bei allen Fragen und Zweifeln stets an die Stiftshütte und suchte Hilfe im Gebet, um den Gefahren und Listen der Menschen zu entrinnen.

So flüchte auch du in deine geheime Herzensklause und rufe inbrünstig Gott um Beistand an.

Der Schrift zufolge, liefen Josue und die Israeliten eben deshalb den Gabaoniten ins Garn, weil sie es versäumt hatten, zuvor beim Herrn Rat zu holen und sich allzu leichtgläubig, aus falschem Mitleid, durch Schmeichelreden betören ließen.

Anmerkung

Die meisten Menschen lassen sich durch den ersten Eindruck bestimmen; sie handeln, ohne sich mit Gott zu beratschlagen. Sie verbringen ihr Leben damit, am Abend zu bereuen, was sie morgens getan. Suche diese elende Schwachheit zu besiegen; strenge dich an, den plötzlichen Regungen, die in dir aufsteigen, zu widerstehen. Wer sich selber nicht meistert, schwebt in großer Gefahr. Jeden Augenblick kann er straucheln. Es heißt sich im Wollen üben, im Lenken der Einbildungskraft, die die Seele mitfortreißt. Es gilt, das Herz und seine Wünsche unbeugsamen Normen zu unterwerfen. Aber was tun wir, Gebrechliche, wenn uns niemand zu Hilfe kommt? Aus uns selber vermögen wir nichts; der Herr ist unsre einzige Stärke. Rufen wir also vertrauensvoll zu ihm, unablässig. «Das Gebet des Demütigen durchdringt den Himmel.» Erheben wir unsre Augen «zum Gebirge, woher uns Hilfe kommt. Herr, Gott meines Heiles, ich habe Tag und Nacht zu dir gerufen. Der Arme rief, und der Herr hat ihn erhört; er hat ihn aus jeder Trübsal befreit. Gepriesen sei der Herr, weil er die Stimme meines Gebetes erhörte! Der Herr ist meine Hilfe und mein Schutz; mein Herz hat auf ihn gehofft; er stand mir bei, und mein Fleisch blühte auf. Aus der Tiefe meines Willens will ich ihn loben. All mein Gebein wird sprechen: Herr, wer ist dir gleich!»

39. KAPITEL: BETREIBE DEINE ANGELEGENHEITEN NICHT MIT UNGESTÜM

1. Mein Sohn, stelle deine Sache stets mir anheim. Wenn die Zeit gekommen, werde ich alles wohl fügen.

Harre auf meinen Wink, und du wirst deinen Fortschritt gewahren.

2. Herr, gern überlasse ich alles dir, denn mein Sinnen und Sorgen führt nicht weit.

Wäre ich doch weniger um die Zukunft bekümmert, und gäbe ich mich ohne Zögern deinem Wohlgefallen hin!

3. Mein Sohn, oft verfolgt der Mensch leidenschaftlich ein Ziel; doch hat er es erreicht, besinnt er sich eines andern. Seine Gefühle wechseln, springen von einem Gegenstand zum anderen über. Darum ist es nichts Geringfügiges, sich sogar im Geringfügigen zu verleugnen.

4. Der wahre Fortschritt eines Menschen liegt in der Selbstverleugnung.

Ein sich selbst abgestorbener Mensch fühlt sich ungemein sicher. Allerdings läßt der alte Feind, in seiner Wut gegen alles Gute, nicht ab von Versuchungen. Erbittert verfolgt er uns Tag und Nacht, hoffend, einen Unklugen in seine Netze zu fangen. «Wachet und betet», spricht deshalb der Herr, «um nicht in Versuchung zu fallen».

Anmerkung

Die Beschäftigungen bergen eine gewaltige Gefahr für die Seele, wenn man sich nicht sorgfältig in acht nimmt. Wir meinen hier nicht die Versuchung, Gewinn zu erhaschen, so lebhaft und vielfältig sie sein kann, und so häufig sie das Gewissen wenigstens schwächt. Nein, sogar dann, wenn diese nachteilige Wirkung ausbleibt, trocknen die Beschäftigungen unser Herz aus, nehmen unsern Geist gefangen, lenken ihn ab von Gott und vom großen Gedanken an das Heil. Immer eilt etwas, das man nicht unerledigt lassen darf. Unter diesem Vorwand, ohne eigentliche Absicht, bloß fortgerissen von der Beschäftigung, der man ausgeliefert ist, unterläßt man allmählich die Frömmigkeitsübungen, die geistliche Lesung, das Gebet, ja die unerläßlichen religiösen Betätigungen. Und so verfließt dein Leben, voller Pläne, Sorgen, Arbeiten, unter Vernachlässigung des «einzig Notwendigen». Sogar die Krankheiten wecken dich nicht auf; für keine Mahnung hast du mehr ein Ohr. Schließlich kommt der Tod, nimmt den Menschen mit, stellt ihn vor den Richter. Und dieser frägt: Was hast du mit der Zeit getan, die ich dir gab? In einem Augenblick gewahrt der Unselige dann dreißig, vierzig, sechzig Jahre, die er ganz in irdischen Sorgen zugebracht, und nur das. Seine Seele? Er dachte nicht an sie. Jetzt ist es zu spät, um anzufangen, um sich ihr zu widmen. Sein Los ist bereits unveränderlich entschieden. – O denke vor allem an das, was kein Ende nimmt. «Suchet zuerst das Reich Gottes und seine Gerechtigkeit, und alles übrige wird euch hinzugegeben werden.» Ersticke in dir das Sehnen nach Vergänglichem, überlaß dich der Vorsehung, erstrebe nur das, was sie will, wie sie es will, wann sie es will; so rät es die Stimme des Friedens; darin liegt das einzige solide Hoffnungsfundament für die Todesstunde.

40. KAPITEL: AUS DIR SELBER HAST DU NICHTS GUTES, UND KANNST DICH ÜBER NICHTS RÜHMEN

1. Herr, «was ist der Mensch, daß du sein gedenkst, und was des Menschen Sohn, daß du ihn heimsuchst?» Womit hätte der Mensch deine Gnade verdient?

Darf ich mich beklagen, Herr, wenn du mich verläßt? oder was kann ich berechtigterweise vorbringen, wenn meine Bitte unerhört bleibt?

Dies kann ich zweifellos in Wahrheit von mir denken und sagen, Herr: Ich bin nichts, vermag nichts, habe nichts Gutes aus mir selber, versage vielmehr in allem, und drohe allenthalben zu versinken.

Verweigerst du mir deinen Beistand und inneren Halt, so lebe ich völlig schlaff und lau dahin.

2. Du dagegen, Herr, bleibst dir immer gleich, ewig gut, gerecht und heilig in dir selber; und gut, gerecht und heilig in all deinem Tun und weise in deinen Anordnungen.

Ich dagegen, geneigter zum Fehltritt als zum Fortschritt, kenne keinen Beharrungszustand; «sieben Zeiten wechseln über mir».

Gefällt es dir und reichst du mir deine Helferhand, steht es allerdings bald besser. Denn du allein vermagst mir ohne menschliches Dazutun beizustehen und mich dermaßen zu stärken, daß ich nicht mehr nach allen Seiten hin Ausschau halte, sondern mein Herz dir allein zuwende und in dir allein ruhen lasse.

3. Um zur wahren Andacht zu gelangen, und weil ich doch dich angehen muß, da kein Mensch mich trösten kann,

sollte ich auf jeden menschlichen Trost verzichten lernen.

Dann dürfte ich mit Fug und Recht deine Gnade erwarten und frohlocken über die Gabe wiedergewonnenen Trostes.

4. Dank sei dir, von dem alles stammt, wenn es mir wohlergeht.

Ich aber bin ein eitel Nichts vor dir, ein unbeständiger, schwacher Mensch.

Wes dürfte ich mich also rühmen; mit welchem Recht Achtung verlangen?

Etwa auf Grund des Nichts? Das wäre Unsinn!

Eitler Ruhm ist fürwahr eine richtige Pest, der Gipfel der Torheit. Er entfernt uns vom echten Ruhm und beraubt uns der himmlischen Gnade.

Solange ein Mensch sich selbst behagt, mißfällt er dir; solange er nach Menschenlob hascht, verfehlt er die echte Tugend.

5. Der wahre Ruhm und heilige Jubel bestehen darin, zu frohlocken in dir, und nicht in sich; sich in deinem Namen und nicht an eigener Kraft zu freuen, noch an irgendeinem Geschöpf, außer in bezug auf dich.

Dein Name sei gepriesen, nicht der meine. Dein Werk gelobt, nicht das meinige. Dein heiliger Name verherrlicht, wogegen mich kein Menschenlob treffen soll.

Du bist mein Ruhm, du meine Herzensfreude.

In dir frohlocke ich tagaus, tagein; in mir dagegen nur «in meinen Schwachheiten».

6. Mögen die Juden voneinander Ruhm suchen; ich erstrebe einzig den Ruhm, «der von Gott kommt».

Menschlicher Ruhm, zeitliche Ehre, weltliche Größe bedeuten ja ausnahmslos Tand und Torheit, verglichen mit deinem Ruhm.

O meine Wahrheit und Barmherzigkeit, mein Gott, selige Dreifaltigkeit: dir allein sei Lob, Ehre, Kraft und Preis in alle Ewigkeit.

Anmerkung

Gehe ich in mich und frage ich mich, was ich bin, was entdecke ich da, o mein Gott? Eine unsichere Vernunft, stets in Gefahr, sich zu irren; unbeständige Gefühle; ein unerklärliches Gemisch von Hoffnung und eitler Furcht, von fehlerhaften Neigungen; eine Unmenge von Wünschen, die mich ohne Unterlaß bewegen und plagen; bisweilen eine flüchtige Freude; gewöhnlich tiefe Langeweile; ein unbestimmtes Sehnen nach dem Himmel und zugleich nach allen irdischen Leidenschaften; einen schwachen Willen, der zugleich will und nicht will; einen großen Hochmut in einem großen Elend. So sieht der Zustand aus, den die Sünde in mir geschaffen, wobei ich mich außerstande fühle, die tief gefallene Natur zu erheben. Gott selber mußte ihren gewaltigen Sturz aufhalten. Ohne einen göttlichen Erlöser wäre die Ewigkeit verstrichen über dem menschlichen Niedergang. Er ist erschienen, dieser Erlöser, und hat gesprochen: Da bin ich. Sein Blut hat der höchsten Gerechtigkeit Genüge geleistet; seine Gnade hat die Unordnung des Verstandes und die Unordnung des Herzens beseitigt. Sie hat das Bild Gottes im gefallenen Geschöpf wiederhergestellt. Unerfaßbares Liebesgeheimnis! Wie sollen wir eine solche Wohltat beantworten? Anerkennen wir wenigstens, daß wir schwach und bedürftig sind; schreiben wir uns kein Gut zu, das uns umsonst mitgeteilt worden; geben wir dem die Ehre, dem sie zukommt, und suchen wir nach Kräften uns die Gefühle des Propheten anzueignen: «Mein Herr und Gott, ich habe dich angerufen, und du hast mich geheilt. Du hast meine Seele der Unterwelt entrissen und mich von denen geschieden, die in die Tiefe sinken. Preiset den Herrn, ihr Heiligen; feiert das Gedenken seiner Heiligkeit.»

41. KAPITEL: VERACHTE DIE ZEITLICHEN EHREN

1. Mein Sohn, nimm es nicht schwer, wenn du andere geehrt und erhoben siehst, während man dich gering achtet und herabsetzt.

Erhebe dein Herz zu mir, zum Himmel; und die Verachtung der Welt wird dir gleichgültig werden.

2. Herr, blind sind wir und rasch von Eitelkeit geblendet.

Betrachte ich ehrlich mich selber, ist mir eigentlich noch nie ein Unrecht widerfahren von einem Geschöpf. So habe ich kein Recht, mich vor dir zu beklagen.

Oft und schwer beleidigte ich dich ja, weshalb sich jedes Geschöpf mit gutem Grund gegen mich empört.

Mir gebührt Schmach und Geringschätzung; dir Lob, Ehre, Preis.

Finde ich mich nicht damit ab, gern von allen Geschöpfen verschmäht und verlassen zu werden und ihnen nichts zu bedeuten, so erreiche ich weder inneren Frieden noch Festigkeit, weder geistliche Erleuchtung noch die volle Vereinigung mit dir.

Anmerkung

Wer sich vor Gott im Lichte der Wahrheit prüft, der verachtet sich über die Maßen. Ohne die Gnade, findet er ja in sich nur eine Unmenge Verderbnis vor. Er hascht nicht mehr nach Achtung, Anerkennung und Ehre, sondern flüchtet in seine Niedrigkeit, als einzigen Zufluchtsort gegen den Hochmut, der sein größtes Elend bildet. Sieht er sich erniedrigt, herabgesetzt und verachtet, so beklagt und ereifert er sich nicht. Er anerkennt, daß man gut daran tut, daß man ihn gar nicht so verdemütigen kann, wie er selber sich innerlich verdemütigt. In allem lenkt er den Blick auf Gott, nicht auf die Menschen. Er spricht mit Job:

«Will ich mich rechtfertigen, so straft mich mein Mund Lügen; und möchte ich meine Unschuld dartun, so beweise ich meine Missetat.» In der Bitterkeit seines Herzens ruft er um Barmherzigkeit und bittet den Vater im Himmel, sich seines armen Geschöpfes zu erbarmen. – «Ich habe gesündigt; was tu ich, Erlöser der Menschen? Warum hast du Krieg gestiftet zwischen dir und mir; warum wurde ich mir selbst zur Last? Warum nimmst du meine Sünde nicht hinweg und streichst nicht mein Verbrechen? So muß ich im Staube liegen, und wenn du mich morgens suchst, bin ich nicht mehr.» – Selig, wer sich anklagt, denn er erlangt Verzeihung. Selig, wer den letzten Platz aussucht, denn man wird zu ihm sprechen: «Rücke höher hinauf!»

42. KAPITEL: BAUE DEINEN FRIEDEN NICHT AUF MENSCHEN

1. Mein Sohn, solange du deinen Frieden von irgend einem Menschen erwartest, mit dem du gut auskommst, fehlt dir der feste Boden unter den Füßen.

Nimmst du jedoch deine Zuflucht zur lebendigen, immerwährenden Wahrheit, entmutigt dich der Verlust oder Tod eines Freundes nicht.

Freundesliebe hat in mir zu wurzeln. Meinetwegen mußt du an jedem guten und lieben Freund auf Erden hängen.

Ohne mich ist jede Freundschaft brüchig; kein Liebesband, das ich nicht flocht, kann wahr und rein sein.

So gilt es, Freundschaftsbezeugungen geliebter Menschen gleichmütig hinzunehmen, so daß du, wenn es von dir abhinge, auch ohne menschliche Umgebung auskämest.

Der Mensch tritt Gott in dem Maße näher, als er vom irdischen Trost abrückt.

Er steigt um so weiter zu Gott empor, je tiefer er in sich hinuntersteigt und je gründlicher er sich verachtet.

2. Schreibt jemand sich selber etwas Gutes zu, verwehrt er der göttlichen Gnade den Eintritt in sein Inneres; denn die Gnade des Heiligen Geistes will ein demütiges Herz.

Verstündest du es, dich vollkommen in dein Nichts zu versenken und aller geschöpflichen Liebe zu entäußern, ich würde mich gezwungen sehen, dich mit Gnaden zu überhäufen.

Während du auf die Geschöpfe blickst, bleibt dir der Anblick des Schöpfers verwehrt.

Lerne dich in allem aus Liebe zum Schöpfer überwinden, so gelangst du zur Erkenntnis Gottes.

Nichts ist so geringfügig, daß ungeordnete Anhänglichkeit es nicht zu einem Hindernis für das höchste Gut machte.

Anmerkung

Die Religion heiligt alles; sie zerstört nichts, ausgenommen die Sünde. Sie untersagt nicht die natürlichen Neigungen; im Gegenteil, einige darunter empfiehlt sie ausdrücklich, und das Gebot gegenseitiger Liebe gehört zu denen, die das Evangelium am meisten einprägt. «Lieben wir einander», wiederholt unaufhörlich der Apostel Johannes. «Wer nicht liebt, bleibt im Tode; er kennt Gott nicht, denn Gott ist Liebe.» Sehen wir ferner nicht in der Nacht des letzten Abendmahls am Herzen Jesu den Jünger ruhen, «den er liebte»? Aber sollen sie rein sein, müssen unsre Liebesgefühle Gott entspringen, müssen seinen Willen zur Norm haben. Dann handelt es sich nicht mehr um irdische Gefühle, die bei ihrem Aufkommen die Seele aufregen und beunruhigen. Es handelt sich dann vielmehr um ein Stück Ewigkeit, unveränderlich wie sie, ruhig wie sie. – Mißtraue den Neigungen, die den Herzensfrieden stören! Jedes Geschöpf werde nur mit vollkommener Unterwerfung unter die Anordnungen der Vorsehung geliebt. Seien wir immer bereit, klaglos zu ertragen, was die Natur am meisten niederdrückt: Abwesenheit, Trennung, sogar den Tod, eingedenk des Apostelwortes: «Wir möchten euch, Brüder, über die Entschlafenen nicht im Ungewissen lassen. Ihr sollt ja nicht trauern wie die andern, die keine Hoffnung kennen. Wie wir nämlich glauben, daß Jesus gestorben und auferstanden ist, so wird Gott auch die in Jesus Entschlafenen mit ihm heimführen. Denn das können wir euch mit einem Wort des Herrn sagen: Wir, die noch Lebenden, bis zum Kommen des Herrn noch Zurückgelassenen, werden keineswegs im Vorteil sein gegenüber den Entschlafenen. Denn der Herr wird beim Befehlsruf (Gottes), bei der Stimme des Erzengels, beim Schall der Posaune Gottes, vom Himmel niedersteigen. Zuerst werden die Toten auferstehen, die in Christus sind; dann werden wir, die lebend Zurückgebliebenen, zusammen mit ihnen entrückt werden auf den Wolken, dem Herrn entgegen in die Lüfte. Und so werden wir immerdar mit dem Herrn vereint sein. So tröstet einander mit diesen Worten.»

43. KAPITEL: GEGEN EITLES WELTLICHES WISSEN

1. Mein Sohn, laß dich nicht betören durch klingende und hochtrabende Worte. Denn «nicht in Worten liegt das Gottesreich, sondern in der Kraft».

Lausche auf meine Rede, die das Herz entflammt, den Geist erhellt, zur Reue bewegt und mannigfachen Trost spendet.

Niemals sollst du etwas bloß deshalb lesen, um hernach möglichst gelehrt oder weise darüber berichten zu können.

Bemühe dich um die Abtötung deiner bösen Neigungen; das trägt dir mehr ein als die Kenntnis einer Menge verworrener Fragen.

2. Nach allem Lesen und Lernen heißt es immer zum einen Ursprung zurückkehren.

Ich bin es, der dem Menschen Wissen verleiht und der dem Bescheidenen tiefere Einsicht verschafft, als ihm Menschen je verschaffen könnten.

Zu wem ich spreche, der ist bald weise und macht große Fortschritte im Innenleben.

Weh denen, die sich bei den Menschen alle möglichen Kenntnisse erwerben, aber unbekümmert bleiben um die rechte Art und Weise mir zu dienen.

Es kommt die Zeit, wo der Lehrer aller Lehrer, Christus, erscheinen wird, der Herr der Engel. Er wird alles prüfen, das Gewissen eines jeden erforschen.

Dann wird er «Jerusalem mit Laternen absuchen», so daß «das hinterste Dunkel licht wird und jede Zunge verstummt».

3. Ein Augenblick genügt mir, um eine demütige Seele zu erleuchten und sie besser mit den ewigen Wahrheiten vertraut zu machen, als es ein zehnjähriges Schulstudium vermöchte.

Ich unterweise ohne Wortgeräusch, ohne Disput, ohne Professorenweisheit, ohne Gründe und Gegengründe aufeinanderprallen zu lassen.

Ich bin's, der das Irdische verachten lehrt, das Gegenwärtige verschmähen, das Ewige suchen, und am Ewigen Freude empfinden, Ehre und Achtung fliehen, Anstoß ertragen, jede Hoffnung auf mich setzen, außer mir nichts verlangen und über alles mich inbrünstig lieben.

4. Da war jemand, dem ich wirklich teuer war, und er lernte göttliche Dinge und sprach Wunderbares aus.

Indem er alles verließ, machte er mehr Fortschritte, als es ihm hohe Studien je ermöglicht hätten.

Den einen teile ich bloß Gewöhnliches mit, andern Besonderes; einigen erscheine ich lieblich in Zeichen und Gestalten, andern offenbare ich deutlichst Geheimnisse.

Die Schrift hat zwar nur eine Stimme, aber manche Mitteilung. Denn im Inneren walte ich und lehre die Wahrheit, erforsche das Herz, prüfe das Denken, fördere das Tun und teile allen mit, wie ich es für gut halte.

Anmerkung

Manche quälen und mühen sich ab um Wissen. «Und ich sah», sagt der Weise, «daß auch das Eitelkeit, Pein und geistige Betrübnis war.» Was hilft es dir, die Dinge dieser Welt gekannt zu haben, wenn die Welt vergangen sein wird? Am Jüngsten Tag wird man dich nicht fragen, was du gewußt, sondern was du getan hast. «Kein Wissen behauptet sich in der Unterwelt, der du entgegenwandelst.» Stell also deine eitlen Sorgen ein. Magst du sein, wer du willst, du hast den Baum mit den todbringenden Früchten nur zu sehr gezüchtet. Laß liegen die Wissenschaft, die den Hochmut nährt, die Wissenschaft, die «aufbläht», um dich einzig auf den Erwerb derjenigen zu verlegen, die demütige und heilige Menschen hervorbringt, sowie auf die Liebe, «die erbaut». Lerne dich demütigen, dein Nichts und deine Verderbtheit einsehen. Dann wird dir Gott entgegen kommen, dich mit seinem Licht erleuchten, dich im Verborgenen in die wunderbare Wissenschaft einführen, von der das Christuswort gilt: «Ich preise dich, Vater, Herr Himmels und der Erde, daß du das den Weisen und Klugen verborgen hast, den Kleinen dagegen geoffenbart.»

44. KAPITEL: BELADE DICH NICHT MIT ÄUSSERN ANGELEGENHEITEN

1. Mein Sohn, vielen Dingen gegenüber hast du unwissend zu bleiben, und allgemein halte dich hienieden wie für tot, gleich einem, dem die Welt gekreuzigt ist.

Ähnlich heißt es, manches mit tauben Ohren zu durchschreiten und hauptsächlich auf den inneren Frieden bedacht zu sein.

Ebenso tust du besser daran, als zu streiten, die Augen von Mißfälligem abzuwenden und jedem seine Meinung zu lassen.

Stehst du gut mit Gott, und denkst du an sein Urteil, setzt dir eine Niederlage weniger zu.

2. Herr, wieweit haben wir es doch kommen lassen! Wir jammern über einen zeitlichen Verlust, schaffen und rennen um dürftigen Gewinn, wogegen wir den seelischen Nachteil übersehen und, wenn überhaupt, jedenfalls zu spät in Rechnung stellen.

Was wenig, ja nichts fruchtet, das fesselt unsre Aufmerksamkeit; das höchst Notwendige hingegen vernachlässigen wir. Der Mensch lebt nach außen und läßt sich gern vom Äußerlichen einnehmen, falls er nicht rasch in sich geht.

Anmerkung

Wenn du wüßtest, daß du morgen sterben müßtest, welche Bedeutung hätten die irdischen Dinge noch für dich; das, was um dich herum geschieht und gesprochen wird? Nun denn, du wirst morgen sterben, denn das Leben ist kaum eintägig. So betrage dich von diesem Augenblicke an so, wie du gewesen sein wolltest im Augenblick, wo sich die Ewigkeit vor dir auftut. Kein Wissen, kein Reichtum, noch irgend etwas auf Erden wird dir vor Gottes Gericht helfen: du nimmst nur das Gute mit. «Er trug ihnen ein Gleichnis vor und sagte: Das Land eines Reichen warf üppigen Ertrag. Da überlegte er und sprach: Was soll ich tun? Es fehlt mir der Raum, um alle Frucht darin aufzuspeichern. Und er meinte: So will ich's machen: ich breche meine Scheune ab und baue eine größere; so läßt sich darin meine ganze Ernte und mein Vorrat aufspeichern. Alsdann gilt mir: Nun, Seele, hast du einen reichen Vorrat an Gütern daliegen, auf viele Jahre. Ruhe nun aus, iß und trink, und laß es dir wohl sein. Gott aber sprach zu ihm: Du Tor, noch heute nacht wird dir deine Seele abgefordert. Wem wird dann gehören, was du aufgehäuft hast? So geht es dem Menschen, der Schätze für sich sammelt, aber vor Gott nicht reich ist.»

45. KAPITEL: GLAUBE NICHT JEDEM, UND BEACHTE, WIE LEICHT MAN IN ZUNGENSÜNDEN FÄLLT

1. «Herr, hilf uns in der Trübsal, denn menschlicher Beistand versagt.»

Wie oft fand ich dort keine Treue, wo ich sie erwartete, während sie mir häufig widerfuhr, wo ich am wenigsten daran dachte.

So täuscht sich, wer auf Menschen baut; des Gerechten Heil ruht in dir, mein Gott.

Gelobt sei, Herr, mein Gott, in allem, was uns trifft.

Schwach sind wir und unbeständig; rasch versagen wir und ändern unsre Haltung.

2. Welcher Mensch verhält sich in allem so klug und umsichtig, daß er nie das Opfer einer Täuschung oder Unsicherheit würde?

Allerdings strauchelt nicht leicht, wer auf dich, Herr, vertraut, und einfältigen Herzens dich sucht.

Überkommt ihn trotzdem Trübsal, so befreist du ihn bald davon, oder tröstest ihn wenigstens, mag sie noch so groß sein. Wer auf dich vertraut, dem kehrst du nicht den Rücken.

Selten geht ein Freund mit dem Freunde treu durch jede Bedrängnis. Du allein, Herr, bleibst uns in allem restlos treu, du allein.

3. Tiefe Einsicht bekundete die Seele, die sprach: «Mein Sinn steht fest und in Christus gegründet» (heilige Agatha).

Könnte ich das gleiche von mir bezeugen, so brächte mich die Menschenfurcht nicht so leicht aus der Fassung, und giftige Bemerkungen setzten mir weniger zu.

Wer vermag alles vorauszusehen? wer jedes künftige Übel zu verhüten?

Treffen uns vorausgesehene Übel oft so hart, müssen uns unerwartete erst recht tiefe Wunden schlagen.

Aber warum habe ich Elender mich nicht besser vorgesehen? warum andern leichthin Glauben geschenkt?

Wir sind eben Menschen, nichts anderes als schwache Menschen, mögen uns manche auch für Engel halten und so nennen.

Wem soll ich Glauben schenken, Herr, außer dir?

Du bist die Wahrheit, die weder sich selber noch andere irreführt.

Und: «Jeder Mensch ist lügnerisch», schwach, unbeständig und schwankend, besonders im Reden, so daß man kaum das glauben darf, was auf den ersten Blick verbürgt erscheint.

4. Du tatest gut daran, uns vor den Menschen zu warnen und darauf hinzuweisen, daß «des Menschen Feinde seine Hausgenossen sind», sowie, daß man nicht jedem glauben soll, der sagt: «Hier ist er; dort ist er.»

Erlittener Schaden sollte mir die Augen öffnen, so daß ich fortan besser auf der Hut wäre und nicht noch größere Torheiten beginge.

Da sagt mir einmal jemand: Sei vorsichtig, sei vorsichtig, behalte für dich, was ich dir anvertraue. Und während ich schwieg und alles geheim glaubte, konnte er nicht bewahren, was er mir unter dem Siegel der Verschwiegenheit anvertraut hatte, sondern verriet sich und mich, und ging von dannen.

Vor solcher Schwatzhaftigkeit und derart leichtsinnigen Menschen bewahre mich, o Herr. Laß mich nicht in ihre Hände fallen und nie gleich ihnen handeln.

Lege mir eine wahrheitsgetreue und verläßliche Rede in den Mund, und laß mich vor Zwiespältigkeit Abscheu empfinden.

Was mir nicht widerfahren soll, muß ich unbedingt auch selber vermeiden.

5. Wohl tut und den Frieden fördert, wer über andere schweigt, nicht unterschiedslos alles glaubt, und es nicht leichtsinnig weitererzählt.

Eröffne dich nur wenigen, suche stets den Herrn zum Zeugen deiner Herzensregungen, laß dich nicht durch jede Rede umstimmen. Wünsche, daß alles in und außer dir nach Gottes Wohlgefallen geschehe.

Es hilft viel zur Bewahrung der Gnade, menschlichen Schein zu fliehen, nicht nach äußerer Anerkennung zu haschen, sondern sich nach Kräften um die Mittel zu bemühen, die das Leben bessern und den geistlichen Eifer steigern helfen.

Wie manchem hat schon die Enthüllung und der Lobpreis seiner Tugend geschadet!

Wie heilsam erwies sich dagegen schweigend bewahrte Gnade für dieses Dasein, das samt und sonders Versuchung ist und Kampf.

Anmerkung

Stütze dich nicht auf die Menschen, denn früher oder später fehlen sie dir. Der Mensch ist schwach, nicht verschwiegen, unbeständig, leichtsinnig, geneigt, alles auf sich zu beziehen. Die flüchtigste Laune entfremdet ihn dir, das geringste Interesse genügt, um ihn dir zum Gegner zu machen; alsdann entpuppt er sich in wahrer Gestalt. Er mag dich wohl, aber seinetwegen, um nötigenfalls Nutzen aus dir zu ziehen. Fliehe, fliehe diese falschen Freunde der Welt. Der eine verrät dich, ein anderer verläßt dich. Treten Umstände ein, die dich zwingen, sie anzugehen, «so beginnt sich ein jeder zu entschuldigen. Dieser sagt: Ich habe ein Landgut gekauft und muß es besichtigen; bitte, entschuldige mich. Ein anderer erklärt: Ich habe fünf Ochsen gekauft und muß sie erproben; bitte, entschuldige mich. Ein dritter bemerkt: Ich habe geheiratet und kann deshalb nicht kommen.» So sieht die menschliche Freundschaft aus. Du allein, mein Gott, du allein verläßt diejenigen nicht, die dich lieben und auf dich hoffen. Du weilst immer bei ihnen, um sie zu unterstützen und zu trösten. Nie wirst du müde, ihr Seufzen anzuhören, ihren Klagen Gehör zu schenken, ihre Tränen zu sammeln. Nichts ist deiner Güte zu gering. Da gilt jemand nichts in den Augen der andern, wird von allen Seiten verstoßen. Du aber stehst ihm bei, o mein Gott, «auf seinem Schmerzenslager, und deine Hand lindert seine Pein»; hat er dann seine Aufgabe erfüllt, am Ende der Tage, empfängst du ihn zum ewigen Frieden.

46. KAPITEL: BEI BÖSARTIGEN REDEN SETZE DEIN VERTRAUEN AUF GOTT

1. Mein Sohn, steh fest und hoffe auf mich.
Denn was sind Worte anders als Worte?
Sie schwirren durch die Luft, aber ritzen keinen Stein.

Hast du dir etwas zuschulden kommen lassen, so sei gern zur Besserung bereit. Wirft dir das Gewissen dagegen nichts vor, so denke, du wollest den Tadel Gott zulieb willig ertragen.

Es ist wenig genug, bisweilen bloße Worte über sich ergehen zu lassen, nachdem du dich außerstande fühlst, schwere Schläge zu ertragen.

Und gehen dir solche Kleinigkeiten nicht etwa deshalb derart zu Herzen, weil du noch irdisch gesinnt bist und übermäßig auf die Menschen schaust?

Weil du die Verachtung fürchtest, darf nie ein Tadel deine Fehler treffen; du flüchtest unter den Schutzmantel von Entschuldigungen.

2. Doch prüfe dich einmal genauer, so siehst du in dir noch die Welt wach, samt eitler Gefallsucht.

Indem du nämlich Herabsetzung und Tadel fliehst, lieferst du den Beweis, daß es dir noch an Demut fehlt und weder du der Welt, noch die Welt dir gleichgültig ist.

Höre, was ich dir sage, und zehntausend Menschenworte können dich nicht irremachen: Würde dir alles Böse angedichtet, was könnte es dir schaden, wenn du einfach darüber hinweggingst und es als Splitter erachtetest? Könnte man dir damit auch nur ein einziges Haar ausreißen?

3. Wer allerdings nicht herzhaft ist und nicht Gott vor Augen hält, den erregt rasch ein Tadelswort.

Umgekehrt, empfindet keine Angst vor Menschen, wer auf mich vertraut und sich nicht auf die eigene Meinung versteift.

Denn ich bin der Richter und kenne alle Geheimnisse. Ich weiß, wie sich die Sache verhält: sowohl der Schmähende als der Geschmähte sind mir wohlbekannt.

Von mir ging die betreffende Rede aus, ich ließ dies oder jenes zu. Es geschah, «damit die geheimen Gedanken vieler offenbar würden».

Ich fälle das Urteil über den Schuldigen wie über den Unschuldigen; aber vorher wollte ich beide durch ein geheimes Gericht erproben.

4. Menschliches Urteil trügt oft; mein Urteil dagegen entspricht der Wahrheit. Es bleibt bestehen, niemand stößt es um.

Meist ist es verborgen und kommt nur wenigen in seinen Einzelheiten zum Bewußtsein. Dennoch greift es nie fehl, noch kann es fehlgreifen, mag es auch euern Augen schief vorkommen.

Zu mir also hast du bei jedem Urteil zu fliehen, ohne dich der eigenen Meinung anzuvertrauen.

Der Gerechte gerät nicht aus der Fassung, mag Gott ihm was immer schicken.

Hat man ihn ungerecht beschuldigt, kümmert er sich wenig darum; ebenso triumphiert er keineswegs törichterweise, wenn andere ihn mit Recht entschuldigen.

Denn er bedenkt, daß ich «Herz und Nieren prüfe», ohne mich durch den äußern Schein täuschen zu lassen.

Häufig gilt ja in meinen Augen als schuldbar, was die Menschen als lobenswert erklären.

5. Herr, Gott, gerechter, starker und geduldiger Richter, du kennst die menschliche Schwäche und Bosheit: sei meine Kraft und mein ganzes Vertrauen, denn mein Bewußtsein genügt mir nicht.

Du siehst, was ich übersehe; deshalb sollte ich mich bei jedem Tadel verdemütigen und ihn sanft hinnehmen.

Verzeih mir auch gnädig, sooft ich mich anders verhalte, und gib mir die Gnade vermehrter Geduld.

Denn deine reiche Barmherzigkeit hilft mir nachhaltiger zur Wiedererlangung deiner Nachsicht, als meine vermeintliche Gerechtigkeit zur Rechtfertigung meines unbewußten Tuns.

«Obschon ich mir keinen Vorwurf zu machen habe», bin ich dadurch noch nicht gerechtfertigt. Fehlt ihm dein Erbarmen, «steht kein lebendiges Wesen vor deinem Angesicht makellos da».

Anmerkung

«Selig seid ihr, wenn man auch schmäht, und verfolgt, und euch alles Böse andichtet um meinetwillen; freuet euch und frohlocket, denn euer Lohn ist groß im Himmel.» Doch wie beunruhigen uns, trotz dieser Worte, Menschenrede und Menschenurteil! Wir ertragen keine Herabsetzung. Um jeden Preis wollen wir gelobt und geachtet sein. Irregeführt durch das Trugbild eitler Ehre, vergessen wir Gott und seine Weisungen sowie das Gute, das er den Demütigen verhieß. Seltsame Auswirkung des in unserm armseligen Herzen immer brodelnden Hochmutes. Warum achtest du so sehr auf Schmähungen, Beschimpfungen und Verleumdungen? Weshalb fallen sie dir so schwer, reizen dich zu Rache? Fürchtest du etwa, zu viele Sühnemittel zu haben, zu viel Hoffnung auf Barmherzigkeit? Aber man klagt dich fälschlich an! Wäre es besser, wenn es nicht fälschlich der Fall wäre? Hast du den Fehler, der dir vorgeworfen wird, nicht begangen, wie manche andere hast du begangen, die dir nicht vorgeworfen werden. Prüfe dein Gewissen, und es erhebt seine Stimme strenger gegen dich, als die Stimmen anderer es tun. Diese werden früher oder später verstummen; jene dagegen wird vor dem Richter ertönen, vor dem du bald erscheinen wirst, fern dem Erdenlärm, im Schweigen der Ewigkeit. Denke an diesen schrecklichen Augenblick, und du wirst dich kaum noch über das beunruhigen, was die Menschen von dir sagen.

47. KAPITEL: ERTRAGE ALLES SCHWERE IM HINBLICK AUF DAS EWIGE LEBEN

1. Mein Sohn, laß dich nicht entmutigen durch die Mühen, die du meinetwegen auf dich genommen, noch niederdrücken durch Verdrießlichkeiten.

Meine Verheißung soll dich bei jedem Geschehnis stärken und trösten. Ich kann überreich belohnen. Du wirst dich hienieden nicht fortwährend plagen, noch endlos leiden müssen.

Harre noch eine Weile aus, und du erlebst das Ende der Drangsal.

Die Stunde schlägt, wo jede Mühe und Unruhe aufhört.

Was an die Zeit gebunden ist, ist geringfügig und kurz.

2. Tue recht, was du tust. Arbeite getreu in meinem Weinberg; ich werde dein Lohn sein.

Schreibe, lies, singe, seufze, schweige, bete, ertrage mannhaft alles Widrige: das ewige Leben wiegt diese und noch viel größere Mühen reichlich auf.

An einem, dem Herrn bekannten Tag erscheint der Friede; und es wird kein Wechsel von Tag und Nacht wie in dieser Zeit mehr herrschen, sondern ewiges Licht, endlose Helle, unerschütterlicher Friede, ungestörte Ruhe. Dann wirst du nicht mehr sagen: «Wer erlöst mich von diesem todgeweihten Leib?»

Und du rufst nicht mehr: «Weh mir, da mein Verbleib sich überlang hinzieht»; denn der Tod liegt zerschmettert, das Heil aber währt immerdar; keine Angst herrscht mehr, sondern nur noch Seligkeit und wonnige Gemeinschaft.

3. O könntest du die ewige Krone der Heiligen im Himmel schauen! Wie frohlocken nun in höchster Glorie, die der Welt einst verächtlich, ja des Lebens unwürdig galten! Könntest du das miterleben, du würdest dich zweifellos sogleich bis zum Staub erniedrigen und wolltest lieber allen unterworfen, als einem einzigen übergeordnet sein.

Dein Verlangen ginge nicht mehr nach schönen Erdentagen, sondern nach Drangsal um Gottes willen. Vor den Menschen nichts zu gelten, bedeutete dir höchsten Gewinn.

4. Begriffst du das doch recht, und ginge es dir tief zu Herzen, keine Klage käme mehr über deine Lippen.

Muß man nicht alles Schwere um des ewigen Lebens willen ertragen?

Es ist nicht gleichgültig, ob Gottes Reich verloren oder gewonnen wird.

So erhebe deine Augen zum Himmel. Ich, und mit mir alle Heiligen, die auf Erden schwer zu kämpfen hatten, frohlocken nun, empfangen Trost, befinden sich in Sicherheit, ruhen aus, weilen endlos im Reiche meines Vaters.

Anmerkung

Drückt uns das Leben, erliegen wir fast der Trübsal dieser Verbannung, so erheben wir die Augen und betrachten wir das Frührot unsrer Befreiung. Denn diese sterbliche Hülle zerfällt mehr und mehr, aber «der innere Mensch erneuert sich täglich». Warten wir ab, leiden wir in Frieden. Die

Ruhestunde naht. «Die geringen Trübsale des kurzen Daseins heben uns über die Menge empor, bewirken die ewige Glorie.» Was schadet etwas Mühsal auf Erden? Wir gehen vorüber und «haben hier keine bleibende Stätte». Jesus ist uns vorangegangen, um uns eine Heimstätte im Hause seines Vaters zu bereiten. Er wird kommen, uns mit sich nehmen, damit auch wir seien, wo er weilt. O Jesus, mein Erlöser, meine Seele verlangt nach dir. Sie «sehnt sich nach dir, wie der Hirsch nach der Wasserquelle». Komm, zögere nicht. Fern von dir, «sitzen wir im Todesschatten». Beeile dich, Herr; laß über uns «das Licht deines Angesichtes aufleuchten»; es führe uns zum himmlischen Jerusalem, vor den Thron des Lammes. Dort, in begeisterter Liebe, in endloser Entrückung, singen die Seligen mit den Engelchören dem dreimal heiligen Gott. Und ich, Herr, «am Ufer der Flüsse Babylons», weine beim Gedanken an Sion. Tröste dich, meine Seele, lausche. Hörst du nicht von fern wie ein erstes Rauschen, das die Ankunft des Bräutigams ankündigt? «Noch eine kurze Spanne Zeit», und du wirst ihn sehen. Noch ein Augenblick, und nichts wird dich fortan von ihm trennen können.

48. KAPITEL: VOM TAGE DER EWIGKEIT UND VON DER BEDRÄNGNIS DIESES LEBENS

1. O selige Behausung der himmlischen Stadt, helleuchtender Tag der Ewigkeit, von keiner Nacht verdunkelt, fortwährend von der höchsten Wahrheit erhellt: stets froher Tag, stets sicherer Tag, nie ins Gegenteil umschlagend.

O wäre dieser Tag schon angebrochen, hätte alles Zeitliche schon ein Ende gefunden.

Den Heiligen strahlt er bereits in nie erlöschender Klarheit; den Erdenpilgern erscheint er bloß von weitem, gleichnishaft.

2. Die Himmelsbürger wissen um seine Freudenfülle; die verbannten Evaskinder seufzen noch über des Lebens Bitterkeit.

Kurz und böse sind die Tage dieses Lebens, voll Schmerz und Not. Den Menschen beflecken viele Sünden, umstricken zahlreiche Leidenschaften, befällt manche Angst, hetzt eine Unzahl von Sorgen, beschäftigt eine Menge Rätsel, fesseln endlose Torheiten, umlagern zahlreiche Irrtümer, plagen Mühen ohne Zahl, bedrücken Versuchungen, entkräften Genüsse, foltern Nöte.

3. Wann finden diese Plagen ein Ende? Wann fallen die Ketten der elenden Knechtschaft übler Gewohnheiten? Wann denke ich nur noch an dich, Herr? Wann werde ich völlig in dir glücklich sein? Wann erfreue ich mich ungehindert wahrer Freiheit, ohne jeden leiblichen und seelischen Druck?

Wann erscheint der vollkommene Friede, unzerstörbar und sicher, innen und außen, ein allseitig gefestigter Friede?

Guter Jesus, wann erhebe ich mich, um dich zu schauen? Wann betrachte ich die Glorie deines Reiches? Wann bedeutest du mir alles in allem?

Wann weile ich mit dir in deinem Reiche, das du den Auserwählten von Ewigkeit bereitet hast?

Arm und elend blieb ich im Feindesland zurück, wo sich täglich Kämpfe und Bedrängnis häufen.

4. Lindere meine Verbannung, stille mein Leid, denn nach dir geht mein ganzes Verlangen.

Jeden weltlichen Trost empfinde ich als Last.

Dich innerlich zu verkosten, verlangt mich; aber du entgleitest mir.

Ich möchte dem Himmlischen anhängen; doch die zeitlichen Dinge und die unausgeglichenen Leidenschaften halten mich im Banne.

Seelisch wollte ich über alle Dinge hinauskommen; aber körperlich bleibe ich ihnen unfreiwillig verhaftet.

So ringe ich Unglücklicher mit mir selber und falle mir selber zur Last, indem der Geist nach oben, das Fleisch nach unten strebt.

5. Darum hast du, o Wahrheit, offen erklärt: «Wo dein Schatz ruht, da weilt auch dein Herz.»

Wenn ich den Himmel liebe, so denke ich gern an Himmlisches. Liebe ich jedoch die Welt, so nehme ich an Weltlichem Anteil und bedauere, was die Welt bedauert.

Liebe ich das Fleisch, schwebt mir oft Fleischliches vor. Ist mir der Geist teuer, erquicken mich geistige Erwägungen.

Ich mag was immer lieben, so rede und höre ich gern davon und trage die entsprechenden Bilder mit mir heim.

Glückselig der Mann, der deinetwegen, Herr, allen Geschöpfen den Abschied gibt, der Natur Gewalt antut, die Fleischeslust durch geistlichen Eifer bändigt.

Er kann mit ruhigem Gewissen ein reines Gebet an dich richten und verdient, sich den Engelchören zu gesellen, indem er äußerlich und innerlich alles Irdische abstreifte.

Anmerkung

Krankheit, Verdrießlichkeit, Leid, Versuchung, das unbezwingbare Verlangen nach einem Glück, das kein irdisches Ding uns bieten kann, all das ruft unablässig zur gewaltigen Ewigkeit, wo uns der Glaube, im Besitze Gottes: die Ruhe, den Frieden, das vollkommene, unendliche Gut verheißt, nach dem wir mit allen Fibern unsrer Seele verlangt haben. Deshalb seufzen die Heiligen dermaßen unter den Fesseln, die sie noch auf Erden zurückhalten. Deshalb ruft der Apostel aus: «Ich wünschte, aufgelöst zu sein und bei Christus zu weilen.» Vorüber ist dann jede Furcht, getrocknet jede Träne, beendet jeder Kampf. Ewiger Triumph, ewige Freude herrschen. Wenn schon der schwache Widerschein dieser erhabenen Wahrheiten unsern Verstand entzückt, was gilt erst, wenn sie strahlend erschienen sein werden? Und wenn die Liebe schon gegenwärtig so süß ist, wie wird sie uns an ihrer Quelle munden? Ja, Herr, mein Körper möge sich auflösen, damit ich bei dir weilen kann. Diese Hoffnung allein tröstet mich; erfüllt mein Leben. Was bedeutet mir die Welt; was kann sie mir bieten? «Ich weilte unter den Bewohnern Zedars, aber meine Seele fühlte sich fremd» in ihrer Mitte. Dein Reich, mein Gott, dein Reich! Eine andere Heimat kenne ich nicht. Rufe diesen armen Verbannten dorthin; er wird bei dir ewig deine Barmherzigkeit besingen.

49. KAPITEL: VERLANGE NACH DEM EWIGEN LEBEN, UND ERWÄGE, WELCHE ÜBERGROSSEN GÜTER EINEM TAPFERN STREITER VERHEISSEN SIND

1. Mein Sohn, wenn du von obenher die Sehnsucht nach dem ewigen Leben in dich einströmen fühlst und du das Zelt dieses Leibes verlassen möchtest, um schleierlos meine Herrlichkeit zu schauen, dann weite dein Herz und eröffne es sehnsuchtsvoll diesem heiligen Einfluß.

Danke der göttlichen Güte lange, die so huldreich mit dir verfährt, dich gnädig heimsucht, zur Inbrunst aufruft, dich mächtig über dich selbst erhebt, damit deine Schwerfälligkeit dich nicht zu Boden drückt.

Kein eigenes Nachdenken oder Bemühen hat dir solches verschafft, sondern die Gnade von oben und die göttliche Gunst. Du solltest befähigt werden, in der Tugend demütiger voranzuschreiten, dich auf kommende Kämpfe zu wappnen und mir aus ganzem Herzen anzuhängen und eifrig zu dienen.

2. Mein Sohn, oft brennt zwar das Feuer, aber Rauch begleitet die Flamme. Ebenso steigt das Verlangen vieler

nach dem Himmlischen empor, ohne daß deshalb die Versuchung fleischlicher Begierden aufhörte.

So handeln sie auch nicht lauter zu Gottes Ehre, obschon sie es ehrlich von ihm erbitten.

Auch deine Wünsche, die du als dermaßen innig schilderst, sehen häufig so aus; denn was von Eigenliebe angekränkelt ist, kann weder rein noch vollkommen sein.

3. Erbitte nicht, was dir lieb und bequem scheint, sondern was mir wohlgefällt und zur Ehre gereicht. Bei richtiger Einstellung, hat meine Anordnung jedem deiner Wünsche und Wunschbilder in Gedanken und Ausführung vorzugehen.

Ich kenne dein Verlangen, und vernehme deine häufigen Seufzer.

Schon möchtest du die Freiheit der verklärten Gotteskinder genießen, schon lockt dich die ewige Wohnung und die freudvolle ewige Heimat.

Aber noch ist die Stunde nicht da, noch lebst du in einer andern Zeit, einer Zeit des Ringens, der Mühsal und Prüfung.

Du wünschest, erfüllt zu sein vom höchsten Gut; noch ist es zu früh.

Ich bin dieses Gut. Harre auf mich, spricht der Herr, bis das Gottesreich anbricht.

4. Du mußt hienieden noch erprobt und vielfach geläutert werden.

Zuweilen empfängst du wohl Tröstungen, aber keine volle Sättigung.

Sei «mannhaft und stark» im Tun wie im Ertragen dessen, was die Natur anwidert.

Zieh den neuen Menschen an, werde ein Mann.

Oft hast du etwas Unwillkommenes auszuführen, wogegen du etwas Liebes lassen mußt.

Was andere anstreben, glückt ihnen; was dich anspricht, kommt nicht vom Fleck.

Andere finden Gehör; deine Ansichten werden übergangen.

Andere ersuchen und erreichen ihr Ziel; dein Gesuch wird abgelehnt.

5. Von andern macht man viel Aufhebens; von dir schweigt man.

Andere werden mit dieser oder jener Aufgabe betraut; dich hält man allgemein für unfähig.

Das kränkt zuweilen die Natur; doch bedeutet es schon viel, wenn du es schweigend erträgst.

So beweist nämlich ein treuer Diener Gottes, wie weit er sich selber entsagen und mit sich brechen gelernt hat.

Es gibt kaum etwas, worin dir die Selbstverleugnung nötiger ist, als wenn du Dinge mitansehen und erdulden mußt, die deinem Willen zuwiderlaufen, besonders wenn man dir etwas Mißliebiges oder deiner Ansicht nach Unzweckmäßiges befiehlt.

Und weil du, im Stand des Gehorsams stehend, den Obern nicht zu widersprechen wagst, fällt es dir schwer, stets dem Willen eines andern zu willfahren und jede Eigenmeinung zu verleugnen.

6. Doch, mein Sohn, halte dir die Früchte solcher Überwindung vor Augen, ihr rasches Ende, den übergroßen Lohn. So wird sie dich weniger Mühe kosten, während deine Geduld großen Trost daraus schöpft.

Denn sogar für die Handvoll Eigenwillen, die du nun großmütig aufgibst, wirst du im Himmel stets deinen Willen haben.

Dort findest du alles, was du verlangst; alles, was du verlangen kannst.

Jedes Gut ist dir dort zugänglich, ohne daß du noch seinen Verlust fürchten müßtest. Gemäß seinem restlosen Einklang mit dem meinen, wird dein Wille nichts anderes, nichts Selbsteigenes mehr verlangen.

Niemand wird dir dort widerstehen, niemand dich tadeln, niemand dich hindern, nichts dir im Wege liegen: die Erfüllung aller Wünsche ist eingetreten und erquickt dein Herz über alle Maßen.

Erlittene Schmach erntet nun Ruhm, der Kummer das Ehrenkleid, der letzte Platz den ewigen Thronsitz.

Dort erscheint die Frucht des Gehorsams, frohlockt die Mühe der Buße, wird glorreich gekrönt die demütige Unterwerfung.

7. So beuge dich nun bescheiden unter alle, und frage nicht, von wem dieses Wort oder jener Befehl herrührt.

Darauf achte vielmehr, daß du den Befehl oder Wunsch des Obern, eines Jüngern oder Gleichgestellten in allen Stücken gut empfängst und willig ausführst.

Der eine mag das, ein anderer jenes anstreben; dieser sich in dem, jener in etwas anderem ergötzen und millionenfach Lob ernten: du suche weder das eine noch das andere, sondern freue dich in Selbstverachtung und meinem Wohlgefallen und Lob allein.

Verlange, durch dein Leben und Sterben Gott immerfort in mir zu verherrlichen.

Anmerkung

Man kann es nicht oft genug wiederholen: das erste und letzte Gebot, dasjenige, das alle enthält, heißt: vollständige Selbstverleugnung und restloser Einklang unseres Willens mit dem Willen Gottes. Obwohl wir deshalb nach der ewigen Seligkeit verlangen und die Länge unsrer Verbannung beklagen dürfen, müssen wir sie trotzdem geduldig ertragen und uns freuen über die Prüfungen, die uns die Vorsehung schickt. Alle gereichen uns ja zum Heil, bilden ein gottgewolltes Mittel, um seiner Gerechtigkeit genugzutun und seine Barmherzigkeit und Herrlichkeit an uns zu offenbaren. Als Sünder haben wir am Leiden desjenigen teilzunehmen, der uns erlöst hat. Als Jünger Jesu sollen wir unsern Meister und unser Vorbild nachahmen im Kreuztragen und mit ihm den bittern Kelch leeren. Keiner wird gekrönt, der nicht gekämpft hat. «Glücklich der Mann, der in der Versuchung standhält. Denn nach der Erprobung empfängt er die Krone des Lebens, die Gott denen verheißen hat, die ihn lieben.» Warten wir also den vorherbestimmten Augenblick ab, während wir im Frieden unsre Pilgerfahrt fortsetzen. Alles Endliche ist kurz. Nichts fällt dem schwer, der Hoffnung hat. Dieser Gedanke möge uns ermuntern, wenn wir uns niedergeschlagen fühlen. «Mitten im großen Schiffbruch der Welt», sagt der heilige Johannes Chrysostomus, «wirft uns eine gnädige Hand von oben ein Rettungsseil zu, das uns allmählich aus den Fluten menschlicher Armseligkeit herauszieht und jeden, der sich fest daran klammert, in den Himmel bringt.»

50. KAPITEL: WIE SICH DER MENSCH BEI TROSTLOSIGKEIT GOTTES HÄNDEN ÜBERLASSEN SOLL

1. Herr, Gott, heiliger Vater, sei nun und ewig gepriesen: dein Wille geschah, und dieses Geschehen ist gut.

In dir, nicht in sich, noch in irgendeinem andern frohlockt dein Knecht; du allein bildest meine wahre Freude, du meine Hoffnung und Krone, du meinen Jubel und meine Ehre, o Herr.

Hat dein Knecht irgend etwas, das er unverdienterweise nicht von dir erhielt?

Dein ist alles, was du gegeben und was du getan hast.

«Arm bin ich und lebe von Jugend an in Mühsal»; meine Seele härmt sich zuweilen ab bis zu Tränen, zuweilen zittert sie auch aus Furcht vor den aufwallenden Leidenschaften.

2. Ich wünschte des Friedens Lust, erflehe den Frieden deiner Kinder, die du in lichtem Troste weidest.

Spendest du Frieden, gießest du mir heilige Freude ein,

so singt und klingt es in der Seele deines Dieners, und froh verkündet sie dein Lob.

Entziehst du dich jedoch, wie es nur allzu oft geschieht, vermag sie den Weg deiner Gebote nicht mehr zu wandeln, sondern fällt auf die Knie und klopft an die Brust, weil sie sich nicht «wie gestern und vorgestern» fühlt, als «deine Leuchte über ihrem Haupte erstrahlte und sie «in deiner Flügel Schatten» gegen den Ansturm der Versuchungen gefeit war.

3. Gerechter und stets lobwürdiger Vater, die Prüfungsstunde hat für deinen Diener geschlagen.

Liebwerter Vater, es ist billig, daß dein Diener nunmehr etwas für dich leide.

Immerfort verehrungswürdiger Vater, die Stunde brach an, die du von Ewigkeit her vorausgesehen, wo dein Diener auf kurze Zeit äußerlich darniederliegen muß, mag er auch innerlich bei dir weilen; die Stunde, wo man ihn auf kurze Zeit herabsetzt, demütigt, wo er vor den Menschen versagt, von Leidenschaften und Schwachheiten niedergetreten wird, bis er abermals mit dir in einem neuen Frühlicht auferstehen kann, und im Himmel verklärt sein wird.

Heiliger Vater, so hast du es angeordnet und gewollt; und was du gewollt hast, ist eingetreten.

4. Du erzeigst dich deinem Freunde gegenüber gnädig, indem du ihn auf Erden deinethalber mit Leid und Kummer heimsuchst, so oft und von welcher Seite es sich fügt.

Nichts in dieser Welt geschieht ja grundlos oder ohne deinen Ratschluß.

Die Demütigung bekommt mir wohl, Herr, «denn so erlerne ich deine Gebote» und entsage jedem Dünkel.

Es tut mir gut, daß «Scham mein Antlitz bedeckt»; so lerne ich, anstatt bei Menschen, bei dir Zuflucht suchen.

So lerne ich auch zittern vor deinem unerforschlichen Gericht, indem du den Gerechten wie den Frevler triffst, und zwar mit Fug und Recht.

5. Ich sage dir Dank dafür, daß du meine Vergehen nicht geschont hast, sondern mich durch Leiden und durch äußere wie innere Bedrängnis hart züchtigst.

«Von allen unter dem Himmel» kannst nur du mich trösten, Herr, mein Gott, himmlischer Seelenarzt, «der schlägt und heilt, zur Unterwelt führt, und daraus befreit».

Deine Prüfung und deine Zuchtrute über mir öffneten mir die Augen.

6. Sieh, geliebter Vater, ich überlasse mich deinen Händen, beuge mich unter deiner Zuchtrute; laß sie mir auf Rücken und Nacken niedersausen, auf daß sich meine Verschrobenheit deinem Wille füge.

Mach mich zu einem frommen und demütigen Jünger, wie du es so gut verstehst, damit ich dir auf jeden Wink hin willfahre. Mich und alles meinige empfehle ich deiner Züchtigung. Besser es geschieht hier als drüben.

Du weißt alles und jedes. Kein Strichlein im menschlichen Gewissen entgeht dir.

Schon vor dem Eintritt kennst du das Zukünftige; du brauchst bei niemand Rat einzuholen, noch dich über das irdische Geschehen unterrichten zu lassen.

Du weißt, was mir zum Fortschritt dient und wieviel die Trübsal zur Entfernung des Rostes schlechter Gewohnheiten beiträgt.

Laß dein ersehntes Wohlgefallen sich an mir auswirken; wende deinen Blick ab von meinem Sündenleben, das niemand besser kennt als du.

7. Laß mich begreifen, Herr, was ich begreifen soll; lieben, was ich lieben soll; loben, was dir am meisten wohlgefällt; würdigen, was dir als kostbar gilt; ablehnen, was vor deinen Augen als unrein dasteht.

Laß mich nicht nach dem äußern Augenschein urteilen, noch reden nach dem Hörensagen unerfahrener Menschen.

Möge ich vielmehr, in irdischen wie in geistlichen Dingen, richtig sehen und über allem stets dein Genügen suchen.

Häufig versagt die Wahrnehmung der menschlichen Sinne; und die Weltkinder täuschen sich, wenn sie nur am Sinnfälligen kleben. Ist ein Mensch, wenn er höher eingeschätzt wird, dadurch um irgend etwas besser?

Ihn überhöhend, täuscht ein Irrender einen Irrenden, ein Tor einen Toren, ein Blinder einen Blinden, ein Schwacher einen Schwachen; man macht ihn eigentlich lächerlich, wenn man ihn grundlos lobt.

«So viel jemand in deinen Augen gilt, so viel ist er wert, und nicht mehr», sagte der demütige heilige Franziskus.

Anmerkung

Gott läßt es zu, daß sich unsre Seele bisweilen verlassen fühlt. Ohne Trost, ohne Licht. Von überallher nur Prüfung, Versuchung, Beklemmung. Sie meint, zu unterliegen, weil sie den Arm, der sie unterstützt, nicht sieht. Was tun? Mit Jesus sprechen: «Mein Gott, mein Gott, warum hast du mich verlassen!» Aber trotzdem ruhig bleiben, inmitten von Leid und Finsternis, «bis die Schatten fallen, bis wir den Beginn eines neuen Tages wahrnehmen». Dieser Zustand bildet die schwerste Glaubensprobe; er erscheint der Seele als Bild des Todes. Kalt, unbeweglich, wie gefühllos, wähnt sie sich gleichsam im Grabe eingeschlossen, hängt scheinbar nur noch mittels eines erlahmenden Willens an Gott, und sogar dessen ist sie nicht ganz sicher. O welche Gnaden entspringen diesem Todeskampf, mit demütiger Geduld ertragen. Wieviele Sünden sühnt ein solches Leid. Es vollzieht in uns das Geheimnis des Heiles; wir werden wirklich Jesus gleichförmig, vorausgesetzt, daß wir mit aufrichtigem, unerschütterlichem Glauben gelassen wiederholen: Ja, Vater, ich nehme den Kelch an; ich will ihn bis zur Neige trinken. Ja, Vater, denn so hast du es gewollt.

51. KAPITEL: BESCHÄFTIGE DICH MIT BESCHEIDENEN DINGEN, WENN DIR EINE HÖHERE TÄTIGKEIT UNMÖGLICH IST

1. Mein Sohn, du vermagst nicht beständig dasselbe Tugendverlangen in dir zu tragen, noch die gleich hohe Beschauungsstufe beizubehalten.

Angesichts deiner verdorbenen Natur mußt du zuweilen niedersteigen und, obschon widerwillig, die Last des vergänglichen Lebens spüren.

Solang du im sterblichen Leib wohnst, wirst du Unlust und Bangen empfinden.

So bleibt nichts übrig, als im Fleische oft über des Fleisches Last zu seufzen, die es dir verunmöglicht, dich unablässig geistlichen Dingen und der göttlichen Beschauung zu widmen.

2. Du tust dann gut, deine Zuflucht zu bescheidenen äußern Beschäftigungen zu nehmen und dich mit guten Taten zu erquicken, im Vertrauen auf meine Wiederkunft und erhabene Heimsuchung, in geduldigem Ertragen deiner Verbannung und Geistesdürre, bis ich dich abermals aufsuche und aller Beklemmung entreiße.

Dann werde ich dich alle Mühen vergessen und stets Ruhe genießen lassen.

Die Gefilde der Heiligen Schrift breite ich vor dir aus, sodaß du frohen Herzens den Weg meiner Gebote laufen kannst.

Du wirst dann verstehen, daß «die Leiden dieser Zeit nicht ins Gewicht fallen, verglichen mit der künftigen Glorie, die an uns offenbar werden wird».

Anmerkung

Gott schauen und ihn lieben; ihn immer wieder schauen und lieben: das macht den Himmel aus. Hienieden empfängt die Seele bisweilen einen Vorgeschmack davon. Da erhebt sie sich über sich selbst und fühlt sich voller Eifer. Freuderfüllt spricht sie: Hier ist gut sein! Doch bald bricht erneut die Prüfungszeit an. Es heißt vom Tabor heruntersteigen, den Kreuzweg wieder aufnehmen. Glücklich die Seele, die in Entblößung, Trockenheit und Leid den Frieden bewahrt, ohne sich entmutigen zu lassen, ohne zu murren; die dem sterbenden Jesus treu und mutig auf den Kalvarienberg folgt und sich, nach der Teilnahme am Mahle des Bräutigams, auch bereitfindet, sein Opfer zu teilen, gemäß dem Apostelwort: «Gehen auch wir hin, um mit ihm zu sterben.»

52. KAPITEL: DER MENSCH HALTE SICH NICHT DES TROSTES, SONDERN DER STRAFE WÜRDIG

1. Herr, ich verdiene weder deinen Trost noch sonst eine geistliche Heimsuchung.

Du verfährst ganz recht mit mir, wenn du mich der Armseligkeit und Verlassenheit überantwortest.

Denn könnte ich auch ein Meer von Tränen vergießen, bliebe mir dein Trost trotzdem ungeschuldet.

Nur Züchtigung und Strafe sind mein Anteil, indem ich dich oft und schwer beleidigte und es in vielen Stücken fehlen ließ.

Überlege ich, was ich verdiene, so habe ich auf keinerlei Tröstung Anrecht.

Du aber, milder und barmherziger Gott, willst deine Werke nicht zugrunde gehen lassen. Und so hast du auch deinen Knecht übernatürlich getröstet, damit deine unverdiente reiche Güte an den «Gefäßen deiner Barmherzigkeit» zutage trete.

Deine Tröstungen haben mit Menschenworten nichts gemeinsam.

2. Was tat ich, Herr, um einigen himmlischen Trost von dir zu erhalten?

Ich erinnere mich an nichts Gutes, sondern nur an ständige Neigung zum Bösen und an Trägheit in der Besserung.

So ist es, und ich kann es nicht ableugnen. Spräche ich anders, würdest du gegen mich aufstehen, und kein Verteidiger fände sich ein. Habe ich für meine Sünden etwas anderes als die Hölle und das ewige Feuer verdient?

Ehrlich bekenne ich, daß ich mich jeder Schmach und Verachtung schuldig machte und eigentlich nicht zu deinen Frommen gezählt werden darf.

So ungern ich es höre, lege ich doch gegen mich Zeugnis ab für die Wahrheit; klage mich meiner Vergehen an, um leichter dein Erbarmen zu finden.

3. Was soll ich Schuldbeladener vorbringen, der nur Herabsetzung verdient? Die Sprache fehlt mir, außer zum einen Bekenntnis: Ich habe gesündigt, Herr, ich habe gesündigt; erbarme dich meiner, verzeihe mir!

Laß mich «mein Leid etwas beweinen, bevor ich ins Dunkel der Erde und in den Todesschatten hinabsteige». Verlangst du von einem schuldigen, armseligen Sünder nicht in erster Linie, daß er, angesichts seiner Sünden, Zerknirschung und Demut bekunde?

Aus dieser wahren Zerknirschung und Herzensdemut heraus steigt dann die Hoffnung auf Verzeihung, gewinnt das verwirrte Gewissen Ruhe, kehrt die verlorne Gnade wieder, erlangt der Mensch Schutz vor dem kommenden Zorn, und begegnen sich «in heiligem Kuß» abermals Gott und die reumütige Seele.

4. Demütige Reue über die Fehltritte bedeutet dir, Herr, ein wohlgefälliges Opfer, weit wohlriechender vor deinem Angesicht als Weihrauch.

Sie bildet die köstliche Salbe, die du über deine heiligen Füße hast ausgießen lassen. Noch nie hast du ja ein zerknirschtes und gedemütigtes Herz verschmäht.

Sie stellt den Zufluchtsort dar «vor dem feindlichen Grimme». Sie führt zur Besserung und wäscht jeden anhaftenden Makel ab.

Anmerkung

Einige haschen allzu gierig nach himmlischer Tröstung, und deren Fehlen entmutigt sie. Doch vergessen wir nicht, daß wir keinerlei Anrecht auf solche Gnaden haben. Gott belohnt damit entweder außerordentlich eifrige Seelen oder ermutigt noch schwache, damit ihnen Leid und Buße weniger schwerfallen. Außerdem haben wir stets «die Abtötung Jesu in uns zu tragen; so kann auch das Leben Jesu an uns offenbar werden». Wo bliebe die Sühne, wo bliebe das Verdienst, wenn wir nicht zu leiden hätten, oder wenn unsre Leiden beständig mit himmlischer Salbung gepaart gingen, die sie linderte und bisweilen süßer machte als es irgendeine Erdenfreude vermöchte? – Als armselige Sünder haben wir lediglich Anrecht auf Strafe. Und wir wollten schon auf dieser Welt das Himmelsglück genießen? Preisen wir vielmehr Gottes Barmherzigkeit, daß sie die ewige Pein mit zeitlicher Prüfung vertauscht. Preisen wir Gott, der sich während unsrer Erdenwanderung nur deshalb erinnert, was wir seiner Gerechtigkeit schulden, damit er es hernach für immer vergessen kann. Sagen wir ihm, aus der Tiefe eines zerknirschten, aber dank- und lieberfüllten Herzens: «Wasche mich mehr und mehr von meiner Bosheit, Herr, und reinige mich von meiner Sünde; denn ich erkenne meine Missetat, und meine Schuld steht mir unablässig vor Augen.»

53. KAPITEL: DEN IRDISCH GESINNTEN BLEIBT GOTTES GNADE FERN

1. Mein Sohn, kostbar ist meine Gnade; sie duldet keine Vermengung mit äußern Dingen oder irdischer Ablenkung.

Soll sie dir eingegossen werden, mußt du jedes Gnadenhindernis entfernen.

Zieh dich zurück in die Einsamkeit, weile gern mit dir allein, suche keine Gesellschaft, sondern richte vielmehr dein frommes Gebet zu Gott, damit dein Geist reumütig bleibt und dein Gewissen rein.

Erachte die ganze Welt als nichts; zieh allem Äußern den Umgang mit Gott vor.

Denn du kannst nicht mit mir verkehren und dich zugleich an Vergänglichem laben.

Bekannte und liebe Menschen mußt du lassen und das Herz jedem zeitlichen Trost verschließen.

In diesem Sinn beschwört der selige Apostel Petrus die Christgläubigen, sich hienieden wie Fremde und Pilger zu verhalten.

2. Wie großes Vertrauen beseelt den Sterbenden, den keine irdische Anhänglichkeit hier zurückhält!

Ein derart von allem losgeschältes Herz ist allerdings dem schlaffen Sinn ein Rätsel, noch erfaßt ein fleischlich eingestellter Mensch die Freiheit eines innerlich gesinnten.

Und doch, will man wirklich die geistliche Welt betreten, heißt es von Fernstehenden und Nahestehenden Abschied nehmen und sich am allermeisten vor sich selber hüten.

Hast du dich gänzlich bezwungen, unterwirfst du unschwer alles übrige.

Der Sieg ist vollkommen, sobald man über sich selber triumphiert.

Wer sich im Zaum hält, so daß die Sinne der Vernunft in allem gehorchen, der hat sich selbst besiegt, und die Welt liegt ihm zu Füßen.

3. Ersehnst du diese Ruhe, gilt es, mannhaft zu beginnen und die Axt an die Wurzel zu legen, um die geheime ungeordnete Anhänglichkeit an dich selber und alle Außendinge auszurotten.

Fast alles, was entwurzelt werden muß, hängt mit der verkehrten Selbstliebe zusammen. Ist diese einmal unterworfen, herrscht tiefer Friede und große Ruhe.

Da sich allerdings nur wenige völlig absterben und gänzlich verlassen wollen, bleiben die meisten in sich selbst verstrickt, unfähig, über sich hinauszuwachsen.

Verlangt jemand, ungehindert mit mir zu wandeln, hat er jede verkehrte Anhänglichkeit restlos abzutöten und darf keinem Geschöpf eigenwillig verhaftet bleiben.

Anmerkung

«Niemand kann zwei Herren dienen. Entweder liebt er den einen und haßt den anderen, oder er hängt diesem an und verachtet jenen.» Wir können nicht zugleich Gott und der Welt dienen. Das Christenleben besteht darin, sich loszumachen von der Sklaverei des Teufels, um die Freiheit der Gotteskinder zu erlangen. Nun kämpft aber die Gnade in uns für Gott gegen die verderbte Natur, die uns zur Welt hinzieht. Ein heißes Ringen, aus dem nur der siegreich hervorgeht, der sich selber abstirbt, seinen Gedanken, seinen Launen, seinen Neigungen. Der körperliche Tod, mit dem der Kampf zwischen Natur und Gnade für immer endet, bildet den letzten Sieg des Christen. Das ließ den Apostel Paulus ausrufen: «Wer wird mich befreien von diesem todgeweihten Leib!» Suchen wir uns also abzusterben, lösen wir uns gänzlich von der Erde und allen Erdendingen, entsagen wir uns selber. Leben wir nur noch in Gott, von Gott, für Gott. Was suchen wir außer ihm? Enthält er nicht jedes Gut? Wann wird es uns gegeben sein, ihn so zu schauen, «wie er ist, von Angesicht zu Angesicht»; uns zu berauschen an seinem Wesen und an seiner endlosen Glorie? Wünschen wir diesen Augenblick bald herbei, diesen Augenblick, der unsre Ewigkeit festlegt. Rufen wir voll Sehnsucht mit dem Propheten: «Weh mir, daß meine Verbannung sich länger hinzieht; ich wohnte zusammen mit den Völkern Zedars, und meine Seele fühlte sich fremd unter ihnen.»

54. KAPITEL: VOM UNTERSCHIED ZWISCHEN DEN REGUNGEN DER NATUR UND DER GNADE

1. Mein Sohn, achte wohl auf die Gegensätzlichkeit und Feinheit der Regungen von Natur und Gnade. Nur ein geistlicher und innerlich erleuchteter Mensch vermag sie auseinanderzuhalten.

Zwar streben alle nach dem Guten und wollen etwas Gutes durch ihr Reden und Tun; aber gerade deshalb täuschen sich viele unter dem Schein des Guten.

Die Natur ist verschlagen, sie lockt manche an, verstrickt und täuscht sie, und nimmt sich immer selbst zum Ziel.

Die Gnade hingegen geht einfältig zu Werk, meidet sogar den Schein des Bösen, legt keinen Hinterhalt, vollzieht alles nur um Gottes willen, in dem sie schlußendlich ruht.

2. Die Natur sträubt sich gegen das Absterben, gegen jede Beschränkung, gegen alles Unterliegen, sich Unterwerfen, sich freiwillig Unterstellen.

Die Gnade dagegen ist um Abtötung bemüht, widersteht der Sinnlichkeit, sucht sich zu fügen, läßt sich gern besiegen und verzichtet willig auf Eigenbestimmung. Sie liebt den Gehorsam, verlangt niemandem zu befehlen, wünscht vielmehr stets Gott unterworfen zu leben, zu stehen und zu sein, und ist demütig bereit, sich Gottes wegen allen Geschöpfen zu fügen.

Die Natur arbeitet auf ihren Vorteil hin und berechnet, was ihr jemand einträgt. Die Gnade achtet auf den allgemeinen Nutzen, nicht auf Sondergewinn.

Die Natur empfängt gern Ehre und Achtung; die Gnade dagegen lenkt alle Ehre und Glorie auf Gott hin.

3. Die Natur fürchtet sich vor Herabsetzung und Verschmähtwerden, wogegen sich die Gnade freut, «um des Namens Jesu willen Schmach zu erdulden».

Die Natur liebt Muße und Rast. Die Gnade kann nicht untätig bleiben, sondern wirkt gern.

Die Natur sucht den Besitz seltener und schöner Dinge, verabscheut das Gewöhnliche und Grobe. Umgekehrt freut sich die Gnade am Einfachen und Schlichten, nimmt auch das Harte an und weist ein altes Gewand nicht zurück.

Die Natur richtet ihr Augenmerk auf Irdisches; zeitlicher Gewinn beglückt sie, zeitlicher Verlust betrübt sie, schon ein geringes Schimpfwort regt sie auf.

Die Gnade hingegen lenkt ihren Blick auf das Ewige, hängt nicht am Zeitlichen, der Verlust irdischen Besitzes bringt sie nicht aus der Fassung, harte Worte regen sie nicht auf. Ihr Schatz und ihre Freude liegen im Himmel, wo nichts untergeht.

4. Die Natur ist gierig, sie zieht dem Geben das Empfangen vor und liebt es, die Dinge zu eigen und ausschließlich zu haben.

Die Gnade ist gütig und hat Gemeinsinn, sie vermeidet das Absonderliche, gibt sich mit wenigem zufrieden, hält «Geben für seliger als Nehmen».

Die Natur neigt den Geschöpfen zu, dem eigenen Fleisch, Torheiten und Gerede. Die Gnade dagegen begeistert sich für Gott und die Tugend, sie entsagt den Geschöpfen, flieht die Welt, haßt die fleischlichen Begierden, sucht selten Ablenkung, schreckt zurück vor öffentlichem Erscheinen.

Die Natur liebt äußern Trost, der ihren Sinnen schmeichelt. Die Gnade dagegen sucht nur in Gott Trost und im höchsten Gut die Freude über allen Erdenfreuden.

5. Die Natur tut alles im Hinblick auf Gewinn und Eigenvorteil; sie vermag nichts umsonst zu tun, sondern erwartet entweder Gleiches oder Besseres, Lob und Anerkennung für ihr Entgegenkommen. Sie will ihr Tun und Spenden gebührend gewürdigt sehen.

Anders die Gnade. Sie verlangt nichts Zeitliches, noch einen anderen Lohn als Gott allein. Und vom irdisch Notwendigen verlangt sie nur soviel, als es ihr zur Erlangung des ewigen Lebens dient.

6. Die Natur freut sich an zahlreichen Freunden und Bekannten, prunkt mit hoher Stellung und adeliger Herkunft, beweihraucht die Mächtigen, umschmeichelt die Reichen, beklatscht ihresgleichen.

Die Gnade hingegen liebt auch die Feinde, prahlt keineswegs mit vielen Freunden, Stellung und Adel zählen nicht für sie, falls nicht eine höhere Tugend damit gepaart geht, sie hält eher zum Armen als zum Reichen, ihr Mitgefühl gilt dem Unschuldigen, nicht dem Mächtigen, sie freut sich mit dem Ehrlichen, nicht mit dem Schlauen, sie eifert die Guten an, höhere Gnadengaben anzustreben und im Tugendleben den Sohn Gottes nachzuahmen.

Die Natur klagt rasch, wenn ihr etwas abgeht oder schwerfällt. Die Gnade erträgt standhaft die Dürftigkeit.

7. Die Natur sieht alles unter dem eignen Gesichtswinkel, ringt und redet zu ihren Gunsten. Die Gnade dagegen bezieht alles ursprünglich auf Gott, schreibt sich nichts Gutes zu, bildet sich nicht vermessen etwas ein, streitet nicht, noch bevorzugt sie ihre Meinung der Meinung anderer; ihr Denken und Meinen unterwirft sie ausnahmslos der ewigen Weisheit und dem Urteil Gottes. Die Natur jagt Verborgenem und Neuem nach, sie möchte nach außen hervortreten, alles Mögliche selbst in Erfahrung bringen, anerkannt sein und ausführen, was ihr Lob und Bewunderung einträgt.

Die Gnade aber kümmert sich um keine Neuigkeiten, denn all das hängt mit der alten Verderbnis zusammen, wogegen es auf Erden nichts eigentlich Neues und Dauerhaftes gibt.

Also lehrt sie die Sinne im Zaum halten, demütig verbergen, was Lob und Bewunderung verdient, und in allen Dingen und bei jeder Kenntnis den Nutzen und Gottes Lob und Ehre suchen.

Sie will nicht sich, noch das ihrige ausrufen, sondern wünscht Gott in seinen Gaben zu preisen, der alles aus lauter Liebe spendet.

8. Diese Gnade ist ein übernatürliches Licht und eine besondere Gottesgabe; sie bildet das Siegel der Auserwählten, das Pfand ewigen Heils.

Sie erhebt den Menschen vom Irdischen zur Liebe des Himmlischen, führt ihn von sinnlicher zu geistlicher Einstellung.

Je mehr jemand also die Natur bezwingt und besiegt, um so mehr Gnade wird ihm eingegossen. Durch täglich erneute Zuflüsse wird so der innere Mensch allmählich nach dem Bilde Gottes umgestaltet.

Anmerkung

Nach der Lehre des großen Apostels beherrscht uns ein doppeltes Gesetz: das Gesetz des Fleisches, das uns der Sünde unterwirft, und das Gesetz des Geistes, das uns mit Hilfe der von Christus verdienten Gnade in der Ordnung erhält. Aufgespalten zwischen diesen beiden Gesetzen, «zwischen Fleisch und Geist, die sich unaufhörlich bekämpfen», schwanken wir hienieden hin und her zwischen Gut und Bös, zwischen Gott und Welt. Dahin drängt die Natur, dorthin die Gnade, die sogar den größten Sündern nie ganz fehlt, ähnlich wie auch die Begierlichkeit ihr Werben sogar um die Besten nie ganz einstellt. Was wird aus unsrer armen Seele werden in diesem schrecklichen Ringen?

Wie muß sie bangen um den Ausgang des Kampfes! Paulus bekannte: «Die gesamte Schöpfung liegt in Seufzen und Wehen; und nicht nur sie, auch wir, die doch als erste bereits die Gabe des Geistes besitzen, seufzen im Inneren und müssen warten auf die Annahme an Kindes Statt von seiten Gottes, auf die Befreiung unseres Leibes.» Selig dieser Tag! Wann wird er anbrechen? Wann werden wir den köstlichen Frieden einer unwandelbaren Liebe verkosten? «Ich verlange, aufgelöst zu sein, um bei Christus zu weilen.» – «Meine Seele lechzt nach dem starken Gott, dem lebendigen Gott. – Wann werde ich kommen, um vor dem Antlitz meines Gottes zu erscheinen?»

55. KAPITEL: VON DER VERDORBENHEIT DER NATUR UND DER SIEGHAFTEN KRAFT DER GÖTTLICHEN GNADE

1. Herr, mein Gott, du hast mich nach deinem Bild und Gleichnis erschaffen: verleih mir nun die Gnade, die du als dermaßen groß und heilsnotwendig hinstellst. Das wird mir den Sieg über meine arge Natur ermöglichen, die mich in Sünde und Verderben reißt.

Denn ich spüre in meinem Fleisch das Gesetz der Sünde, das sich gegen das Gesetz des Geistes aufbäumt und mich in manchen Stücken der Sinnlichkeit unterwirft.

Nur dann vermag ich den Leidenschaften zu widerstehen, wenn deine heilige Gnade mein Herz aufsucht, es entflammt und mich unterstützt.

2. Ich benötige deine Gnade, und zwar eine große Gnade, soll die von Jugend auf zum Bösen geneigte Natur unterjocht werden.

Im Stammvater strauchelte sie, und wurde durch die Sünde verdorben; seitdem erreicht die Strafe dieser Makel alle Menschen.

Die Natur selber, die du gut und recht erschaffen, ist nun mit böser Neigung und Schwachheit gleichbedeutend, weil sie, sich selbst überlassen, zum Bösen und Niedrigen drängt.

Die Handvoll verbliebener Kraft gleicht der Glut unter der Asche; es ist die in Dunkel gehüllte natürliche Vernunft.

Zwar vermag sie noch Gut und Böse, Wahr und Falsch zu unterscheiden. Aber sie ist außerstande, alles zu wirken, was sie gutheißt; noch hat sie das volle Wahrheitslicht, noch das gesunde Fühlen.

3. Daher kommt es, mein Gott, daß der innere Mensch in mir zwar an deinem Gesetz Gefallen findet, an deinen offensichtlich guten, gerechten und heiligen Geboten, die das Böse restlos rügen und die Sünde verwerfen, daß aber der fleischliche Mensch in mir dem Gesetz der Sünde untersteht und mehr der Sinnlichkeit als der Vernunft gehorcht.

Daher kommt es, daß ich zwar das Gute möchte, aber bei dessen Verwirklichung versage.

Daher mache ich häufig gute Vorsätze, lasse sie aber schon beim geringsten Widerstand unausgeführt, weil die Gnade meiner Schwachheit fehlt.

So kenne ich zwar den Weg der Vollkommenheit und weiß wohl, was ich tun sollte, aber unter dem Druck der eigenen Verderbtheit komme ich nicht vorwärts.

4. Herr, wie unbedingt nötig habe ich deine Gnade, um das Gute zu beginnen, fortzusetzen und zu vollenden!

Ohne sie vermag ich nichts; aber alles in dir, mit Hilfe deiner Gnade.

O wahrhaft himmlische Gnade, ohne die es keine eigenen Verdienste gibt, keine schätzenswerten natürlichen Gaben.

Denn wertlos in deinen Augen sind ohne die Gnade: Kunst und Wissenschaft, Schönheit und Kraft, Geist und Beredsamkeit.

Die natürlichen Gaben fallen ja gleichermaßen Guten und Bösen zu, wogegen die Gnade oder eingegossene Liebe den

Guten eigen ist und ihr Besitz ihnen das ewige Leben verschafft.

So überragend ist der Wert der Gnade, daß weder die Gabe der Schriftdeutung, noch Wunderwirken, noch irgendein erhabener Geistesflug ohne sie etwas gilt.

Doch auch Glaube, Hoffnung und die übrigen Tugendkräfte gefallen dir nicht, wenn Liebe und Gnade fehlen.

5. O selige Gnade, den Armen im Geiste machst du tugendreich, und den an vielen Gütern Reichen machst du von Herzen demütig.

Komm, senke dich auf mich nieder, erfülle mich schon bei Tagesbeginn mit deinem Trost, sonst erlahmt und vertrocknet meine Seele.

Herr, ich beschwöre dich, laß mich in deinen Augen Gnade finden, denn «deine Gnade genügt mir», sollten auch die Wünsche der Natur unerfüllt bleiben.

Versucht und quält mich manche Trübsal, wird mir trotzdem nicht bange, solange deine Gnade mich begleitet.

In ihr ruht meine Stärke, mein Rat, mein Beistand.

Alle Feinde übertrifft sie an Kraft, alle Weisen an Weisheit.

6. Sie lehrt Wahrheit, unterrichtet in der Zucht, erleuchtet das Herz, tröstet in Betrübnis, verscheucht die Traurigkeit, behebt die Furcht, nährt die Andacht, spendet die Gabe der Tränen.

Was bin ich anderes ohne sie, als ein trockenes Holz und ein nutzloser Sproß, wert, verworfen zu werden.

«So möge mir denn deine Gnade, Herr, immer zuvorkommen und mich begleiten; sie lasse mich unablässig mich guten Werken ergeben, durch Jesus Christus, deinen Sohn. Amen.»

Anmerkung

Die Religion erfüllt eine doppelte Aufgabe: sie enthüllt uns unsre Armseligkeit und offenbart uns die Arznei dagegen; sie lehrt uns aber auch, daß wir aus uns selber das

Heil nicht wirken können, aber «alles in dem vermögen, der uns stärkt». Daher das Pauluswort, gleichermaßen wahr und verblüffend für den menschlichen Hochmut: «Ich rühme mich meiner Schwachheiten, damit die Kraft Jesu Christi in mir wohne; ja, gern bin ich um Christi willen schwach... denn, wenn ich schwach bin, dann bin ich stark.» Erfassen wir diesen Gedanken; lernen wir uns demütigen und unsre Schwäche hinnehmen, ja uns gewissermaßen unseres Nichts freuen. Haben wir einmal jede eitle Meinung über uns aufgegeben und gleichsam ein tiefes Bett in unserm Innern gegraben, dann können sich die Gnadenfluten hineinstürzen. Der Friede auf Erden wird uns zuteil; denn was kann den Frieden dessen stören, der sich selbst vergißt und verachtet, nur auf Gott baut, nur Gott anhängt? Friede den Menschen guten Willens, den von Herzen Demütigen; Friede sei ihnen hienieden, und im Himmel die Erfüllung mit Glorie.

56. KAPITEL: WIR MÜSSEN UNS SELBST VERLEUGNEN UND CHRISTUS KREUZTRAGEND NACHFOLGEN

1. Mein Sohn, nach dem Maß, nach dem du dich verlassen kannst, vermagst du in mich überzugehen.

Nichts außer dir verlangen, macht dich eins mit dir. Dich selbst verlassen, macht dich eins mit Gott.

Du hast unbedingt die vollständige Aushändigung deines Willens an den meinigen zu erlernen, widerstandslos, klaglos.

Folge mir; «ich bin der Weg, die Wahrheit und das Leben.»

Ohne Weg, kein Gang; ohne Wahrheit, kein Erkennen; ohne Leben, keine Bewegung.

Ich bin der Weg, den du beschreiten; die Wahrheit, die du glauben; das Leben, das du erhoffen sollst.

Ich bin der Weg ohne Fehl, die Wahrheit ohne Trug, das Leben ohne Ende.

Ich bin der beste Weg, die höchste Wahrheit, das wahre, selige, unerschaffene Leben.

Bleibst du auf meinem Weg, so «wirst du die Wahrheit erkennen, und die Wahrheit wird dich frei machen, und du gelangst zum ewigen Leben».

2. «Willst du zum Leben eingehen, so halte die Gebote.»

Willst du die Wahrheit erkennen, so schenke mir Glauben.

«Willst du vollkommen sein, verkaufe alles.»

«Willst du mein Jünger werden, verleugne dich selbst.»

Willst du das selige Leben erben, verachte das gegenwärtige.

Willst du im Himmel erhöht werden, verdemütige dich in der Welt.

Willst du mit mir herrschen, trage dein Kreuz; denn allein die Kreuzträger finden den Pfad der Seligkeit und des wahren Lichtes.

3. Herr Jesus, mühsam war dein Leben und verächtlich in den Augen der Welt; so bewirke, daß ich deine Weltverachtung nachahme.

«Der Knecht steht ja nicht über dem Herrn, noch der Jünger über dem Meister.»

Dein Knecht möge sich in deiner Lebensführung üben, weil darin Heil und wahre Gottseligkeit liegt.

Was ich anderes lese oder höre, vermag mich weder recht zu erquicken noch eigentlich zu freuen.

4. Mein Sohn, nachdem du das weißt und das alles gelesen hast, wird dich die Ausführung beseligen.

«Wer meine Gebote hat und sie hält, der liebt mich, und auch ich werde ihn lieben und mich ihm offenbaren» und ihn im Reiche meines Vaters mit mir Platz nehmen lassen.

5. Herr Jesus, möge sich dein Wort und Gelöbnis an mir erfüllen.

Ich empfing ein Kreuz, und empfing es von deiner Hand; so will ich es tragen, und bis zum Tode tragen, wie du es mir auferlegt hast.

Wahrlich, das Leben eines guten Mönches ist ein Kreuz, aber es führt zum Paradiese.

Du hast es begonnen; ein Rückschritt ist unstatthaft; es braucht nicht aufgegeben zu werden.

Wohlan, Brüder, schließt die Reihen, Jesus begleitet uns.

Um Jesu willen haben wir dieses Kreuz auf uns genommen; um Jesu willen harren wir am Kreuze aus.

Der uns führt und voranging, wird uns helfen; unser König kämpft für uns und weist uns den Weg.

Folgen wir ihm mannhaft; keiner fürchte die Schrecken. Seien wir bereit, tapfer im Krieg zu sterben; hüten wir uns, den Ruhm unseres Namens durch Kreuzesflucht zu trüben.

Anmerkung

Merkwürdigerweise hat man dem Menschen immer von neuem zu sagen: Denk an deine Seele, die Zeit flieht, die Ewigkeit rückt näher; morgen, ja vielleicht heute schon, kann sie für dich anbrechen. Trotzdem bleibt es wahr, daß wir diese erschreckende Tatsache stündlich vergessen, wenn sie uns nicht stündlich in Erinnerung gerufen wird. So mächtig wirkt die Anziehungskraft der Welt auf das gefallene Geschöpf. Erwache also, schüttle den Schlaf ab, verschiebe nicht länger die Sorge um das einzig Notwendige. Leg rasch Hand ans Werk, solang es noch Tag ist; denn «es kommt die Nacht, wo niemand mehr wirken kann», die schreckliche Nacht, die trostlose Nacht, die Nacht ohne Morgen. Verlaß 'also, ohne einen Augenblick zu zögern, verlaß «den breiten Weg des Verderbens»; schlag «den engen Weg des Lebens» ein. Bekämpfe mutig die Neigungen der zum Bösen bereiten Natur, verleugne dich selbst, trage dein Kreuz. Im Kreuz liegt Kraft, liegt Hoffnung, liegt Heil. Selig, wer mit dem Apostel ausschließlich Jesus, und zwar Jesus den Gekreuzigten kennt. Er wird am Jüngsten Tag das ewige Wonnewort hören: Komm, Gesegneter meines Vaters, besitze das Reich, das dir von Anbeginn der Welt bereitet ist. – Die Verächter des Kreuzes, die sich selber verdammen, erwartet ein anderes Los: «Ein Becher ruht in Jahves Hand, mit schäumendem Mischwein gefüllt; er neigt ihn, und er wird geleert bis zur Hefe, die alle Gottlosen der Erde trinken werden.»

57. KAPITEL: DER FALL IN EINIGE FEHLER SOLL DEN MENSCHEN NICHT ENTMUTIGEN

1. Mein Sohn, Geduld und Demut an bösen Tagen gefallen mir mehr als viel Trost und große Andacht an guten.

Was betrübst du dich, wenn man dir eine Kleinigkeit vorwirft? Nicht einmal, wenn es sich um etwas Bedeutendes handelte, dürftest du die Fassung verlieren.

Geh darüber hinweg; es ist nicht das erstemal, daß dir so etwas begegnet, noch geschah etwas Unerhörtes. Auch wird es nicht zum letztenmal vorgekommen sein, wenn du noch lange lebst.

Wie mannhaft benimmst du dich, solange dir nichts Widriges zustößt. Du verstehst es dann wohl, andere zu beraten und ihnen Mut einzuflößen. Klopft aber die Trübsal an deine Tür, ist es um deinen Rat und deine Kraft geschehn.

Schau, wie du erfahrungsgemäß ungemein schwach bist, sobald etwas Derartiges eintritt. Dennoch geschah dies und anderes zu deinem Heil.

2. Nimm dich möglichst herzhaft zusammen. Berührt es dich trotzdem heimlich, laß dich nicht entmutigen, noch halte dich lange dabei auf.

Ertrage wenigstens geduldig, was du noch nicht frohmütig zu ertragen vermagst.

Und hörst du etwas weniger gern, oder regt es dich auf, so bemeistere dich und laß dir kein übereiltes Wort entschlüpfen, das den Schwachen Anstoß geben könnte.

Mit der Wiederkehr der Gnade wird sich auch die Erregung rasch legen, und der Unmut erstirbt.

Noch lebe ich, spricht der Herr, und bin bereit, dir zu helfen, und dich mehr als bisher zu trösten, wenn du auf mich vertraust und fromm mich anrufst.

3. Sei gleichmütiger als bisher, und wappne dich mit vermehrter Zuversicht.

Noch ist nicht alles verloren, wenn du dich häufig beunruhigt und schwer versucht fühlst.

Ein Mensch bist du, kein Gott; Fleisch, und kein Engel.

Wie wolltest du stets den nämlichen Tugendzustand behalten, da weder der Engel im Himmel noch der erste Mensch das vermocht?

Ich bin's, der die Betrübten aufrichtet, und die ihrer Schwachheit Bewußten meiner Gottheit näherbringt.

4. Herr, gepriesen sei dein Wort, das mir köstlicher mundet als Honig und Honigseim.

Was vermöchte ich bei aller Trübsal und Beklemmung ohne den Beistand deiner heiligen Eingebungen?

Gelange ich nur zum Hafen des Heils, was verschlägt die Art und Zahl meiner Leiden.

Laß mich gut enden, laß mich diese Welt wohlvorbereitet verlassen. Gedenke meiner, mein Gott, und lenke mich geradewegs zu deinem Reiche. Amen.

Anmerkung

Mit andern Geduld haben ist nicht genug, man muß sie auch mit sich selber haben. Beschleicht uns nach einem Fehltritt ein gewisses bitteres, erregtes Gefühl, so rührt das eher vom gedemütigten Hochmut her als von einer gottgemäßen Reue. Ein demütiger Mensch kennt seine

Schwäche; er wundert sich nicht über den Fall. Wohl betrübt er sich darüber, bittet um Verzeihung, aber steht alsdann friedlich wieder auf, um mit neuem Mut wieder anzufangen. Versagen ist ohne Zweifel ein Übel; aber darüber verwirrt werden, verdoppelt es. Die Verwirrung wurzelt entweder in einer Art stolzer Enttäuschung darüber, daß man sich schwach fand, oder im Mangel an Vertrauen auf den, «der unsre Schwachheiten heilt». «Wachet und betet, damit ihr nicht in Versuchung fallet.» Fällst du dennoch unter dem Druck der Versuchung, so wache und bete eifriger. Aber verliere nie den Frieden. Denn unser Gott «ist ein Gott des Friedens, und er hat uns zum Frieden berufen; die Gnade, Barmherzigkeit und der Friede Gottes des Vaters und unseres Herrn Jesus Christus» begleite uns also immerdar. Mögen sie uns durch die Prüfungen dieser Zeit zu den Freuden der Ewigkeit führen.

58. KAPITEL: ERFORSCHE NICHT ENTLEGENES, NOCH DIE VERBORGENEN GOTTESGERICHTE

1. Mein Sohn, grüble nicht nach über entlegene Dinge oder die geheimen Gottesgerichte: warum dieser in diesem Zustand bleibt, wogegen jener zu jener Gnade gelangt; warum den einen die Prüfung, den andern die Erhöhung trifft.

All das übersteigt menschliches Fassen, und kein Grübeln und Erörtern errät den göttlichen Ratschluß.

Will dich also der Feind verleiten, oder werfen gewisse neugierige Menschen solche Fragen auf, antworte ihnen mit dem Propheten: «Gerecht bist du, Herr, und gerecht ist dein Urteil.» Und wiederum: «Gottes Gerichte sind wahr und in sich selbst gerechtfertigt».

Meine Gerichte sollen gefürchtet, nicht untersucht werden. Sie bleiben unerforschlich für den menschlichen Verstand.

2. Auch über die Verdienste der Heiligen grüble und streite nicht: wer heiliger sei oder höher stehe im Himmelreich.

Solches führt zu nutzlosen Streitereien, nährt bloß Hochmut und Eitelkeit, und diese wiederum erzeugen Neid und Zwietracht, indem der eine diesen, ein anderer jenen vorzieht.

Derartiges wissen und untersuchen wollen, muß das Mißfallen der betreffenden Heiligen wecken, denn ich bin kein Gott der Zwietracht, sondern des Friedens, eines Friedens, der auf wahrer Demut gründet, nicht auf Selbstüberhebung.

3. Einige fühlen sich in eifernder Anhänglichkeit mehr zu diesem als zu jenem hingezogen: einer mehr menschlichen als göttlichen Anhänglichkeit.

Ich bin's, der alle Heiligen gebildet hat; ich gab ihnen die Gnade, verschaffte ihnen die Glorie.

Ich kenne die Verdienste eines jeden; kam ihnen zuvor «mit meinen süßen Segnungen».

Von aller Ewigkeit her kannte ich die mich lieben würden; ich wählte sie aus von der Welt, nicht sie mich.

Ich berief aus Gnade, zog an aus Barmherzigkeit, führte durch alle möglichen Versuchungen. Ich teilte ihnen herrliche Tröstungen mit, schenkte ihnen die Beharrlichkeit, krönte ihre Geduld.

4. Ich kenne den ersten und den letzten, und umfasse alle mit unschätzbarer Liebe.

Mich muß man in meinen Heiligen loben, über alles preisen und in jedem benedeien, da ich jeden dermaßen glorreich erhob und vorherbestimmte, ohne sein Verdienst.

Wer somit den geringsten meiner Heiligen verachtet, verschmäht auch den größten, denn der kleinste wie der größte sind mein Werk.

Und wer einen Heiligen herabsetzt, setzt mich herab und alle Himmelsbewohner.

Alle sind eins durch das Band der Liebe: sie empfingen

dasselbe, wollen dasselbe und lieben sich insgesamt als Einheit.

5. Mehr noch: ich gehe ihnen näher als sie sich selber und ihre Verdienste.

Denn über sich entrückt und ihrer Eigenliebe entzogen, händigen sie sich ganz meiner Liebe ein und ruhen darin genußreich.

Nichts kann sie davon ablenken, nichts niederdrücken; erfüllt von der ewigen Wahrheit, glühen sie in unauslöschlicher Liebe.

Irdisch eingestellte, ganz in ihren Eigenfreuden aufgehende Menschen sollten also nicht länger über den Zustand der Heiligen herumstreiten. Sie verweigern oder gestatten sich ja ihre Genüsse ganz nach persönlichem Belieben, nicht nach dem Wohlgefallen der ewigen Wahrheit.

6. Vielen fehlt die Kenntnis, besonders denen, die wenig übernatürliche Einsicht haben und selten jemandem mit völlig geistlicher Liebe anhängen. Diese bestimmt häufig rein natürliche Zuneigung und bloß menschliche Freundschaft zur Liebe der einen oder andern.

Dann übertragen sie irdische Bedingungen auf den Himmel, wo doch unermeßliche Unterschiede herrschen zwischen der Anschauung der Unvollkommenen und der Schau der erleuchteten Himmelsbewohner.

7. Untersuche also nicht neugierig, was deiner Kenntnis entzogen ist. Suche vielmehr, wenigstens den untersten Platz im Gottesreich zu gewinnen.

Und wüßte jemand auch, wer heiliger ist oder im Himmelreich mehr gilt, was nützte es ihm, falls er sich dadurch nicht mir demütiger naht und mich inbrünstiger lobt?

Gott wohlgefälliger als der Streit über die höhere oder geringere Rangstufe der Heiligen ist der Gedanke an unsre großen Sünden und kleinen Tugenden, an unsern Abstand von ihrer Vollkommenheit. Und besser tut, wer die Heiligen durch fromme Gebete und Tränen anfleht und demütig um ihre glorreiche Fürsprache bittet, als wer töricht ihre Geheimnisse erforschen will.

8. Die Heiligen wären überglücklich, könnten sie uns beruhigen und unser eitles Reden zum Schweigen bringen.

Sie selber bilden sich nichts ein auf ihre Verdienste, denn sie schreiben sich nichts Gutes zu, sondern mir allein. Ich gab ihnen ja alles aus unendlicher Liebe.

Dermaßen lieberfüllt und freudig stehen sie meiner Gottheit gegenüber, daß nichts ihrer Glorie mangelt und kein Glück ihnen abgeht.

Je höher sie stehen, um so geringer denken sie von sich selber, und um so näher sind sie mir und meinem Herzen.

In diesem Sinne steht geschrieben, daß sie «ihre Kronen vor Gott niederlegen», auf ihr Angesicht fallen vor dem Lamme, und den anbeten, der da lebt von Ewigkeit zu Ewigkeit.

9. Viele fragen nach den Größten im Himmelreich, ohne zu wissen, ob sie auch nur zu den Geringsten zählen werden.

Zu den Geringsten im Himmel zählen, ist ebenfalls etwas Großes, da dort ja alle groß dastehen und Kinder Gottes heißen und sind. «Auch der Geringste wird über Tausende herrschen», wogegen «der Sünder nach hundert Lebensjahren» unterliegt.

Als die Jünger nach dem Größten im Himmelreich forschten, erhielten sie zur Antwort: «Wenn ihr nicht umkehrt und Kindern gleich werdet, geht ihr nicht in den Himmel ein. Wer also klein wird wie dieses Kind, der ist der Größte im Himmelreich.»

10. Weh denen, die sich nicht willig mit den Kleinen erniedrigen lassen; die niedrige Himmelpforte verwehrt ihnen den Eintritt.

Weh auch den Reichen, die ihren Trost schon hienieden empfingen. Denn die Armen betreten das Gottesreich, wogegen die Reichen heulend ausgeschlossen bleiben.

Freut euch, ihr Geringen; jubelt, ihr Armen; denn wenn ihr in der Wahrheit wandelt, erlangt ihr das Gottesreich.

Anmerkung

Daß doch die Menschen immer geneigt sind, tausend eitle Dinge ins Auge zu fassen, wogegen sie an die wichtigsten Wahrheiten kaum denken. Alles wünschen sie zu kennen, ausgenommen das einzig Unerläßliche. Ihr Hochmut gefällt sich in Gedankengängen, die fast immer gefährlich, oder wenigstens für das Heil unfruchtbar sind. Indem sie unerforschliche Geheimnisse durchdringen wollen, gehen sie irre in ihren Gedanken und bleiben gerade dann am Irrtum hängen, wenn sie Gott sein Geheimnis entrissen zu haben glauben. So sieht das Ergebnis ihrer Anstrengungen aus, womit sie sich unter der Sonne abmühen. Tief und wahrhaft hellsichtig erscheint demgegenüber der Rat des Weisen: «Trachte nicht nach dem, was über dir liegt, noch suche zu ergründen, was deine Kräfte übersteigt. Sei vielmehr allzeit darauf bedacht, was Gott dir befiehlt, und spüre nicht vorwitzig seinen mannigfachen Werken nach. Denn du mußt das Verborgene nicht unbedingt mit eigenen Augen sehen.» Denken wir an uns selber, an unsre Pflichten, an die strenge Rechenschaft, die wir über unser Tun und Reden abzulegen haben. Da liegt Stoff genug vor, um uns zu beschäftigen und unsre Zeit auszufüllen; nur dazu wurde sie uns ja gegeben.

59. KAPITEL: SETZE ALLE HOFFNUNG UND ALLES VERTRAUEN AUF GOTT ALLEIN

1. Herr, worauf gründet mein Vertrauen in diesem Leben, und was bildet meinen größten Trost unter dem Himmel?

Etwa nicht du, Herr, mein Gott, dessen Barmherzigkeit keine Grenzen kennt?

Wo fühlte ich mich wohl ohne dich? oder wann konnte ich mich übel fühlen, wenn du zugegen warst?

Lieber arm sein deinetwegen als reich ohne dich.

Lieber mit dir als Fremdling auf Erden wandeln, als ohne dich den Himmel besitzen.

Wo du weilst, da ist der Himmel; Tod und Hölle dagegen herrschen, wo du fehlst.

Nach dir verlangt es mich; darum seufze, rufe und flehe ich unwillkürlich nach dir.

Übrigens kann ich niemandem voll vertrauen, und niemand könnte mir in meinen Nöten besser beistehen als du, o mein Gott.

Du bist meine Hoffnung, du mein Vertrauen, du tröstest mich und bleibst mir allerwegen treu.

2. «Alle suchen ihren Vorteil»; wogegen du nur mein Heil und meinen Fortschritt verlangst, und mir alles zum Besten wendest.

Auch wenn du mich allerlei Versuchungen und Widerwärtigkeiten überläßt, wendest du mir doch alles zum Besten; denn tausendfach erprobst du deine Auserwählten.

Ich darf dich bei dieser Erprobung nicht weniger lieben und loben, als wenn du mich mit Himmelstrost erfüllst.

3. Auf dich also, mein Herr und Gott, setze ich all mein Hoffen und Vertrauen. Dir stelle ich jede Trübsal und Bedrängnis anheim. Denn was ich außer dir wahrnehme, erweist sich ausnahmslos als schwach und unbeständig.

Nichts fruchten zahlreiche Freunde, außerstande zur Hilfe sind starke Helfer, ohne ersprießlichen Rat kluge Ratgeber, ohne Trost gelehrte Bücher, ohne Befreiung bleibt die beste Arznei, ohne Schutz der abgelegenste und lieblichste Ort, wenn du nicht helfend, stärkend, tröstend, belehrend, bewahrend eingreifst.

Was immer Frieden und Glück verheißt, versagt gänzlich ohne dich, vermag nicht wahrhaft zu beglücken.

So bildest du die Vollendung alles Guten, die Lebenshöhe und den letzten Sinn jeder Rede. Auf dich über alles hoffen, macht den besten Trost deiner Diener aus.

4. Zu dir erhebe ich meine Augen; auf dich vertraue ich, mein Gott, Vater allen Erbarmens.

Segne und heilige meine Seele mit himmlischem Segen, damit sie deine heilige Wohnstätte und der Sitz deiner ewigen Glorie werde. Nichts in diesem Tempel, den du zu bewohnen dich würdigst, möge deinen Augen mißfallen.

Nach deiner großen Güte und überreichen Erbarmung, blicke mich an, erhöre das Flehen deines armen Knechtes, der im Land des Todesschattens überlang verbannt bleibt.

Beschirme und bewahre die Seele deines geringen Knechtes in den zahlreichen Gefahren dieses Erdendaseins; führe sie mit deiner Gnade auf dem Weg des Friedens zum ewig leuchtenden Vaterland. Amen.

Anmerkung

Hat man alles durchgangen, alles gehört, alles gesehen, heißt es immer wieder zum Wort zurückkehren, das alle Weisheit und Vollkommenheit enthält: Gott allein. Ein schlichter Mitbruder des heiligen Franz sagte einmal: «Denke dir tausend Millionen Wesen, alle, natürlich wie übernatürlich besehen, vollkommener als die vorhandenen. Schraube die Vervielfältigung ins Endlose und vergleiche dann diese Übergeschöpfe mit dem gewaltigen Gott der Ewigkeit, so verblassen alle zu Nichts. Mich freute diese Steigerung ungemein, fügte er hinzu, denn beim Erscheinen Gottes fallen diese Wundergeschöpfe urplötzlich auf ihren Ausgangspunkt, das Nichts, zurück. Erwog ich ferner, daß der große Gott mir innewohnt, und zwar mehr als ich mir selber, erfüllte mich dieser Gedanke mit unsäglicher Wonne. Und ich konnte nicht begreifen, wie man Gott in sich und überall außer sich haben kann, und sich trotzdem mit den

Geschöpfen befassen. Es beglückte mich, ihn allein ewig, unveränderlich, unendlich zu wissen. In Wahrheit kann ich bekennen, daß bei den Worten: «In meinem Gott ist alles Gott», mein Wille derart liebentflammt wurde, daß alle geschaffenen Wesen wie verschwanden und ich mich nie mehr mit etwas anderm als mit Gott beschäftigte. Die Worte fehlen mir, meinen innern Jubel beim Anblick seiner erhabenen Vollkommenheit zu schildern. Indem ich darauf seine Größe wahrnahm, und anderseits mein Nichts, mit dessen ganzer Armseligkeit, glitt ich vom Maßlosen zum Maßlosen und fühlte mich außerstande, als Maßloser den Maßlosen so zu lieben, wie ich es gerne gewollt hätte. Das schmerzte mich; denn je unfähiger ich mich zur Gegenliebe erkannte, um so mehr verzehrte mich innerlich ein geheimes Lieben. Alsdann suchte ich hinter die Geheimnisse meiner Niedrigkeit zu kommen, wie berauscht von Liebe, und ohne zu wissen, was ich tat. Doch seltsam, dieses Hin und Her vom maßlos Vollkommenen zum maßlos Geringen wirkte selber wie ein verzehrendes Feuer in mir.»

VIERTES BUCH
VOM ALLERHEILIGSTEN ALTARSAKRAMENT

FROMME ERMAHNUNGEN ZUM EMPFANG DER HEILIGEN KOMMUNION

Christus spricht:

«Kommet alle zu mir, die ihr mühselig und beladen seid; ich will euch erquicken.

Das Brot, das ich euch geben werde, ist mein Fleisch für das Leben der Welt.

Nehmet hin und esset: das ist mein Leib, der für euch hingegeben wird. Tut das zu meinem Andenken.

Wer mein Fleisch ißt und mein Blut trinkt, der bleibt in mir und ich in ihm.

Die Worte, die ich zu euch sprach, sind Geist und Leben.»

Anmerkung

Hier erscheint die Vollendung der göttlichen Verheißungen, der Hoffnungen des Menschengeschlechtes, der Vorbilder und Weissagungen des Alten Bundes. Rein sinnbildliche und wirkungslose Opfer weichen dem wahren Opfer, das auf immer unsre Versöhnung mit Gott herbeiführt: geschlachtet ist das Opferlamm. Fortan nährt das Himmelsbrot nicht bloß das Volk Israel, sondern alle Völker des Neuen Bundes, alle wahren Kinder des «Vaters der Gläubigen». Gleich dem alttestamentlichen Friedenskönig opfert der ewige Hohepriester «nach der Ordnung des Melchisedech» dem Allerhöchsten Brot und Wein, «das lebendige Brot, das vom Himmel herabstieg». Das Brot, das er darreicht, ist sein Fleisch und der Wein sein Blut. Wahrlich, wer dieses Fleisch, verschmäht und das Blut des Menschensohnes zurückweist, verscherzt das Leben. Denn, so versichert Jesus selber: «Mein Fleisch ist wahrhaft eine Speise und mein Blut ein Trank; wer mein Fleisch ißt und mein Blut trinkt, der bleibt in mir und ich in ihm. Das ist das Brot, das vom Himmel herabstieg. Wer dieses Brot ißt, wird ewig leben.» Da ist kein Zögern mehr möglich, zu klar sind diese Worte. Es heißt sich unterwerfen und sprechen: Ich glaube, Herr, vermehre meinen Glauben. Was hatten übrigens die Propheten angekündigt? «Die Armen werden essen und gesättigt sein, und ihre Seele wird ewig leben; alle Reichen der Erde essen und beten an; alle Erdenbewohner werfen sich nieder in seiner Gegenwart.» So wollen auch wir mit unerschütterlichem Glauben essen und anbeten. Sättigen wir uns von diesem Fleisch, stillen wir unsern Durst mit diesem Blut. Sie werden uns in Christus verwandeln, das unschätzbare Opferlamm, das freiwillig der göttlichen Gerechtigkeit unsre Schuld zahlte. Um uns die Kraft seines Opfers ungeschmälert zuzuwenden, vereinigt er sein Fleisch mit unserm Fleisch, seine Seele mit unsrer Seele. Diese unaussprechliche Verbindung «erfüllt uns mit seiner Gottheit, die ohne Abstrich körperlich ihm innewohnt». Unerhörtes Liebeswunder! Der Mensch verkostet das Engelsbrot. Wie? Indem, nach einer Erklärung des heiligen Augustin, «das Wort Gottes, das von seinem unsterblichen Wesen die unsterblichen Engel nährt, Mensch wurde und unter uns wohnte. Das geistige Geschöpf lebt vom Wort als seiner eigentlichen Nahrung; die Menschenseele hingegen – ebenfalls geistig, aber zur Strafe für die Sünde an die Sterblichkeit gebunden – wurde erniedrigt und hat nun durch das Geflecht der sichtbaren Dinge zum Verständnis der unsichtbaren aufzusteigen. Deshalb wurde die geistliche Nahrung des Geschöpfes sichtbar, nicht durch eine Veränderung seiner Natur, sondern unsrer Natur gegenüber. Wir sollten, bei unserm Suchen nach dem Sichtbaren, zum unsichtbaren Wort zurückfinden.» – Christen, naht euch dem heiligen Gastmahl, tretet hin zum Tisch, wo sich Jesus euch ganz hingibt, wo sich das göttliche Wort selber zu unsrer unfaßbaren Nahrung macht. Nehmet und esset das wahre Himmelsbrot. Es enthält Hoffnung, Leben, äußerste Glaubenserprobung, Liebesvollendung.

1. KAPITEL: CHRISTUS SOLL EHRFURCHTSVOLL EMPFANGEN WERDEN

Der Jünger spricht:

1. Das sind deine Worte, Christus, ewige Wahrheit, obschon sie nicht gleichzeitig gesprochen, noch zusammenhängend aufgezeichnet wurden.

Da sie also dir gehören und wahr sind, habe ich sie dankbar und getreu anzunehmen.

Dein sind sie; du hast sie gesprochen. Sie gehören aber auch mir, denn zu meinem Heile sprachst du sie.

Gern empfange ich sie aus deinem Mund; so prägen sie sich meinem Herzen tiefer ein.

Derart weihevolle, milde und liebreiche Worte eifern mich wohl an, aber meine Sünden schrecken mich zurück, und mein unreines Gewissen hält mich fern vom heiligen Geheimnis. Die Süßigkeit deiner Rede lockt mich; doch die Menge meiner Missetaten drückt mich nieder.

2. Du willst mich vertrauensvoll zu dir hinzutreten sehen, wenn ich Anteil an dir haben möchte. Du befiehlst mir den Genuß der Unsterblichkeitsnahrung, wenn ich nach Leben und Glorie verlange.

«Kommet alle zu mir, sagst du, die ihr mühselig und beladen seid; ich will euch erquicken.»

O köstliches Freundeswort im Ohr des Sünders! Du, mein Herr und Gott, forderst den Dürftigen und Armen zum Genuß deines heiligen Leibes auf!

Doch, wer bin ich, Herr, daß ich mich dir zu nähern wage? Die Himmel der Himmel fassen dich nicht, und du sprichst: Kommet alle zu mir!

3. Was bedeutet eine derart liebevolle Herablassung und ein so freundlicher Wink? Wie hätte ich zu kommen gewagt, da ich mir nichts Gutes bewußt bin, worauf ich mich berufen könnte? Wie dich in meine Behausung einführen, nachdem ich dein gütiges Antlitz so oft beleidigt habe?

Engel und Erzengel beugen sich vor dir in Ehrfurcht; Heilige und Gerechte erschaudern, und du sprichst: Kommet alle zu mir!

Würdest du es nicht selber sagen, Herr, wer könnte daran glauben? Und würdest du es nicht befehlen, wer wagte zu kommen?

4. Der gerechte Noe baute hundert Jahre an der Arche, «um mit wenigen gerettet zu werden». Und mir genügt eine Stunde zur Vorbereitung auf den Empfang des Bauherrn der Welt?

Moses, dein großer Diener und besonderer Freund, stellte die Bundeslade aus unverweslichem Holze her und bekleidete sie außerdem mit lauterm Gold zur Aufnahme der Gesetzestafeln. Und ich, beflecktes Geschöpf, empfange dich so leichthin, den Urheber des Gesetzes und Lebensspender.

Salomon, der israelitischen Könige weisester, ließ zum Lob deines Namens sieben Jahre am herrlichen Tempel bauen; acht Tage dauerte die Einweihungsfeier; tausend Friedopfer wurden dargebracht, bis man schließlich die Bundeslade feierlich unter Trompetenschall und Jubel an die vorgesehene Stätte brachte. Und ich elender, armer Mensch sollte dich in mein Haus einführen, der ich kaum eine halbe Stunde andächtig zubringen kann, ja wäre es auch nur eine halbe Stunde!

5. O mein Gott, was taten die Genannten im Bestreben, dir zu gefallen! Demgegenüber verblaßt, was ich versuche.

Wie kurz fällt meine Vorbereitung aus. Selten bin ich völlig gesammelt; noch seltener von jeder Zerstreuung frei.

Dabei sollte in der heiligenden Gegenwart deiner Gottheit kein unziemlicher Gedanke vorkommen, kein Geschöpf mich beschäftigen, denn nicht ein Engel, sondern der Herr der Erzengel kehrt bei mir ein.

6. Und welch gewaltiger Unterschied besteht zwischen der Bundeslade mit ihren Kostbarkeiten und deinem rein-

sten Leib mit seinen unaussprechlichen Gaben; zwischen den gesetzlichen, bloß vorbildlichen Opfern, und dem wahren Opferleib, der die alten Opfer erfüllt.

7. Warum ergreift mich deine heilige Gegenwart nicht tiefer?

Warum bereite ich mich nicht sorgfältiger vor auf den Empfang der heiligen Gaben, nachdem die frommen alten Patriarchen und Propheten, Könige und Fürsten, und das ganze Volk soviel Eifer an den Tag legten für den Gottesdienst?

8. Der heilige König David tanzte begeistert vor der Bundeslade und besang die Wohltaten, die den Altvätern zuteil geworden. Er ließ die verschiedensten Musikinstrumente herstellen, verfaßte Psalmen und ordnete ihren klingenden Vortrag an, ja häufig griff er selber gottbegnadet zur Harfe und unterwies so das israelitische Volk in herzlicher Gottverherrlichung und täglichem gemeinsamem Gotteslob.

Wenn nun damals die Andacht so mächtig aufwallte, und das Gotteslob in Fülle vor der Bundeslade ertönte, wie fromm und andächtig habe ich da mit allen Christen dem allerheiligsten Sakrament zu nahen beim Genuß des erhabenen Leibes Christi.

9. Viele pilgern zur Verehrung der Reliquien der Heiligen da- und dorthin und staunen bei der Erzählung ihrer Lebensgeschichte. Sie besuchen die gewaltigen Kirchen und küssen die in Seide und Gold gewickelten heiligen Gebeine. Und du weilst bei mir, hier auf dem Altar, mein Gott, hochheiliger Schöpfer der Menschen, Herr der Engel.

Oft spielt bei den genannten Besuchen menschliche Neugier mit; man möchte Neues sehen. So fällt nur wenig für die Besserung ab, besonders wenn die Leute leichthin, ohne wahre Reue, an alle möglichen Orte hineilen.

Hier aber, im Altarsakrament, bist du ganz gegenwärtig, der Gottmensch Jesus Christus. Wer dich würdig und fromm empfängt, bahnt sich den Weg zum ewigen Heil. Kein Leichtsinn bewegt dazu, keine Neugier noch Sinnesfreude, sondern fester Glaube, fromme Hoffnung, wahre Liebe.

10. Gott, unsichtbarer Weltschöpfer, wie wunderbar begegnest du uns, wie sanft und gnädig verfährst du mit deinen Auserwählten, indem du dich ihnen im Sakrament zur Nahrung gibst.

Das übersteigt alles Begreifen und muß die Frommen zu inniger Andacht und Liebe bewegen.

Deine wahren Gläubigen, die auf Besserung ihres ganzen Lebens bedacht sind, schöpfen häufig aus diesem hehren Sakrament tiefe Andacht und Liebe zur Tugend.

11. O wunderbare, verborgene Sakramentsgnade, nur den Christgläubigen bekannt; Ungläubige und Sündenknechte vermögen dich nicht zu erfahren.

Dieses Sakrament vermittelt geistliche Gnade, erneuert in der Seele die verlorene Tugend, läßt die von der Sünde entstellte Schönheit wieder aufblühen.

Zuweilen steigert sich die Gnade dermaßen, daß die Fülle der empfangenen Andacht nicht bloß dem Geist, sondern auch dem gebrechlichen Leib neue Kraft spendet.

12. Bedauerlich bleibt nur unsre Lauheit und Nachlässigkeit. Mit wie karger Liebe fühlen wir uns zu Christus hingezogen. Dabei birgt er alle Hoffnung und jedes Verdienst der Auserwählten.

Er bildet unsre Heiligung und Erlösung, den Trost der Erdenpilger, den ewigen Genuß der Heiligen.

Wie traurig, daß manche kaum auf dieses heiligende Geheimnis achten, das den Himmel beglückt und die ganze Welt aufrechterhält.

O Blindheit und Härte des Menschenherzens, wie wenig beachten wir eine solch unschätzbare Gabe, so daß der tägliche Gebrauch uns bis zur Gleichgültigkeit bringen kann.

13. Würde dieses hochheilige Geheimnis nur an einem Ort gefeiert und nur von einem Priester auf Erden darge-

bracht, wie verlangten die Menschen nach jenem Ort und jenem Priester Gottes, um ihn die göttlichen Geheimnisse feiern zu sehen.

Nun aber gibt es zahlreiche Priester, und Christus wird an vielen Orten geopfert. Sollte da, dank der allgemeinen Verbreitung der heiligen Kommunion auf Erden, die Gnade nicht überfließen und uns Gottes Liebe zu uns Menschen voll bewußt werden?

Ich danke dir dafür, guter Jesus, ewiger Hirt, daß du uns arme Verbannte hast stärken wollen mit deinem kostbaren Leib und Blut und uns zum Empfang dieses Geheimnisses persönlich eingeladen hast mit den Worten: «Kommet alle zu mir, die ihr mühselig und beladen seid, ich will euch erquicken.»

Anmerkung

Was am Gottesdienst des Alten Bundes am größten, eindruckvollsten und heiligsten war, bildete kaum einen Schatten der Geheimnisse des Gottmenschen. David feierte prunkvoll die Rückkehr der Bundeslade nach Jerusalem; aber diese stand leer, den Erlöser des Menschengeschlechtes barg sie nicht. Salomon erbaute einen prächtigen Tempel; weihte ihn feierlich ein in Gegenwart eines ehrfürchtigen Volkes; zahllose Schlachtopfer wurden dargebracht: aber was waren diese Schlachtopfer? Billige Tiere, deren Blut die allerhöchste Gerechtigkeit nicht besänftigen konnte. Immer noch wartete die Welt auf das verheißene Heil. Da, im vorhergesagten Augenblick, gingen die Verheißungen in Erfüllung, die den Altvätern während ihrer irdischen Wanderschaft gemacht und von ihnen begrüßt worden waren. Der von den Völkern herbeigesehnte Herrscher, der Engel des Bundes, der, dessen Name: Jahve lautet, betrat seinen Tempel. Das wahre Sühnopfer ersetzte endgültig die vorbildlichen.

Und seine Stimme ruft uns zu: Nehmet und esset, das

ist mein Leib; trinket, das ist mein Blut, das Blut des Neuen Bundes, das zur Vergebung der Sünden vergossen wird. Esset, meine Freunde, trinket, berauschet euch, Geliebte, ihr alle, die ihr dürstet, tretet zur Quelle hinzu, deren Wasser zum ewigen Leben fließen. – Wer sich weigert, von dieser reinen Quelle zu trinken, wird abseits flüchtige Wasser suchen. Gott bereitet ihm einen betäubenden Trank, und seine Augen schließen sich. Im Schlaf glaubt er zu hungern und zu essen, aber beim Erwachen fühlt er seine Seele leer. Scheinbar gesättigt, wähnt er zu trinken; erwacht jedoch ermattet, und spürt immer noch Durst; seine Seele ist leer. Kommt also, ich bin das Lebensbrot; wer sich mir naht, den wird nie mehr hungern, und wer an mich glaubt, nie mehr dürsten. «Wer mein Fleisch ißt und mein Blut trinkt, der hat das ewige Leben, und ich werde ihn auferwecken am Jüngsten Tag.» Herr, ich glaube und bete an. Sehnsüchtig eilt dir meine Seele entgegen. Doch plötzlich hält sie erschrocken inne: Wer bin ich, daß ich mich meinem Gott zu nähern wage? Bedenke ich meine Befleckung, Niedrigkeit, große Armseligkeit, bleibt mir nur ein Gefühl, ein einziges Wort: Entferne dich von mir, denn ich bin ein sündiger Mensch. – Und doch bist du gekommen, o Jesus, um die Sünder zu rufen, nicht die Gerechten. Deshalb schlage ich an meine Brust, rufe deine Barmherzigkeit an, und «stehe auf und gehe hin», gehe hin mit lebendigem Glauben, inniger Liebe, zum Sohn, zum Wort, zum Abglanz der Glorie Gottes und zum Abbild seines Wesens, zum göttlichen Erlöser, «der uns von unsern Sünden reinwäscht», sich mit dem Geschöpf vereinigt, um es zu sich emporzuheben. Ich gehe hin und spreche: «Herr, ich bin nicht würdig, daß du eingehst unter mein Dach; aber sprich nur ein Wort, so wird meine Seele gesund.»

2. KAPITEL: IM SAKRAMENT KOMMT GOTTES GROSSE LIEBE UND GÜTE ZUM AUSDRUCK

Der Jünger spricht:

1. Herr, im Vertrauen auf deine Güte und Barmherzigkeit komme ich als Kranker zum Heiland, als Hungriger und Durstiger zum Lebensquell, als Bettler zum Himmelskönig, als Knecht zum Herrn, als Geschöpf zum Schöpfer, als Trostsuchender zum milden Tröster.

Aber wie verdiene ich deine Herablassung? Wer bin ich, daß du dich mir anbietest? Wie darf ein Sünder vor dir erscheinen? Wie kannst du einen Beleidiger zulassen?

Du kennst deinen Knecht, und weißt, daß ihm nichts Gutes innewohnt, das ihn dazu berechtigte.

Ich gestehe meine Niedrigkeit, anerkenne deine Hoheit, preise deine Milde, danke dir für deine übergroße Liebe.

Deinetwegen handelst du so, nicht auf Grund meiner Verdienste. So erfasse ich besser deine Güte; eine größere Liebe erfüllt mich, und ich habe mehr Grund zur Verdemütigung.

Da es dir so gefällt, hast du es so gewollt; und auch mich beglückt ja deine Herablassung. Möchte nur meine Bosheit kein Hindernis bilden!

2. O guter Jesus, wie viel Ehrfurcht, welchen Dank und Lobpreis schulde ich dir für die Darreichung deines heiligen Leibes! Kein Mensch vermöchte dessen Hoheit auszudrücken.

Doch, was soll ich denken bei der heiligen Kommunion, wenn ich zu meinem Herrn hinzutrete, den ich nicht würdig ehren kann und doch fromm empfangen möchte?

Was könnte ich besseres und heilsameres denken, als daß ich mich gänzlich vor dir erniedrige und deine unendliche Güte mir gegenüber preise.

3. Ich lobe dich, mein Gott, und verherrliche dich ewig. Ich verachte mich, versinke vor dir in den Abgrund meines Nichts.

Du bist der Allerheiligste, ich hingegen ein Sünder.

Du neigst dich zu mir herab, wogegen ich unwürdig bin, zu dir aufzublicken.

Du kommst zu mir, willst bei mir weilen, lädst mich zu deinem Gastmahl ein.

Du willst mir die Himmelsspeise reichen, das Himmelsbrot, und zwar kein anderes als dich, das lebendige Brot, das vom Himmel herabstieg und der Welt das Leben gibt.

4. Daher die Liebe und der Triumph deiner Barmherzigkeit; wie viel Dank und Preis schulden wir dir dafür!

Wie heilsam und ersprießlich war der Plan, dieses Sakrament einzusetzen; wie lieblich und willkommen ist dein Gastmahl, worin du dich zur Nahrung schenkst.

Wie wunderbar dein Wirken, Herr; wie groß deine Macht; wie unaussprechlich deine Wahrheit.

Du sprachst, und alles geschah, und zwar geschah das, was du angeordnet.

5. Herr, mein Gott, wundersam und glaubwürdig, obschon über unserm Begreifen, ist die Tatsache, daß die dürftige Gestalt von Brot und Wein dich ganz enthält, den wahren Gott und Menschen, und daß man dich genießen kann, ohne dich zu verzehren.

Du, Herr des Weltalls, der niemand braucht, wolltest durch dieses Sakrament unter uns wohnen. So bewahre mir Herz und Leib makellos, damit ich deine Geheimnisse häufiger mit reinem Gewissen feiern und empfangen kann zu meinem ewigen Heil.

Zu deiner Ehre vor allem und zum immerwährenden Andenken hast du sie eingesetzt.

6. Freue dich, meine Seele, und danke Gott für diese hehre Gabe und erlesene Tröstung, die er dir im Tränental schenkte.

Sooft du dieses Geheimnis feierst und Christi Leib empfängst, vollziehst du das Werk deiner Erlösung und nimmst teil an den Verdiensten Christi.

Die Liebe Christi schwindet nie; seine Barmherzigkeit bleibt unerschöpflich.

Darum sollst du dich immer aufs neue darauf vorbereiten und das große Heilsgeheimnis aufmerksam erwägen.

Es muß dir als etwas Großes, Neues und Köstliches vorkommen, die Messe lesen oder ihr beiwohnen zu dürfen, gerade als stiege Christus an diesem Tag zum erstenmal menschwerdend in den Schoß der Jungfrau herab oder litte und stürbe zum erstenmal für unser Heil.

Anmerkung

Im Geiste ins himmlische Jerusalem entrückt, sah der Apostel Johannes mitten vor dem Throne Gottes ein Lamm stehen, das geschlachtet schien, und ringsum die sieben Geister, die Gott über die ganze Erde sendet, und vierundzwanzig Älteste. Die Greise warfen sich vor dem Lamme nieder, mit Harfen in den Händen und mit Schalen voller Wohlgerüche, nämlich den Gebeten der Heiligen. Und sie sangen ein neues Lied zum Preis dessen, der getötet worden und uns für Gott losgekauft hat: aus allen Stämmen, Zungen, Völkern, Nationen. Und die aber tausend Engel erhoben ihre Stimme und verkündeten: Das Lamm, das getötet wurde, verdient: Macht, Würde, Weisheit, Kraft, Ehre, Glorie und Segnung zu empfangen. Und alle Geschöpfe im Himmel, auf Erden, und auf dem Meer, jedes Wesen sprach: Dem, der auf dem Throne sitzt, und dem Lamme, sei Preis, Ehre, Ruhm und Macht in Ewigkeit. – Wenden wir uns nun einem andern Schauspiel zu. Dasselbe Lamm, das auf dem Throne der Ewigkeit die Anbetung der Engel und Heiligen entgegennimmt, und das Himmelsglorie umwallt, kommt gnädig zu uns. Verschleiert unter dem Äußern von etwas Brot, schenkt es sich seinen armen Geschöpfen, um unsre Seele zu heiligen, zu nähren, ja sogar unsern Leib mittels der innigen Vereinigung seines Fleisches mit unserm Fleisch, seines Blutes mit unserm Blut. Es nimmt sozusagen von neuem in jedem von uns Fleisch an, vollzieht erneut auf unfaßbare Weise das erhabene Kreuzesopfer. Jesus schenkt sich uns mit allem was er ist. O Christus, Sohn des lebendigen Gottes, wie wunderbar sind deine Wege! Wer erklärt mir ihr unfaßbares Geheimnis. Steig ich zum Himmel empor, seh ich dich im Schoße des Vaters, herrlichkeitsumstrahlt; steig ich zur Erde hinab, gewahre ich dich im Schoße eines sündigen, armseligen Menschen, sozusagen angelockt und festgehalten von der Liebe. So weilst du an den beiden äußersten Enden alles Denkbaren: in unendlicher Höhe und in unendlicher Tiefe. Nicht zufrieden, zu diesem gefallenen Wesen hinabzusteigen, wenn es nach dir verlangt, dich ruft, rufst du es selber zuerst, lädst es dringend ein, sprichst zu ihm: Komm, kommet alle zu mir, die ihr mühselig und beladen seid, ich will euch erquicken. Kommt, ich sehne mich danach, Ostern mit euch zu halten. – Zu viel, Herr, zu viel! Bedenke, wer du bist; oder vielmehr, bewirke, o mein Gott, daß ich es nie übersehe, daß ich mich dir nähere, wie es die Engel tun, ehrfurchtsvoll, das Herz durchdrungen vom Gefühl meines Unwertes und deines Erbarmens, und entflammt von ähnlicher Liebe, wie sie dich bewegt, wenn du zu mir herabsteigst.

3. KAPITEL: VOM NUTZEN DER HÄUFIGEN KOMMUNION

Der Jünger spricht:

1. Siehe, ich komme zu dir, Herr, damit mir deine Gabe wohltue und das heilige Mahl mich erquicke, das du, mein Gott, «in deiner Güte den Armen bereitet hast».

Du enthältst ja alles, was ich wünschen kann und soll. Du bildest für mich Heil und Erlösung, Hoffnung und Stärke, Ehre und Ruhm.

So beglücke heute die Seele deines Knechtes; zu dir, Herr Jesus, habe ich meine Seele erhoben.

Ich möchte dich nun andächtig und ehrfurchtsvoll empfangen, möchte dich in mein Haus einführen, möchte, Zachäus gleich, deinen Segen empfangen und zu den Kindern Abrahams zählen. Meine Seele verlangt nach deinem Leib, mein Herz sehnt sich nach Vereinigung mit dir.

2. Schenke dich mir, das genügt mir. Außer dir ist jeder Trost hinfällig.

Ohne dich kann ich nicht sein; ohne deine Heimsuchung nicht leben.

Deshalb muß ich mich oft dir nähern, dich zu meinem Heil empfangen. Sonst erliege ich auf dem Weg, wenn mir die himmlische Speise mangelt.

Sprachst du doch, barmherziger Jesus, nachdem du den Leuten gepredigt und sie von allerlei Krankheiten geheilt hattest: «Ich will sie nicht hungrig entlassen, sonst könnten sie unterwegs verschmachten.»

Ebenso handle an mir, nachdem du, den Gläubigen zum Trost, im Sakrament verweilst. Du bist ja die köstliche Nahrung der Seele; wer dich würdig empfängt, erbt die ewige Herrlichkeit.

Da ich immer wieder leide und falle, rasch erlahme und versage, muß ich mich durch häufiges Beten und Beichten aufrichten, läutern, aneifern zum heiligen Empfang deines Leibes.

Längeres Fernbleiben könnte in mir den frommen Vorsatz erkalten lassen.

3. Das Menschenherz neigt von Jugend an zum Bösen. Fehlt ihm die himmlische Arznei, wird der Mensch bald schlimmer. Da entreißt ihn die heilige Kommunion dem Bösen und stärkt ihn zum Guten.

Bin ich trotz Kommunion und Messe oft nachlässig und lau, was wäre erst der Fall, wenn ich dieses Heilmittel unbenützt ließe und diese mächtige Hilfe verschmähte?

Mag ich auch nicht täglich darauf vorbereitet und zur Feier der heiligen Messe in der richtigen Verfassung sein, so möchte ich doch wenigstens von Zeit zu Zeit die göttlichen Geheimnisse empfangen und mich einer so hohen Gnade würdig erweisen.

Darin liegt ein großer Trost für die gläubige Seele, solange sie fern von dir im Fleische wandelt, daß sie oft ihres Gottes gedenken und ihren Vielgeliebten fromm empfangen kann.

4. O unerhörte Herablassung uns gegenüber! Du, Herr und Gott, Schöpfer und Erhalter aller Geister, willst in meine arme Seele herabsteigen und mit deiner ganzen Gottheit und Menschheit ihren Hunger stillen.

Glückselig der Geist, beneidenswert die Seele, die dich, ihren Herrn und Gott, andächtig empfangen und beim Empfang überströmen darf von geistlicher Freude.

Die Seele empfängt einen hocherhabenen Herrn, führt einen inniggeliebten Gastfreund ein, nimmt einen teuren Gefährten auf, einen lieben Freund, ihren Bräutigam, der reich, edel, über alles schätzenswert und unsäglich gütig ist.

Himmel und Erde und all ihre Zier sollen verstummen vor deinem Angesicht, Vielgeliebter. Denn alles, was sie schön und herrlich macht, stammt von deiner Güte; verblaßt jedoch, verglichen mit der Herrlichkeit deines Namens, dessen «Weisheit keine Grenzen kennt».

Anmerkung

Gewiß, prüfe dich, bevor du das Brot ißt und den Kelch des Herrn trinkst, aber hüte dich auch, aus mißverstandener Ehrfurcht und übermäßiger Angst, dem Tisch des Herrn fernzubleiben. Wir mögen tun was wir wollen, immer werden wir einer solchen Gunst unwürdig sein. Keiner ist rein, keiner heilig vor dem, der die Heiligkeit selber ist. Doch wenn der Erlöser uns sagt: Kommt, so kennt er unser Elend.

Und er nötigt uns ja eben deshalb, ihm zu nahen, weil er uns heilen will. Gehen wir also hin, nicht wie der heuchlerische Pharisäer, Gott im Herzen dankend, den andern überlegen zu sein: eine derartige, für die geheimen Wunden blinde Hoffart verabscheut Gott. Gehen wir vielmehr hin wie der demütige Zöllner, die Augen zu Boden gesenkt, und schlagen wir an unsre Brust mit den Worten: Herr, hab Mitleid mit mir, sei mir armem Sünder gnädig. – Ohne Zweifel mußt du dich durch Buße, Sammlung, Gebet auf den Genuß des Leibes und Blutes Jesu vorbereiten. Doch ist das aufrichtig und herzlich geschehen, hieße es den Heiland schmähen, wenn man seine Gaben zurückweisen wollte. Es hieße sich freiwillig größter Gnaden berauben. Es hieße auf das Leben verzichten. Denn wer das Fleisch des Menschensohnes nicht verkostet und sein Blut nicht trinkt, der hat das Leben nicht in sich. Unablässig haben wir also nach diesem Brot, das vom Himmel herabstieg, zu verlangen. Unaufhörlich sollen wir es erbitten, uns davon nähren, damit es den Keim des Todes in uns zerstöre, der seit dem Sündenfall uns innewohnt.

«Herr, gib uns immer dieses Brot, dieses Brot, von dem du gesagt hast, es wirke das ewige Leben.» So sprachen die Juden und drückten dadurch die Sehnsucht der menschlichen Gesamtnatur aus, oder vielmehr ihres vernünftigen Teils. Die Natur will fortleben, nichts soll ihr mangeln, kurz, sie will glücklich sein. Die Samariterin dachte nicht anders, nachdem Jesus zu ihr gesprochen: «Frau, wer vom Wasser trinkt, das ich reiche, den dürstet nie mehr», und sie ihm alsbald erwiderte: «Herr, gib mir von diesem Wasser, damit ich nie mehr Durst habe und nicht mehr hieherzukommen brauche, um es mühsam in diesem tiefen Brunnen zu schöpfen.» – Schließlich will die menschliche Natur auch glücklich sein. Nichts soll ihr abgehen, sie möchte weder Hunger noch Durst noch irgendein unerfülltes Verlangen empfinden, ohne Arbeit und Ermüdung auskommen. Was heißt das anderes, als glücklich sein wollen? Darauf geht ihr Streben zutiefst aus. Leider täuscht sie sich in der Wahl der Mittel, indem sie Sinnesgenüsse verlangt, glänzen will, weltlicher Ehre nachläuft. Zu diesem Zweck erstrebt sie schließlich auch den Reichtum. Unstillbar ist ihr Durst danach, immer mehr verlangt sie, ohne je zu sagen: Es genügt; immer mehr, immer mehr. Sie ist neugierig, verlangt nach Wahrheit, aber weiß nicht, wo sie hernehmen, noch welche Wahrheit sie ausfüllen kann. So sammelt sie, was sie kann, hier und dort, mit guten und schlechten Mitteln. Und da jede neugierige Seele auch leichtsinnig ist, verfällt sie den Täuschungen derjenigen, die ihr die ersehnte Wahrheit in Aussicht stellen. – Willst du nie mehr hungern, nie mehr dürsten, so nähere dich dem unvergänglichen Brot und dem Menschensohne, der es dir darreicht, seinem Fleisch, seinem Blut, wo Wahrheit und Leben vereint sind. Da handelt es sich nicht um das Fleisch und Blut des Sohnes Josefs, wie es die Juden meinten, sondern des Sohnes Gottes. – «Herr, gib mir immer von diesem Brot.» Wer hätte nicht Hunger darnach, wer wollte nicht an deiner Tafel sitzen, wer könnte sie je verlassen?» (Bossuet).

4. KAPITEL: WER GUT KOMMUNIZIERT, EMPFÄNGT VIEL GUTES

Der Jünger spricht:

1. Herr, mein Gott, komm deinem Knecht mit deinen süßen Segnungen zuvor. So kann ich fromm und würdig zu deinem erhabenen Sakrament hinzutreten.

Mach mein Herz warm dir gegenüber, und befreie mich von Gemütskälte.

«Suche mich mit deiner helfenden Gnade heim», so erfahre ich die wunderbare Milde, die dieses Sakrament in ursprünglicher Fülle birgt.

Erleuchte mein Auge zum Tiefblick auf dieses hehre Geheimnis; stärke mich zum unzweifelhaften Glauben daran.

Da wirkt kein bloßer Mensch; du hast es ja eingesetzt, nicht ein Mensch hat es erfunden.

Niemand vermag richtig zu erfassen, was sogar den scharfsinnigsten Verstand der Engel übersteigt.

Wie wollte ich, unwürdiger Sünder und Erdenstaub, dieses hochheilige Geheimnis untersuchen und begreifen?

2. Herr, in der Einfalt meines Herzens, mit echtem, starkem Glauben, und auf dein Geheiß hin, komme ich hoffnungsvoll und ehrfürchtig zu dir.

Ich glaube fest, daß du im Sakrament zugegen weilst, als Gott und Mensch. Du willst, daß ich dich empfange und mich liebend mit dir vereinige.

So bitte ich deine Güte und flehe um die besondere Gnade, ganz in dir aufzugehen, von Liebe zu überströmen, und mich fortan nach keiner andern Tröstung mehr umzusehen.

Hier habe ich das hocherhabene und würdigste Sakrament, zum Heil für Leib und Seele, die Arznei gegen jede geistliche Lähmung. Sie läßt mich von meinen Fehlern genesen, dämmt die bösen Neigungen zurück, überwindet und vermindert die Versuchungen, läßt die Gnade reichlicher strömen, die aufkeimende Tugend wachsen, den Glauben erstarken, die Hoffnung erblühen, die Liebe aufflammen und sich verbreiten.

3. Viel Gutes hast du schon denen geschenkt, die du liebst, und willst es ihnen weiter schenken, wenn sie dich, meinen Gott, fromm empfangen. Du nimmst meine Seele in deine Arme, heilst ihre menschlichen Gebrechen, spendest ihr jeden innern Trost.

Tatsächlich gießest du uns viel Trost ein gegen die mannigfaltige Trübsal, erhebst uns aus der Tiefe unsrer Niedrigkeit zur Hoffnung auf deinen Schutz und erquickst uns innerlich mit neuer Gnade.

Die sich vor der Kommunion angsterfüllt und liebeleer

fühlten, finden sich nach dem Genuß der Himmelsspeise und des Himmelstrankes wie umgewandelt und gebessert.

So verfährst du mit deinen Auserwählten, damit sie in Wahrheit erkennen und offenkundig erfahren, wie unvermögend sie aus sich selber sind und wieviel Gutes und Gnadenhaftes ihnen von dir kommt.

Aus sich selber sind sie kalt, hart, unandächtig; durch deinen Einfluß werden sie eifrig, frohgemut, fromm.

Wer kann sich demütig dem Quell der Süßigkeit nähern, ohne reichlich davon zu empfangen? Oder wer könnte neben einem Feuer stehen, ohne kräftig davon erwärmt zu werden?

Du gleichst dem stets reichen und überfließenden Quell, gleichst dem nie erlöschenden Feuer.

4. Ist es mir auch nicht vergönnt, aus der Fülle des Quells zu schöpfen und meinen Durst vollständig zu löschen, so will ich doch meinen Mund der Öffnung der himmlischen Brunnenröhre nahebringen, um wenigstens einen lindernden Tropfen zu erhaschen und nicht zu verschmachten.

Und kann ich auch nicht, wie die Cherubim und Seraphim, ganz himmlisch und liebentflammt sein, so will ich doch nach Andacht ringen, mein Herz vorbereiten, um beim demütigen Empfang des lebenspendenden Sakramentes wenigstens einen Funken des himmlischen Feuerbrandes zu erhaschen.

Was noch fehlt, lieber Jesus, heiliger Erlöser, das ergänze du gnädig. Du wolltest ja alle zu dir rufen mit den Worten: «Kommet alle zu mir, die ihr mühselig und beladen seid; ich will euch erquicken.»

5. Im Schweiße meines Angesichtes mühe ich mich ab, mir ist bange, meine Sünden lasten auf mir, Anfechtungen plagen mich, zahlreiche schlechte Neigungen halten mich gefangen. Und «kein Helfer erscheint», niemand kommt mir zu Hilfe, außer du, Herr und Gott, mein Heiland, dem ich mich und alles meinige anbefehle, damit du mich beschirmst und zum ewigen Leben führst.

Nimm mich auf, zum Lob und Preis deines Namens, nachdem du mir deinen Leib und dein Blut zur Speise und zum Trank gereicht hast.

«Laß, Herr und Gott, mein Heiland, mit dem öftern Genuß deines Geheimnisses auch meine Andacht zunehmen.»

Anmerkung

Als Jesus im Begriffe stand, die Erde zu verlassen, versprach er seinen Jüngern als Tröster den Heiligen Geist. Dieser teilt sich uns mit in den Sakramenten des Neuen Bundes. Als wesenhafte Liebe des Vaters und des Sohnes «unterstützt er unsre Schwäche, denn wir verstehen nicht zu bitten, wie es sich gehört. Da bittet der Geist für uns mit unaussprechlichen Seufzern. Und der die Herzen erforscht, kennt das Verlangen des Geistes, weil dieser gemäß Gott für die Heiligen fleht.» Durch eine unsichtbare, ebenso sanfte als nachhaltige Einwirkung neigt der Heilige Geist unsern Willen frei zum Guten, läutert ihn, und erhebt ihn zu Gott. Er bildet unsre Kraft, wie das Wort unser Licht bildet. Wenn wir nur Jesus in uns haben, so besitzen wir das Wort selber. Wir nehmen teil an allen Gaben, die das Wort und der Geist, der vom Wort ausgeht, unaufhörlich in die heilige Menschheit des Erlösers ergießen, des Erlösers, der eins mit uns geworden ist durch die Vereinigung mit seinem Fleisch und Blut, mit seiner Seele und seiner Gottheit, die voneinander untrennbar sind. In ihm liegt jeder Reichtum der vollen Einsicht, alle Schätze höchster Weisheit und Wissenschaft. Und diese Schätze erschließt er uns im Sakrament der Eucharistie, spendet uns, gemäß unsern Bedürfnissen, diesen himmlischen Reichtum, während der heiligende Geist uns mit göttlicher Liebe entflammt. Mit einer Liebe, die sogar die läßlichen Sünden verzehrt und uns gleichsam einen Vorgeschmack der himmlischen Seligkeit vermittelt. Mit einer Liebe, die uns darauf vorbereitet, sie vollständig zu genießen, wenn wir glücklich am Ende unsrer irdischen Prüfungen angelangt sein werden. Geh also zum Quell der Gnade, geh zum Altar, geh zu Jesus. «Zu wem, Herr, sollten wir gehen? Du hast Worte des ewigen Lebens.» Fühlen wir uns ermattet, so stärkst du uns; fühlen wir uns betrübt, tröstest du uns; beunruhigen uns innere und äußere Stürme, so «befiehlst du den Winden, und es tritt eine große Stille ein». O Jesus, «deine Liebe drängt mich»; meine Seele lechzt nach Vereinigung mit dir. Darnach geht mein ganzes Verlangen; ich habe kein anderes. Ich will nur dich, meinen Gott. Wann werde ich sprechen können: «Mein Geliebter gehört mir und ich gehöre ihm; nicht mehr ich lebe, sondern Christus lebt in mir»?

5. KAPITEL: DIE WÜRDE DIESES SAKRAMENTES UND DES PRIESTERSTANDES

Der Jünger spricht:

1. Wärst du rein wie ein Engel und heilig wie Johannes der Täufer, du bliebst trotzdem unwürdig, dieses Sakrament zu empfangen und in die Hände zu nehmen.

Denn nicht menschliche Verdienste setzen den Menschen in den Stand, das Sakrament Christi zu verwandeln und in Händen zu tragen, oder das Engelsbrot zu empfangen.

Groß ist dieses Geheimnis und groß die Würde der Priester, denen zusteht, was den Engeln verwehrt bleibt.

Nur der gültig geweihte Priester der Kirche kann ja Messe lesen und Brot in den Leib Christi verwandeln.

Der Priester ist Gottes Diener, er verwaltet Gottes Wort, und zwar auf Gottes Geheiß hin. Gott aber bleibt der unsichtbare Haupthandelnde, dem alles nach seinem Willen zu Diensten steht und jedes Ding auf einen Wink hin gehorcht.

2. So hast du dem allmächtigen Gott in diesem hehren Sakrament mehr zu glauben als deinen Sinnen oder einer sichtbaren Erscheinungsform. Und ehrfürchtig sollst du zu diesen Geheimnissen hinzutreten.

Achte wohl auf dich und bedenke, welches Amt dir durch die Handauflegung des Bischofs übertragen wurde.

Du bist Priester geworden und zur Feier der heiligen Messe geweiht: so schicke dich nun an, zur gegebenen Stunde, Gott das Opfer getreulich und fromm darzubringen und tadellos vor ihm zu wandeln.

Deine Aufgabe ist dadurch nicht leichter geworden; im Gegenteil, du hast dich strenger in Zucht zu halten und bist zu höherer Vollkommenheit verpflichtet.

Ein Priester hat alle Tugenden zu besitzen und den andern mit dem guten Beispiel voranzugehn.

Sein Benehmen darf nicht das durchschnittliche, alltägliche Verhalten der Menschen widerspiegeln. Es hat dem der Engel im Himmel und der Heiligen auf Erden zu gleichen.

3. Der Priester, mit den heiligen Gewändern angetan, vertritt Christus im inbrünstigen und demütigen Gebet für sich selber und alles Volk.

Vor und hinter ihm befindet sich ein Kreuz: er soll immerfort des Leidens Christi gedenken.

Das Kreuz vorn auf dem Meßgewand mahnt ihn, eifrig die Spuren Christi zu betrachten und ihnen mutig zu folgen. Das hintere Kreuz fordert ihn auf, alles Widrige von seiten anderer Gott zulieb zu ertragen.

Das vordere Kreuz heißt ihn Reue erwecken über seine Sünden; das rückwärtige mahnt, auch die Missetaten anderer mitfühlend zu beweinen, und bringt ihm zum Bewußtsein, daß er vermittelnd zwischen Gott und den Sündern steht.

So harre er aus im Gebet und seinem heiligen Amt, bis er Gnade und Barmherzigkeit herabflehte.

Durch die Messe ehrt der Priester Gott, erfreut er die Engel, erbaut die Kirche, unterstützt die Lebenden, tröstet die Verstorbenen und erlangt selber Anteil an jeglichem Gut.

6. KAPITEL: VON DER VORBEREITUNG ZUR HEILIGEN KOMMUNION

Der Jünger spricht:

1. Vergleiche ich deine Würde, Herr, mit meiner Unwürdigkeit, so erzittere und erröte ich.

Bleibe ich dem Empfang deines Leibes fern, so fliehe ich das Leben; trete ich dagegen unwürdig hinzu, mache ich mich eines Frevels schuldig.

Was tun, mein Gott, mein Helfer, mein Ratgeber in meinen Nöten?

2. Lehre mich den rechten Weg beschreiten, zeige mir eine knappe, der heiligen Kommunion angemessene Übung. Denn die Kenntnis einer frommen Herzensvorbereitung fördert nachhaltig den heilsamen Sakramentsempfang und die würdige Opferfeier.

Anmerkung

Muß man «seine Seele vorbereiten vor dem Gebet», um wieviel mehr vor dem Empfang des göttlichen Sakramentes! Deshalb sagt der Apostel: «Der Mensch prüfe sich selbst, und erst dann genieße er dieses Brot und trinke diesen Kelch; denn wer unwürdig ißt und trinkt, ißt und trinkt seine Verurteilung, weil er keinen Unterschied macht zwischen (einer gewöhnlichen Speise und) dem Leib des Herrn.» Aber ach, o mein Gott, je genauer ich mich prüfe, um so unwürdiger erkenne ich mich zur Vereinigung mit dir im anbetungswürdigen Sakrament deines Leibes und Blutes. Esse ich jedoch «dein Fleisch nicht und trinke dein

Blut nicht, habe ich das Leben nicht in mir». So bin ich aufgespalten zwischen dem Verlangen, mich an der heiligen Tafel niederzulassen, zu der die Gläubigen eingeladen sind, und der Furcht, die schrecklichen Worte hören zu müssen: «Warum seid ihr hier eingetreten ohne das Hochzeitsgewand? Mit gebundenen Händen und Füßen werft sie hinaus in die Finsternis, wo Heulen und Zähneknirschen herrscht.» Was soll ich also tun? Ich weiß, was ich tue. Ich erscheine gerade so wie ich bin, entblößt, elend, vor meinem Herrn und meinem Gott. Und ich sage ihm: Hab Mitleid mit mir, Herr; bekleide mich selber mit dem reinen Gewand, das mir den Eintritt zum Gastsaal erlaubt. Kommst du mir nicht zu Hilfe, ergänzest du nicht meine Bedürftigkeit, so bleibe ich, göttlicher Meister, für immer vom heiligen Tische ausgeschlossen. Da wirfst du einen mitleidigen Blick auf mich Armen, suchst ihn auf in deiner Güte, deinem grenzenlosen Erbarmen, streckst deine Hand aus, um seine Blöße zu bedecken. – Ja, Herr, «ich habe auf dich gehofft, und ich werde in Ewigkeit nicht zuschanden werden».

7. KAPITEL: GEWISSENSERFORSCHUNG UND VORSATZ

Christus spricht:

1. Vor allem soll der Priester Gottes: demütig, ehrfurchtsvoll, tief gläubig, und auf Gottes Ehre bedacht, zur Feier, Berührung und Aufnahme des Sakramentes hinzutreten.

Erforsche sorgsam dein Gewissen und läutere dich womöglich durch wahre Reue und demütige Beicht, so daß dir nichts Schweres auf dem Herzen liegt und dich kein Hindernis zurückhält.

Bereue deine Sünden im allgemeinen und die täglichen Verstöße im besondern. Erlaubt es die Zeit, bekenne Gott im Herzensinnern dein ganzes Elend und all deine verdorbenen Neigungen.

2. Seufze darüber, daß du noch so fleischlich und weltlich gesinnt bist, so unabgetötet und voll verkehrter Neigungen, so unbewacht in den äußern Sinnen, häufig in viel eitle Vorstellungen verstrickt, zur Äußerlichkeit geneigt, nachlässig in bezug auf das Innere, leichtsinnig, unzugänglich für Reuetränen, bequemlichkeitshungrig, der Buße abgeneigt, erpicht auf das Hören von Neuem und das Sehen von Gefälligem, arbeitsunlustig, besitzgierig, gebeverdrossen, an Hab und Gut verhaftet, im Reden voreilig, nicht verschwiegen genug, unbeherrscht, hastig, eßgierig, taub für Gottes Wort, auf Ruhe bedacht, träge, auf Neuigkeiten aus, schläfrig bei den heiligen Nachtwachen, ihr rasches Ende herbeisehnend, zerstreut, nachlässig beim Stundengebet, lau beim Messelesen, trocken bei der heiligen Kommunion, rasch zerstreut, selten ganz gesammelt, schnell aufbrausend, zum Ablehnen anderer geneigt, zum Aburteilen bereit, hart beim Tadel, ausgelassen solange es gut geht, schwach bei Widerwärtigkeiten, zwar voll guter Vorsätze, aber lahm in deren Ausführung.

3. Nachdem du diese und andere Mängel reumütig und mit wirklichem Mißfallen an deiner Schwachheit bekannt und bedauert hast, nimm dir fest vor, dein Leben fortan zu bessern und Fortschritte machen zu wollen.

Ergeben und fest entschlossen, opfere dich alsdann auf dem Altar deines Herzens meinem Namen zu Ehren als immerwährendes Schlachtopfer auf. Übergib mir rückhaltlos Leib und Seele: so kannst du dich wohlvorbereitet anschicken, Gott das Opfer darzubringen, und empfängst heilsam meinen Leib.

4. Keine würdigere Hingabe noch eine erhabenere Genugtuung für die Sünden, als das mit der Darbringung des Leibes Christi verbundene lautere, restlose Selbstopfer an Gott anläßlich von Messe und Kommunion.

Tut der Mensch, was in seinen Kräften steht und empfindet er wahre Reue, so tritt er mir nie Vergebung und Gnade erbittend nahe, ohne daß sich das Wort an ihm erfüllt: «Sowahr ich lebe, spricht der Herr, ich will nicht den Tod des Sünders, sondern seine Bekehrung und sein Leben»; ich will seine Sünden vergessen und ihm alles verzeihen.

Anmerkung

Nichts ist nützlicher und unerläßlicher, um würdig zum Altar hinzuzutreten, als sein Gewissen zu erforschen und mit heilsamer Strenge in seine traurigen Untiefen hinabzublicken. Wir bergen in uns gleichsam ein Abbild des Reiches der Finsternis. Dort lebt und wächst und verbreitet sich die zahlreiche Familie der bösen Neigungen, die aus der traurigen Begierlichkeit hervorgingen, die das Menschenleben an seiner Wurzel angegriffen hat. Wer ernsthaft sein Herz prüft, findet darin den Keim alles Bösen, einen Hochmut, der bald kühn und gewalttätig, bald versteckt und verschlagen vorgeht, eine ungezügelte Neugier, heftige Begierden, Haß, vom Unrecht begleitet, Verunglimpfung und Verleumdung, Neid, diese Mutter des Totschlages, Geiz, der unablässig ruft: Gib, gib; Herzenshärte; schuldbare, geistige Genußsucht. Und obschon dieser Same des Todes nicht in jedem Menschen gleicherweise aufkeimt, trägt ihn doch jeder in sich; die Gnade allein kann ihn mehr oder weniger ersticken. So sieht seit der Erbsünde das Erbteil der Adamskinder aus. Wer wollte da in seinem Schrecken nicht aus tiefem Elend zu Gott rufen, um Hilfe und Erbarmen herabzuflehen? «Denen dreht er den Rücken, die ihre Missetaten verbergen wollen, wogegen er denen verzeiht, die sich anklagen.» Voll Erbarmen mit den Sündern, hat Jesus das Bußsakrament eingesetzt. Es läßt uns wiedergeboren werden im Blute des Lammes und bekleidet uns mit der ursprünglichen Unschuld. Diese bildet das erforderliche Hochzeitsgewand, um dem Mahle des Bräutigams beizuwohnen. O ihr alle, die ihr schmerzerfüllt die Last eurer Sünden trägt, beeilet euch doch, geht, erfüllt von Reue, Glaube, Hoffnung und Liebe, eure schwere Last niederlegen zu Füßen desjenigen, der im Bußgericht den Gottessohn selber vertritt. Geht hin und demütigt euch, geht hin und weint: eine göttliche Hand wird eure Tränen trocknen. Der Gnade wiedergeschenkt und in Frieden mit euch selber, werdet ihr alsdann jubelnd das Lied der Verzeihung singen: «Glücklich, wem die Schuld verziehen, dessen Sünde nachgelassen ist. Glücklich der, dem Jahve seine Schuld nicht anrechnet, in dessen Mund kein Betrug vorkommt. Weil ich schwieg, wurden morsch meine Knochen vom unaufhörlichen Schrei in mir. Ja Tag und Nacht lag deine Hand schwer auf mir, ich ward verwandelt in ein Feld spitzer Dornen. So will ich meine Sünde bekennen und meine Missetat nicht verheimlichen. Ich spreche: Anklagen will ich mich vor dir, Jahve. So verzeihst du mir meine Sünde. Darum soll jeder Fromme zur rechten Stunde zu dir beten, so werden ihn, wenn die Flut heranrauscht, die Wassermassen nicht erreichen.»

8. KAPITEL: DIE AUFOPFERUNG CHRISTI AM KREUZ UND UNSRE SELBSTHINGABE

Der Geliebte spricht:

1. Ich habe mich am Kreuz mit ausgespannten Armen und entblößtem Leib für deine Sünden Gott dem Vater freiwillig hingegeben, ohne das Geringste in mir diesem Sühnopfer zu entziehen.

So mußt auch du dich in der täglichen Messe mir darbringen als reine und heilige Gabe, und zwar freiwillig, mit all deinen Kräften und deiner ganzen Liebe.

Was verlange ich mehr von dir, als daß du dich mir gänzlich aushändigst?

Alles, was du mir außer dir gibst, zählt nicht für mich. Dich suche ich, nicht deine Gabe.

2. Wie dir kein Ding genügte, wenn du mich entbehren müßtest, so kann auch mir keine Spende behagen, solange du dich mir vorenthältst.

Opfere dich mir auf und verschenke dich ganz an Gott, so wird dein Opfer angenommen.

Siehe, ich übergab mich deinetwegen völlig meinem Vater, sogar Leib und Blut reichte ich restlos zur Speise, um ganz dein zu sein und dich für mich zu gewinnen.

Verharrst du aber in dir selber, ohne dich meinem Willen zu ergeben, bleibt dein Opfer unvollständig, und die Vereinigung zwischen uns ist lückenhaft.

So hat deine Selbsthingabe an Gott allen Werken vorzugehen, wenn du Freiheit und Gnade erlangen willst.

Darum werden so wenige innerlich erleuchtet und frei, weil sie die gänzliche Selbstverleugnung unterlassen.

Fest steht mein Wort: «Wer nicht jedem Eigenbesitz entsagt, kann mein Jünger nicht sein.»

Willst du also mein Jünger werden, verschenke dich mir, samt all deinen Neigungen.

9. KAPITEL: WIR SOLLEN UNS UND ALLES UNSRIGE GOTT AUFOPFERN UND FÜR ALLE BETEN

Der Jünger spricht:

1. Herr, alles im Himmel und auf Erden ist dein. So möchte ich mich dir freiwillig zum Opfer bringen, und immer dein bleiben.

Herr, in der Einfalt meines Herzens liefere ich mich dir

heute aus zum immerwährenden Knecht, zum Denkmal der Huldigung und zum ewigen Lobopfer. — Nimm mich auf, mit der heiligen Hingabe deines kostbaren Leibes, die ich heute in der unsichtbaren Gegenwart der Engel vollziehe, auf daß sie mir und allem Volk zum Heil gereiche.

2. Herr, auf deinen Sühnaltar lege ich alle Sünden und Vergehen, die ich vor dir und deinen heiligen Engeln je begangen habe, angefangen vom ersten Tag, wo ich einer Sünde fähig war, bis zu dieser Stunde.

Verbrenne und verzehre sie insgesamt im Feuer deiner Liebe. Tilge jede Sündenmakel, läutere mein Gewissen von jeder Schuld. Schenke mir deine Gnade wieder, die mir die Sünde geraubt hat; verzeih mir restlos alles; laß mich gnädig zum Friedenskuß zu.

3. Kann ich meine Sünden anders tilgen, als indem ich sie demütig bekenne und beweine und dich unaufhörlich um Verzeihung bitte? So fleh ich dich denn an, erhöre mich gnädig, nun da ich vor dir stehe, mein Gott.

Meine Sünden mißfallen mir aufs höchste, ich will sie nie mehr begehen, sondern verabscheue sie, und werde sie lebenslänglich verabscheuen, gewillt, dafür zu büßen und sie nach Möglichkeit zu sühnen.

Verzeih mir, mein Gott, verzeih mir meine Vergehen, um deines heiligen Namens willen. Rette meine Seele, die du mit deinem kostbaren Blute erlöst hast.

Ich überlasse mich deinem Erbarmen, lege mich in deine Hände. Verfahre mit mir nach deiner Milde, nicht nach meiner Bosheit und Verdorbenheit.

4. Auch opfere ich dir alles Gute in mir, so dürftig und unvollkommen es sein mag. Verbessere und heilige es, laß es dir wohlgefallen, nimm es an, gib Wachstum. Endlich führe mich träges und nutzloses Menschlein zum seligen, guten Ende.

5. Ich lege dir ferner alle frommen Anliegen aller Andächtigen ans Herz, die Bedürfnisse meiner Eltern, Freunde,

Mitbrüder, Mitschwestern und all meiner Lieben, sowie derer, die mir oder andern dir zulieb je Gutes taten.

Ich empfehle dir die Anliegen aller, die für sich oder ihre Angehörigen Gebete und Messen von mir wünschten oder verlangten, ob sie nun noch leben oder schon gestorben sind. Mögen sie deine Gnadenhilfe erfahren, deinen Trost, Schutz vor Gefahr, Befreiung von Strafe. Allen Übeln entrissen, sollen sie dir freudigbewegt Dank sagen.

6. Auch bringe ich dir besondere Gebete und Sühnegaben dar für alle, die mich irgendwie beleidigten, betrübten, tadelten oder mir Schaden und Verdruß zufügten. Ebenso für alle, die ich irgendwann betrübt habe, beunruhigt, belästigt, denen ich Ärgernis gab, in Worten oder Werken, wissentlich oder unwissentlich, damit du uns gleichermaßen unsre Sünden und gegenseitigen Beleidigungen verzeihest.

Nimm hinweg, Herr, aus unserm Herzen Verdächtigungen, Erbitterung, Zorn und Hader sowie alles, was die Liebe beeinträchtigt und die brüderliche Zuneigung schwächt.

Erbarmen, Herr, Erbarmen für alle, die deine Barmherzigkeit anrufen; Gnade für die Bedürftigen.

Laß uns so sein, daß wir den Empfang deiner Gnade verdienen und zum ewigen Leben gelangen. Amen.

10. KAPITEL: VERSÄUME NICHT LEICHTHIN DIE HEILIGE KOMMUNION

Der Geliebte spricht:

1. Nimm häufig deine Zuflucht zum Quell der Gnade und göttlichen Erbarmung, zum Quell der Güte und jeder Reinheit. So kannst du von deinen üblen Gewohnheiten und Fehlern genesen, gegen die teuflischen Versuchungen und Trugbilder erstarken und wachsam werden.

Der Böse Feind kennt die gewaltige Hilfe, die der heiligen Kommunion innewohnt. Deshalb sucht er auf jede

Weise und bei jeder Gelegenheit die frommen Gläubigen davon abzuhalten.

2. Wer sich darauf vorbereitet, ist dem teuflischen Einfluß mehr unterworfen.

Der böse Geist selber schleicht sich, wie es bei Job heißt, unter die Gotteskinder, um sie mit seiner üblichen Bosheit zu belästigen oder überängstlich und unsicher zu machen. Er sucht ihre Liebe herabzumindern, oder ihnen durch Anfechtungen den Glauben zu schwächen, so daß sie entweder die heilige Kommunion ganz unterlassen oder sie wenigstens lau empfangen.

Beunruhige dich nicht ob seiner Schliche und Einflüsterungen, so abstoßend sie sein mögen, sondern mache ihn dafür verantwortlich. Verachten mußt du diesen Elenden und verlachen, aber keineswegs die heilige Kommunion unterlassen wegen der Schmähungen und Einbildungen, die er in dir hervorruft.

3. Häufig bildet auch die übermäßige Sorge um Andachtsgefühle ein Hindernis, sowie eine gewisse Ängstlichkeit hinsichtlich der Beicht. Befolge den Rat des Weisen, und lege alle Besorgtheit und Ängstlichkeit ab, denn diese hemmen die Gnade Gottes und zerstören die Andacht.

Unterlaß die Kommunion nicht wegen irgendeiner geringen Beklemmung, sondern geh bald beichten und vergib andern gern ihre Beleidigungen. Hast du selbst jemanden beleidigt, so bitte ihn demütig um Verzeihung, und Gott wird es dir gerne nachsehen.

4. Wozu die Beicht lange hinausschieben oder mit der heiligen Kommunion zuwarten? Läutere dich baldigst, spei das Gift rasch aus, greife schnell nach der Arznei. Und du wirst dich besser fühlen, als wenn du lange zögerst.

Versäumst du die Kommunion heute aus dem einen Grund, wird sich morgen ein anderer, schwerwiegenderer einstellen. Und so könntest du sie unter Umständen lange entbehren müssen und würdest immer weniger vorbereitet dazu.

So rasch als möglich entledige dich der gegenwärtigen Schwere und Trägheit; denn es hilft nichts, lange in Ängsten zuzubringen, lange gequält zu bleiben und wegen alltäglicher Hindernisse sich der göttlichen Hilfe zu berauben.

Im Gegenteil, die heilige Kommunion verschieben, schadet ungemein, das führt gewöhnlich zu bedenklicher Lauheit.

Ach, es gibt so laue und nachlässige Christen, die deshalb gerne lange zuwarten mit Beicht und Kommunion, damit sie sich nicht besser zusammennehmen müssen.

5. Wer leichthin dem göttlichen Gastmahl fernbleibt, bekundet wenig Liebe und geringe Frömmigkeit.

Glücklich und Gott wohlgefällig ist dagegen, wer so lebt und sein Gewissen so rein bewahrt, daß er täglich zum Tisch des Herrn hinzutreten könnte, wenn es anginge und er dadurch nicht auffiele.

Bleibt jemand zuweilen aus Demut oder sonst einem guten Grund fern, verdient seine Ehrfurcht Lob. Hat dagegen die Lauigkeit die Hand im Spiel, raffe er sich wieder auf. Seinem guten Willen gemäß, den Gott besonders schätzt, wird seine Sehnsucht schließlich ihr Ziel erreichen.

6. Liegt ein rechtmäßiges Hindernis vor, bewahre man wenigstens stets das fromme Verlangen nach dem Leibe des Herrn. So geht man der Gnadenwirkung des Sakramentes nicht verlustig.

Ein frommer Christ kann nämlich täglich, ja stündlich, mit großem Nutzen und ungehindert Christus geistlicherweise empfangen. Allerdings soll es zu gewissen Tagen und Zeiten auch sakramental geschehen, in Ehrfurcht und Liebe, wobei nicht der erhoffte Trost, sondern die Verherrlichung Gottes bestimmend wirken muß. Wer aber andächtig die Geheimnisse der Menschwerdung und des Leidens Christi erwägt und im Herzen trägt, kommuniziert ebenfalls geheimnisvollerweise und wird unsichtbar gestärkt.

7. Wer sich nur vor einem Fest oder aus bloßer Gewohnheit vorbereitet, läßt oft die rechte Seelenverfassung vermissen.

Selig, wer bei jeder Meßfeier und Kommunion sich Gott als Schlachtopfer darbringt!

Vollzieh die Darbringung der heiligen Messe nicht zu schnell, sondern folge der guten, allgemeinen Gepflogenheit deiner Umgebung.

Störe andere nicht dabei, halte dich an die übliche, herkömmliche Art und Weise und suche lieber auf andere Rücksicht zu nehmen, als deinen persönlichen Andachtsgefühlen Ausdruck zu verleihen.

Anmerkung

Daß man Christen auffordern muß, zum Tisch des Herrn zu gehen, sich mit dem Lebensbrot zu nähren, den «Urheber und Vollender des Glaubens» zu empfangen, den Erlöser der Menschen, das Wort Gottes; daß sie alle möglichen Vorwände suchen, um ihm fernzubleiben; daß sie es als eine harte Pflicht erachten, von der Kirche zu gewissen Zeiten zum Empfang des Leibes und Blutes Christi angehalten zu werden: das alles ist etwas so Unerhörtes und zugleich so Erschreckendes, daß man den Gedanken daran flieht wie eine Höllenvision. Aber auch unter den Gläubigen, die zum Gastmahl des Bräutigams von der Liebe angezogen werden, gibt es solche, die, verleitet durch bedauerliche Anschauungen oder zurückgehalten durch die Bedenken eines überängstlichen Gewissens, sich nie genug vorbereitet glauben und sich freiwillig des Altarsakramentes berauben, gerade aus Ehrfurcht vor diesem erhabenen Geheimnis. Gewiß soll man sich selber prüfen; gewiß wäre es wünschenswert, daß, die das Brot der Engel genießen, die ganze Reinheit der himmlischen Geister hätten. Doch der unser Elend kennt und kam, uns zu heilen, fordert von uns nicht die Vollkommenheit, damit wir uns der Gnadenquelle nähern dürfen. Er verlangt bloß, daß der Gläubige durch die Buße geläutert sei und zum Fuß des Altares ein «zerknirschtes und demütiges Herz» mitbringe, aufrichtige Reue über seine Sünden, einen ehrlichen Willen, innige Liebe. Während Jesus die Pharisäer zurückwies und die hochmütigen Beobachter des Gesetzes verfluchte, nahm er die sündige Frau auf, bekundete Mitleid mit ihrem demütigen Schmerz, segnete ihre Tränen, und «viele Sünden werden ihr verziehen, weil sie viel geliebt hat». Allzu oft verbirgt sich ein großer und schuldbarer Hochmut unter scheinbarer Zartheit eines Gewissens, das lange von der Kommunion fernhält. Anstatt den Ratschlägen des Seelenführers zu folgen, möchte man sich selber führen und begutachten. Das Ende, das unvermeidliche Ende dieses bedauerlichen Irrtums besteht dann entweder in der Verzweiflung oder einer schrecklichen Vermessenheit. Verlaß nie, verlaß nie den Weg des Gehorsams. Alle andern Wege enden mit dem Verderben. Untersagt man dir den Zutritt zum Tisch des Herrn, so enthalte dich und weine; denn gäbe es einen rechtmäßigern Grund für Tränen? Erklärt man dir umgekehrt: Tritt zu Jesus im Sakrament seiner Liebe hinzu, so tu es freudig. Keine Verfassung ist so wertvoll wie das restlose Opfer persönlicher Überlegungen und des Eigenwillens. Bewahre in allem und allezeit die Einfalt eines kleinen Kindes. Gott liebt die Herzenseinfalt, er segnet sie für die Zeit, er segnet sie für die Ewigkeit.

11. KAPITEL: DIE SEELE BENÖTIGT DRINGEND DEN LEIB CHRISTI UND DIE HEILIGE SCHRIFT

Der Jünger spricht:

1. Guter Jesus, welche Wonnen verkostet die fromme Seele bei deinem Gastmahl, wo die aufgetragene Speise in dir selber besteht, ihrem einzig Geliebten, der jedes Verlangen ihres Herzens stillt.

Wie wohl täte es mir, mich in deiner Gegenwart so recht

von Herzen auszuweinen und mit der frommen Magdalena deine Füße mit Tränen benetzen zu können. — Aber wo bleibt eine solche Andacht? Wo die heilige Tränenflut?

Gewiß sollte mein Herz in deiner und deiner Engel Gegenwart aufflammen und weinen vor Freude; denn ich besitze ja dich wirklich im Sakrament, obschon unter fremder Gestalt.

2. Meine Augen müßten erblinden, schaute ich dich in deiner wirklichen göttlichen Klarheit, ja die ganze Welt vermöchte den Glanz deiner Majestät nicht zu ertragen.

So kommst du meiner Schwachheit entgegen und verbirgst dich im Sakrament. Da besitze ich wahrhaft und bete den an, den die Engel im Himmel anbeten; ich im Glauben, jene unverhüllt.

Mir muß das Licht des wahren Glaubens genügen. Im Glauben habe ich zu wandeln, bis der Tag des ewigen Lichtes anbricht und die Schatten der Sinnbilder fallen.

«Kommt aber die Vollendung», nimmt der Gebrauch der Sakramente ein Ende. Die Heiligen in der himmlischen Glorie benötigen keine sakramentale Arznei mehr; sie erfreuen sich endlos der Gegenwart Gottes, schauen von Angesicht zu Angesicht seine Herrlichkeit. Von Licht zu Licht in den Glanz der abgrundtiefen Gottheit getaucht, verkosten sie das fleischgewordene Gotteswort. So war es von Anfang, so bleibt es ewig.

3. Wenn ich an diese Wunder denke, erscheint mir sogar der geistliche Trost fade. Solange ich meinen Herrn nicht unverhüllt in seiner Glorie erblicke, zählt das auf Erden Gesehene und Gehörte nicht für mich.

Du weißt, mein Gott, daß mich kein Ding trösten, kein Geschöpf beruhigen kann, außer dir, meinem Gott, den ich ewig zu schauen verlange.

In diesem sterblichen Leben kann das nicht sein. So heißt es sich mit viel Geduld wappnen und sich bei jedem Wunsch dir unterwerfen.

Denn auch deine Heiligen, Herr, die bereits mit dir im Himmelreich frohlocken, erwarteten zu ihren Lebzeiten gläubig und geduldig den Anbruch deiner Herrlichkeit.

Was sie glaubten, glaube auch ich; was sie hofften, hoffe auch ich; wohin sie gelangten, dahin vertraue auch ich zu gelangen durch deine Gnade.

Unterdessen wandle ich im Glauben, wobei mich das Beispiel der Heiligen stärkt. Auch fromme Bücher trösten und belehren mich. Vor allem aber gereicht mir dein hochheiliger Leib zur Arznei und Zuflucht.

4. Ich fühle, daß mir in diesem Leben hauptsächlich zwei Dinge nottun, ohne die mir dieses elende Dasein unerträglich wäre; zwei Dinge, solange ich im Kerker dieses Leibes gefangen liege: Nahrung und Licht.

So gabst du mir, angesichts meiner Schwachheit, deinen heiligen Leib zur Nahrung von Geist und Körper, und leuchtest meinen Füßen den Weg durch dein Wort.

Ohne diese beiden Dinge vermöchte ich nicht gut zu leben; denn das Wort Gottes bildet tatsächlich das Licht meiner Seele und dein Sakrament ihr Lebensbrot. Man könnte sie auch die beiden Tafeln im Schatzhaus deiner heiligen Kirche nennen.

Hier der Altar mit dem heiligen Brot, nämlich dem kostbaren Leib Christi; dort die Tafel des Gottesgesetzes mit der heiligen Lehre darauf, die im Glauben unterrichtet und unentwegt bis ins Zeltinnere führt, wo das Allerheiligste ruht.

Dank sei dir, Herr Jesus, Licht vom ewigen Licht, für die Tafel der heiligen Lehre, die du uns durch deine Knechte, die Propheten und Apostel und übrigen Lehrer, geboten hast.

5. Dank sei dir, Schöpfer und Erlöser der Menschen, für das erhabene Mahl, das du zubereitet hast, um der ganzen Welt deine Liebe zu verkünden. Nicht das sinnbildliche Osterlamm, sondern deinen heiligen Leib und dein kostbares Blut bietest du uns darin zur Speise an.

So beglückst du alle Gläubigen mit dem heiligen Mahle

und berauschest sie mit dem Kelch des Heiles, der alle Paradieseswonnen in sich enthält und von den Engeln, obschon vollkommener, mit uns geteilt wird.

6. Wie groß und ehrenvoll ist doch das Amt der Priester, denen es die Weiheworte gestatten, den Herrn der Glorie herabzurufen, ihn zu preisen, in die Hand zu nehmen, zu genießen und andern darzureichen.

Wie rein müssen des Priesters Hände sein, wie lauter sein Mund, wie heilig sein Leib, wie makellos sein Herz, da der Urheber der Reinheit so oft bei ihm einkehrt.

Aus Priestermund sollten nur heilige, wohlanständige, ersprießliche Worte kommen, da er so oft das Sakrament Christi empfängt. – Sein Auge hat schlicht und keusch zu sein, da er immer wieder den Leib Christi sieht; seine Hand rein und zum Himmel erhoben, da sie ständig den Schöpfer des Himmels und der Erde berührt.

Den Priestern gilt die Mahnung des Gesetzes: Seid heilig, weil ich heilig bin, euer Herr und Gott.

7. Allmächtiger Gott, da wir nun einmal das Priesteramt empfangen haben, bewirke, daß wir würdig und fromm, rein und mit lauterm Gewissen deinen Dienst versehen.

Und vermögen wir nicht so lauter zu wandeln, wie wir sollten, laß uns wenigstens die begangenen Sünden tief beweinen und im Geiste der Demut und mit festem Vorsatz dir fortan eifriger dienen.

Anmerkung

Was ist die Erde? Eine Verbannungsstätte, ein Tränental, wie sie die Kirche nennt. Der Mensch sucht darauf im Dunkel die Wahrheit, die das Leben seines Verstandes bildet; er sucht, inmitten unzähliger Übel, ein Gut, ohne zu wissen welches, das unendlich, unerschöpflich, ewig sein soll und das Leben seines Herzens ausmacht. Aber alles, was er sucht, entgleitet ihm. Zweifel, Meinungen, Irrtümer ermüden seine gelähmte Vernunft. Was er als gut ansah, wandelte sich in Bitterkeit; am Grund von allem fand er Leere und Langeweile. Weilt er allein, fällt seine Seele schmerzhaft auf sich selber zurück. Er benötigt eine Stütze; aber weh ihm, wenn er sie bei andern Menschen sucht. Sie verstellen sich, um ihn zu überraschen; mißbrauchen den Namen: Freund, um ihn zu täuschen; während ihr Mund ihm zulächelt, stellen sie ihm insgeheim einen Hinterhalt; und haben sie ihn durch allerlei Schliche, Lügen und Anschwärzungen in ihre Netze gefangen, entpuppen sie sich plötzlich, stürzen auf ihn und verzehren ihn wie Hyänen. Ein düsterer Tatbestand. Doch Gott will sein armes Geschöpf im äußersten Elend nicht verlassen. Er erleuchtet es durch sein Wort, stützt es durch seine Gnade, belebt es, tröstet es durch den Glauben an ein besseres Leben, durch die Hoffnung, nach diesen Prüfungstagen einst das Gut zu besitzen, das er anstrebt, das unendliche Gut, Gott selber. Diese wunderbaren Gaben einer unaussprechlichen Liebe befinden sich gewissermaßen versammelt, zusammengedrängt im allerheiligsten Altarsakrament. Da werden sie unserm Verlangen angeboten nach dem Maß eben dieses Verlangens. So oft wir uns diesem erhabenen Sakrament nähern, empfangen wir in uns die Weisheit, das unerschaffene Licht, das Wort Gottes, das lebendige Wort. Wir empfangen den Urheber der Gnade, den Vollender des Glaubens, das unsterbliche Unterpfand unsrer Hoffnung. Das Fleisch, das für uns einst gekreuzigt wurde, vereinigt sich mit unserm Fleisch; das Blut, das die Welt erlöste, vermischt sich mit unserm Blut. Unsre Seele und die Seele des Erlösers umarmen sich; seine Gottheit durchdringt uns und vollendet in uns alles, was die Sünde verdorben hatte. Der treue Freund ruht an unsrer Brust, er spricht zu uns, er sagt uns: «Lege mich wie ein Siegel auf dein Herz, denn stärker als der Tod ist die Liebe.» Entflammt von inniger Liebe, sehen wir alsdann nur noch den Vielgeliebten, leben nur noch sein Leben, die Trübsal unsrer irdischen Pilgerschaft geht über in himmlische Freude.

12. KAPITEL: VOR DEM EMPFANG DER HEILIGEN KOMMUNION BEREITE DICH SORGFÄLTIG DARAUF VOR

Der Geliebte spricht:

1. Ich liebe die Reinheit und spende alle Heiligkeit. Ich suche ein lauteres Herz und wähle es mir zur Ruhestätte.

Bereite mir «einen großen, hergerichteten Gastsaal»; so will ich bei dir mit meinen Jüngern Ostern halten.

Soll ich zu dir kommen und bei dir bleiben, schaffe zuerst den alten Sauerteig hinaus und reinige deine Herzenskammer.

Verbanne daraus die Welt und allen Lärm der Leidenschaften. Verhalte dich wie «ein einsamer Sperling auf dem Dache» und gedenke reumütig deiner Vergehen.

Jeder Liebende bereitet dem Geliebten die beste und schönste Wohnstätte; bedeutet sie doch, wie lieb er ihn hat.

2. Wisse jedoch, daß du eine derartige Vorbereitung nicht durch eigenes Bemühen zustande bringst, und würdest du auch ein volles Jahr darauf verwenden, ohne an etwas anderes zu denken.

Durch meine Huld und Gnade allein gewinnst du Anrecht auf mein Mahl. Wie ein Bettler, der bei einem Reichen zu Tisch geladen ist, kannst auch du diese Wohltat nur mit Demut und Dank beantworten.

Tu also was in deinen Kräften steht, und zwar eifrig, nicht gewohnheitsmäßig, noch gezwungen, sondern mit ehrfürchtiger Liebe. So empfange den Leib deines teuren Herrn und Gottes, der dich heimsuchen will.

Ich habe dich gerufen, ich ließ dich herkommen, ich ergänze was dir fehlt: komm und empfange mich.

3. Spende ich dir die Gnade der Andacht, so danke deinem

Gott; nicht weil du sie verdienst, sondern weil ich mich deiner erbarmte.

Entbehrst du sie jedoch und fühlst du dich trocken, so gib dich dem Gebete hin, seufze, klopfe an, und höre nicht auf zu klopfen, bis eine Krume oder ein Tropfen heilsamer Gnade für dich abfällt.

Du benötigst mich; ich benötige dich nicht; und nicht du kommst, mich zu heiligen, sondern ich komme, dich zu heiligen und umzugestalten. – Du kommst, um durch mich geheiligt zu werden, mit mir vereinigt, um neue Gnaden zu empfangen und erneut zur Besserung angeeifert zu werden.

Vernachlässige diese Gnade nicht, sondern bereite dein Herz sorgfältig darauf vor; dann führe deinen Geliebten bei dir ein.

4. Doch nicht bloß vor der Kommunion hast du dich zur Andacht aufzuraffen; auch nach dem Empfang suche sie sorgsam zu bewahren. Diese Wachsamkeit darf nicht geringer sein als die fromme Vorbereitung. Eine derartige Wachsamkeit bildet die beste Vorstufe für weitere Gnaden.

Aus diesem Grund verliert jemand sogleich die gute Seelenverfassung, wenn er sich alsbald äußerm Trost überläßt.

Hüte dich vor vielem Reden, bleibe zurückgezogen und freue dich deines Gottes. Denn du hast den, den dir die ganze Welt nicht rauben kann.

Mir mußt du dich ganz ergeben. Dann lebst du in Zukunft nicht mehr in dir, sondern unbesorgt in mir.

Anmerkung

Die Vorbereitung auf die neuen Ostern erfordert ein doppeltes: der Abendmahlsraum muß gereinigt und geschmückt werden. Mit andern Worten, um den Leib und das Blut Christi würdig zu empfangen, hat die Seele in erster Linie makellos zu sein, gewaschen mit den Wassern der Buße. Alsdann muß sie die Tugenden geübt haben, die sie Gott angenehm machen. Dem Herrn gefällt und Gnaden erwirkt:

tiefe Demut, große Selbstverachtung, lebendiger Glaube, vollkommene Hingabe an seine Fügungen, Losschälung von der Erde, das Verlangen nach himmlischen Werten. «Die Liebe ist langmütig, geduldig, nicht eifersüchtig, sie prahlt nicht, ist nicht aufgeblasen. Sie benimmt sich nicht anmaßend, sucht nicht ihren Vorteil, wird nicht gereizt, trägt das Böse nicht nach, freut sich nicht über das Unrecht, sondern freut sich an der Wahrheit. Sie duldet alles, glaubt alles, hofft alles, erträgt alles.» So sieht, laut der Lehre des großen Apostels, die wahrhaft göttliche Liebe aus, die alle übrigen Werte überragt. «Wenn ich mit Menschen- und Engelszungen redete, hätte aber die Liebe nicht: so wäre ich wie ein tönendes Erz und eine klingende Schelle. Und hätte ich die Prophetengabe und wüßte alle Geheimnisse, und besäße alle Erkenntnis, dazu einen vollkommenen Glauben, der sogar Berge versetzte, entbehrte aber der Liebe: so wäre ich nichts. Und hätte ich all meine Habe zur Speisung der Armen verteilt und gäbe meinen Leib zum Verbrennen hin, ermangelte aber der Liebe: so nützte es mir nichts.» Christliche Seele, du verlangst nach der bräutlichen Tafel; so ahme die klugen Jungfrauen nach: nimm Öl, zünde deine Lampe an, um den Bräutigam zu empfangen. – Die, deren Lampen erloschen sind, werden das schreckliche Wort hören: «Wahrlich, ich kenne euch nicht».

13. KAPITEL: DIE FROMME SEELE VERLANGE AUS GANZEM HERZEN NACH DER SAKRAMENTALEN VEREINIGUNG MIT CHRISTUS

Der Jünger spricht:

1. Wer hilft mir dich allein finden, Herr? Mein Herz wollte ich dir ganz auftun und dich verkosten, wie es meine Seele wünscht, so daß «mich niemand mehr geringschätzte»,

kein Geschöpf mich fortan bewegte oder sich um mich kümmerte, sondern nur du dich unterhieltest mit mir und ich mich mit dir, der Geliebte mit dem Geliebten, der Freund mit dem Freund.

Darum bitte ich, darnach verlange ich, restlos mit dir vereint zu sein, mein Herz von allen Geschöpfen loszuschälen, mehr und mehr durch die heilige Kommunion und das häufige Meßopfer die himmlischen und ewigen Werte zu verkosten.

Mein Herr und Gott, wann werde ich ganz mit dir vereint und von dir eingenommen sein, ohne weiter an mich zu denken? – Du in mir und ich in dir; so laß uns gleichermaßen beisammenweilen.

2. Du bist wahrhaft «mein Geliebter, aus Tausenden auserwählt». In dir behagt es meiner Seele, alle Tage ihres Lebens zu wohnen. – Du bist mir wahrhaft der Friedensbringer, der Träger vollendeter Stille und wahrer Ruhe. Außer dir herrscht nur Mühe und Leid und endloser Jammer.

Du bist der «verborgene Gott», der nicht mit den Gottlosen Rat pflegt, sondern sich den Demütigen und Einfältigen offenbart.

«Wie milde ist dein Geist, Herr.» Um deinen Kindern deine Güte mitzuteilen, hast du sie mit köstlichem Himmelsbrot nähren wollen.

«Fürwahr, kein anderes Volk ist so groß und steht seinen Göttern so nahe wie du, unser Gott», allen Gläubigen nahestehst. Um sie täglich zu trösten und ihr Herz zum Himmel zu erheben, schenkst du dich ihnen zur Speise und zum Genuß.

3. Übertrifft ein Volk an Würde das Christenvolk? Gibt es ein Geschöpf unter dem Himmel, das mehr Liebe empfängt als die fromme Seele, bei der Gott einkehrt, um sie mit seinem verklärten Fleisch zu nähren?

O unaussprechliche Gnade, wundersame Herablassung, unendliche Liebe, die ausgerechnet uns Menschen zuteil wird.

Doch wie vergelte ich dem Herrn diese Gnade, seine erlesene Liebe? Ich könnte sie nicht besser beantworten, als indem ich mein Herz gänzlich Gott schenke und es innig mit ihm vereinige. Dann frohlockt mein Inneres, wenn meine Seele vollkommen gottverbunden ist.

Dann wird er zu mir sprechen: Wenn du es mit mir halten willst, werde ich es mit dir halten. – Und ich antworte ihm: Bleib bei mir, Herr; gerne will ich bei dir bleiben.

Dahin geht mein ganzes Verlangen, daß mein Herz eins mit dir sei.

Anmerkung

«Ich überlasse mich dir, mein Gott. Deiner Einheit, um eins zu werden mit dir; deiner Endlosigkeit und unfaßbaren Unendlichkeit, um mich darin zu verlieren und mich selber zu vergessen; deiner unendlichen Weisheit, um davon nach deinem Plan gelenkt zu werden, nicht nach meinen Gedanken; deinem ewigen Ratschluß, ob bekannt oder unbekannt, um mich ihm anzupassen, weil er unbedingt gerecht ist; deiner Ewigkeit, um mein Glück daraus zu machen; deiner Allmacht, um immer in deiner Hand zu sein; deiner väterlichen Güte, um im Augenblick, den du festgelegt, dir meinen Geist zu übergeben; deiner Gerechtigkeit, soweit sie den Gottlosen und Sünder rechtfertigt, damit du mich aus einem Gottlosen und Sünder zu einem Gerechten und Heiligen machst. Nur der strafenden Gerechtigkeit möchte ich mich nicht überlassen, denn das lieferte mich der Verdammnis aus. – Und doch, Herr, ist sie heilig, diese Gerechtigkeit, wie all deine andern Eigenschaften. Sie ist heilig und darf ihres Opfers nicht entbehren. Auch ihr habe ich mich also auszuliefern. Doch siehe da, Jesus Christus bietet sich an; ich kann mich ihr in ihm und durch ihn ergeben.»

14. KAPITEL: DAS INNIGE VERLANGEN GEWISSER GOTTESFREUNDE NACH DEM LEIB CHRISTI

Der Jünger spricht:

1. «Welche Fülle von Süßigkeit teilst du doch deinen Freunden mit!»

Wenn ich daran denke, wie andächtig und liebentflammt gewisse Gottesfreunde zum heiligen Sakrament hinzutraten, so schäme ich mich, dermaßen lau und kalt dem Altar und heiligen Mahle zu nahen, so trocken und ungerührt zu bleiben, anstatt von dir, meinem Gott, ganz entflammt zu sein, der Begeisterung völlig zu entbehren, die zahlreiche Fromme empfanden, wenn sie, in übergroßer Sehnsucht nach der Kommunion, ergriffen in Tränen ausbrachen.

Mit Herz und Mund riefen sie dich inbrünstig herbei, o Gott, den lebendigen Quell, und vermochten ihren Durst nicht anders zu mäßigen und zu stillen als durch den beglückenden, heiß ersehnten Empfang deines Leibes.

2. Welcher Glaube beseelte sie, der für sich allein schon für deine Gegenwart zeugt. Solche Seelen, deren Herz entbrannte, wenn Jesus ihr Weggefährte wurde, erkannten tatsächlich den Herrn «am Brotbrechen».

Meist bin ich leider weit entfernt von solcher Innigkeit und Andachtsglut. Sei mir gnädig, guter, milder Jesus, und gewähre diesem armen Bettler wenigstens bisweilen ein Gefühl herzlicher Liebe beim heiligen Gastmahl.

So wird mein Glaube erstarken, meine Hoffnung tiefere Wurzeln schlagen in deiner Güte und die Liebe nicht mehr erlahmen, nachdem sie einmal restlos entflammt und mit himmlischem Manna genährt worden.

3. Deine Barmherzigkeit vermag mir offenbar diese Gnade zu geben und mich, nach dem Anbruch des Gnadentages, mit dem Geist des Eifers gnädig heimzusuchen.

Mangelt mir heute noch das glühende Verlangen deiner

besondern Verehrer, so beseelt mich doch der Wunsch danach, und ich bitte dich innig, ihre Reihen ergänzen und an ihrer heiligen Sehnsucht teilnehmen zu dürfen.

Anmerkung

«Vor dem Osterfest, da Jesus wußte, daß seine Stunde gekommen sei, die Welt zu verlassen und zum Vater zu gehen, und er die Seinen, die in der Welt waren, liebte, liebte er sie bis ans Ende.» Da also setzte er das allerheiligste Sakrament ein, wie um seinen Aufenthalt unter seinen geliebten Jüngern und allen, die er bis zur Vollendung der Zeiten lieben sollte, fortzusetzen. So erfüllte er das Versprechen: «Ich lasse euch nicht als Waisen zurück, sondern komme zu euch.» Und er kam, und «hat unter uns gewohnt; und wir haben seine Glorie gesehen, die Glorie des eingeborenen Sohnes des Vaters, voller Gnade und Wahrheit». – Gewiß entzieht sich seine Gegenwart unsern Sinnen. Trotzdem ist sie wirklich und nicht weniger wirksam. So glaube ich es, Herr, so bete ich an. Verschleierte sich Christus nicht bei seiner sakramentalen Hingabe an uns, hielte er nicht einen Teil seines Lichtes in sich zurück, zeigte er sich ganz so wie er ist, «schöner als irgendein Menschenkind», mit der unaussprechlichen Milde, die ihn zur Vereinigung drängt, «Leib zu Leib, Herz zu Herz, Geist zu Geist»: unser schwaches Menschenwesen versagte unter dem Gewicht eines solchen Glückes, und die Seele entwiche ihrer sterblichen Hülle. Deshalb wollte sich der Heiland nur für den Glauben sichtbar machen. Der Glaube genügt, um die wahren Gläubigen zu einer Liebe zu führen, der nichts auf Erden gleichkommt. Keine Zunge vermag auszusprechen, was im Herzensinnern vor sich geht zwischen Bräutigam und Braut, welches Entzücken, welche Ruhe, welch inniges Verlangen, welche Freude am Besitz, welche keusche Vereinigung zweier Seelen, die ineinander verloren sind, welch süße Unfähigkeit, welche inbrünstigen Worte, welch entzükkendes Schweigen. – O «kenntest du die Gabe Gottes und den, der zu dir spricht: Gib mir zu trinken, du würdest ihn selber bitten, und er gäbe dir lebendiges Wasser». Alle Heiligen haben ihn darum gebeten; und er hat ihre Stimme gehört und hat ihren Durst gestillt an der ewigen Quelle. Bitte auch du ihn, fleh ihn an. – «Der Geist und die Braut sprechen: Komm; und wer es hört, der sage: Komm. Wer Durst hat, der komme; und wer darnach verlangt, wird umsonst das Wasser erhalten, das Leben spendet. – Und der Bräutigam spricht: Ich komme. So sei es. Komm, Herr Jesus.»

15. KAPITEL: DEMUT UND SELBSTVERLEUGNUNG ERLANGEN DIE GNADE DER ANDACHT

Der Geliebte spricht:

1. Du mußt inständig um die Gnade der Andacht flehen, sie geduldig und vertrauensvoll erwarten, sie dankbar annehmen, demütig bewahren, eifrig mit ihr mitwirken. Aber unterdessen laß Gott Zeitpunkt und Weise der himmlischen Heimsuchung bestimmen.

Solang du innerlich nur wenig oder überhaupt keine Andacht verspürst, demütige dich vor allem, ohne jedoch allzu niedergeschlagen oder unvernünftig betrübt zu werden. Gott verleiht oft in einem einzigen Augenblick, was er uns lange vorenthalten hat.

Bisweilen schenkt er am Ende des innern Gebetes, was er am Anfang verweigerte.

2. Würde uns die Andacht immer sofort zuteil, stellte sie sich nach Wunsch und Willen ein, ertrüge es der schwache Mensch nicht wohl.

Deshalb ist die Gnade der Andacht in Hoffnung und mit demütiger Geduld zu erwarten.

Doch schreibe es dir und deinen Sünden zu, wenn sie ausbleibt oder auch insgeheim wieder verschwindet.

Etwas Geringfügiges kann sie bisweilen aufhalten oder verschütten, wenn überhaupt geringfügig genannt werden darf, und nicht vielmehr bedeutend heißen muß, was einer derartigen Wohltat im Wege steht.

Entfernst du dieses Geringfügige oder Bedeutende, oder meisterst du es wenigstens vollständig, wird dein Gebet Erhörung finden.

3. Sobald du dich nämlich aus ganzem Herzen Gott aushändigst und nicht mehr nach Lust und Laune diesem oder jenem Ding nachläufst, sondern restlos Gott angehörst, wirst du gottverbunden und ruhig. – Nichts ist so köstlich und beruhigend zugleich, wie die Hingabe an Gottes Willen.

Erhebt jemand also seine Meinung einfältigen Herzens zu Gott und entsagt er jeder ungeordneten Liebe und allem Widerwillen gegenüber irgendeinem Geschöpf, steht er dem Empfang der Gnade weit offen und verdient die Andachtsgnade.

Sobald der Herr ein Gefäß leer findet, kann er seinen Segen hineingießen.

Je vollständiger jemand die niedern Dinge aufgibt und sich durch Selbstverleugnung abstirbt, um so schneller erscheint die Gnade, um so reichlicher fließt sie und erhebt das Herz um so höher zu Gott empor.

4. Entzückt bemerkt man dann, was einem bisher entging; besitzt es in Fülle; und das Herz weitet sich, denn der Herr ist mit einem, wie man sich selber ihm restlos und für allezeit überließ.

Dieses Glück begegnet dem, der Gott von Herzen sucht und «seine Seele nicht umsonst empfangen hat».

Tritt er zur heiligen Kommunion hinzu, wird ihm die große Gnade der Gottvereinigung zuteil; er geht ja nicht auf seine persönliche Andacht und Tröstung aus, sondern über aller Andacht und Tröstung auf Gottes Ehre und Verherrlichung.

Anmerkung

Obschon Gott um seiner selbst willen geliebt werden muß, darf man doch seine Gaben herbeiwünschen, wenn es nur mit voller Unterwerfung unter seinen heiligen Willen geschieht. Nicht die fühlbaren Gnaden sind immer am kostbarsten, die sozusagen die Seele mit Licht und Freude überfluten; nimmt man sich nicht in acht, können sie Eitelkeit hervorrufen. Oft geht man deshalb in diesem Leben sicherer im Dunkel des reinen Glaubens, bei der Heimsuchung durch Traurigkeit, Leid, Bitternis, Kreuz, gleich Jesus, als er ausrief: Mein Vater, warum hast du mich verlassen. Da liegt dann aller Hochmut am Boden; in uns selber entdecken wir nur Schwachheit; wir demütigen uns unter der Hand, die uns schlägt, aber schlägt zum Heil. Diese Übung der Selbstverleugnung ist verdienstlicher für die gläubige Seele und Gott angenehmer als irgendein fühlbarer Eifer. Sie ergreift den himmlischen Bräutigam und führt ihn zu seiner Braut zurück; zu seiner Braut, die von ihrem Vielgeliebten verlassen, schmerzerfüllt wachte, gleich dem einsamen Vöglein auf dem Dach. Er enthüllt sich ihr im heiligen Sakrament, tröstet sie, trocknet ihre Tränen, liebkost sie in keuscher Liebe, entflammt sie, wie die Jünger von Emmaus, die nachher gestanden: Brannte uns nicht das Herz im Leibe, als er auf dem Weg mit uns redete und uns die Schrift erschloß? Herr, ich bekenne mich unwürdig dieser wunderbaren Süßigkeit. «Ich gestehe meine Missetat, und meine Sünde steht mir unaufhörlich vor Augen.» Verdiene ich etwas anderes als Strenge und Strafe? Dennoch wage ich es, dein unendliches Erbarmen anzurufen. Die Stirn zur Erde gebeugt, nahe ich mich dem Quell lebendigen Wassers, hoffend, deine Güte werde einige Tropfen davon auf meine trockene Seele fallen lassen. – «Gewähre mir, Herr, diese Erquickung, bevor ich dahingehe und bald nicht mehr bin.»

16. KAPITEL: ERÖFFNE DEINE NÖTE CHRISTUS, UND BITTE IHN UM SEINE GNADE

Der Jünger spricht:

1. Guter, liebreicher Herr, den ich nun andächtig empfangen möchte, du kennst meine Schwachheit und Not; du weißt, mit wieviel Mängeln und Fehlern ich behaftet bin, wie oft ich mich bedrückt, versucht, verwirrt und befleckt fühle.

Zur Heilung komme ich zu dir, um Trost und Ermunterung rufe ich dich an. Mit dem Allwissenden spreche ich, der mein Inneres durch und durch kennt, und mich allein vollkommen trösten und aufrichten kann.

Du weißt, was ich vor allem brauche und wie arm an Tugenden ich bin.

2. Siehe, armselig und bloß stehe ich vor dir, Gnade heischend und Barmherzigkeit erflehend.

Erquicke den durstigen Bettler, ersetze seine Kälte durch dein Liebesfeuer, erleuchte seine Blindheit mit dem Licht deiner Gegenwart.

Laß mir alles Irdische bitter werden, alles Schwere und Widrige zum Prüfstein der Geduld, alles Niedrige und Geschöpfliche zu einem Gegenstand der Verachtung und des Vergessens.

Richte mein Herz zu dir im Himmel empor, und laß mich nicht auf der Welt umherirren.

Schon dadurch wirst du mir allzeit willkommen sein, meine alleinige Speise, mein einziger Trank, meine Liebe und Wonne, meine Süßigkeit und mein ganzes Gut.

3. Möchte doch deine Gegenwart mich entflammen, verzehren, und in dich umwandeln, damit ich, durch die Gnade der Vereinigung und das Aufgehen in herzlicher Liebe, ein Geist mit dir werde.

Entlaß mich nicht hungrig und trocken von dir, sondern

verfahre mit mir barmherzig, wie du oft wunderbar mit deinen Heiligen verfahren bist.

Was Wunder, wenn ich von deiner Nähe ganz Feuer würde, und all mein Eigenwesen sich verzehrte. Denn ein immerwährendes, nie erlöschendes Feuer bist du, die Liebe, die das Herz erleuchtet und den Geist erhellt.

Anmerkung

Nicht indem wir angestrengt unsern Geist zu hohen Gedanken erheben, gereicht uns die heilige Kommunion zum Nutzen, sondern indem wir liebevoll Jesus Christus in uns anbeten und ihm unser Herz vertrauensvoll und einfältig eröffnen, «wie ein Freund zum Freunde spricht». Wir haben Bedürfnisse und sollen sie ihm darlegen. Wir sind mit Wunden bedeckt; zeigen wir sie ihm, damit er sie in seinem göttlichen Blute bade. Wir sind schwach; es gilt also, ihn um neue Kraft zu bitten. Wir sind bloß, hungrig, durstig; sagen wir ihm: Hab Mitleid mit diesem armen Bettler. Von ihm stammen alle Gnaden her. – Höre dieses Wort: «Ich bin die Auferstehung und das Leben; wer an mich glaubt, wird leben, wenn er auch gestorben ist; und jeder, der da lebt und an mich glaubt, wird nicht sterben in Ewigkeit; glaubst du das?» – «O Christ, ich sage dir nichts anderes. Jesus spricht dich an in der Person Marthas. Antworte ihm: Ja, Herr, ich glaube, daß du der Heiland bist, der Sohn des lebendigen Gottes, der in diese Welt kam», um, wie der heilige Paulus sagt, «die Sünder zu retten, deren erster ich bin». Glaube also, christliche Seele, bete an, hoffe, liebe. – «O Jesus, entferne den Schleier, laß dich schauen. O Jesus, sprich in meinem Herzen; gib, daß ich auf dich höre. Sprich, sprich, sprich; es bleibt nur noch wenig Zeit; sprich! Gib mir Tränen als Antwort, schlag an den Stein, und die Wasser einer hoffnungsvollen Liebe sollen dankerfüllt zur Erde rinnen» (Bossuet).

17. KAPITEL: EMPFANGE CHRISTUS
MIT GROSSER LIEBE UND HERZLICHKEIT

Der Jünger spricht:

1. Tief andächtig und lieberfüllt verlange ich, Herr, dich zu empfangen, so wie sich zahlreiche Heilige und Fromme nach dir sehnten, die dir durch ein heiliges Leben gefielen und tief fromm waren.

O mein Gott, ewige Liebe, vollendetes Gut, endlose Seligkeit! Mit so großer Sehnsucht und derart ehrfurchtsvoll wollte ich dich aufnehmen, wie es nur je ein Heiliger vermochte.

2. So unwürdig ich derartiger Andachtsgefühle bin, opfere ich dir, o Gott, trotzdem meine ganze Herzensliebe auf, gerade als hätte ich allein ein so inbrünstiges Verlangen.

Ja was immer ein frommes Denken erfassen und ersehnen kann, das alles biete ich dir ehrfürchtig und freudig an.

Nichts wünsche ich mir vorzubehalten, sondern will mich und alles Meinige freiwillig und froh dir hingeben.

Mein Herr und mein Gott, mein Schöpfer und Erlöser, so herzlich und ehrfürchtig, so voll Lobpreis und Dank, so gut vorbereitet und lieberfüllt, so sehr mit Glauben, Hoffnung und Reinheit erfüllt, möchte ich dich heute aufnehmen, wie dich empfing und ersehnte deine heilige Mutter, die glorreiche Jungfrau Maria, als sie dem Engel auf die Menschwerdungsbotschaft demütig und fromm antwortete: «Siehe, ich bin eine Magd des Herrn, mir geschehe nach deinem Worte.»

3. Und wie dein heiliger Vorläufer, der die übrigen Heiligen überragende Johannes der Täufer, in deiner Gegenwart in der Freude des Heiligen Geistes aufjubelte, trotzdem ihn seine Mutter noch im Schoße trug, und wie er später, beim Anblick des unter den Menschen wandelnden Jesus demütig und ehrfurchtsvoll sprach: «Der Freund des Bräutigams, der dasteht und ihn hört, freut sich innig über die Stimme

des Bräutigams», so wollte auch ich in großer, heiliger Sehnsucht entbrennen und mich dir aus ganzem Herzen hingeben.

In diesem Sinn opfere ich dir aller frommen Herzen: Jubel, Liebesglut, Entrückung, übernatürliche Erleuchtung, himmlische Schau, samt allen Tugenden und allem Lob auf, das die Geschöpfe im Himmel und auf Erden je darbrachten und noch darbringen werden. Ich bringe es dir dar für mich und alle, die mir ins Gebet empfohlen wurden, damit dich alle würdig loben und ewig preisen mögen.

4. Nimm hin mein Opfer, Herr und Gott, samt dem Verlangen nach dem endlosen Lobpreis, der dir, angesichts deiner unfaßbaren, unaussprechlichen Größe gebührt.

Ich bringe es dir dar, und verlange es dir täglich und stündlich neu darzubringen, und lade alle himmlischen Geister und alle Gläubigen dazu ein, dir mit mir Dank und Lob zu sagen.

5. Alle Völker, Stämme und Zungen sollen dich loben und deine Heiligen insgesamt deinen honigfließenden Namen mit höchstem Jubel und glühender Andacht preisen. Und alle, die je ehrfürchtig und andächtig das hocherhabene Sakrament feiern und gläubig empfangen, mögen Gnade und Erbarmen bei dir finden und auch für mich armen Sünder herabflehen.

Kehren sie, nach der ersehnten Vereinigung mit dir, gestärkt und getröstet von der heiligen Tafel zurück, sollen sie auch meiner gedenken, der im Elend dahinsiecht.

Anmerkung

«Mein Heiland, möge das anbetungswürdige Sakrament in mir die Verzeihung der Sünden bewirken; das göttliche Blut mich reinigen, alle Flecken abwaschen, die das Brautkleid der Taufe besudelten. So kann ich mich zuversichtlich bei der Hochzeitstafel deines Sohnes einfinden. Wohl bin ich eine sündige Seele, eine ungetreue Braut, die häufig ihr Wort brach. Doch du sagst ja: Komm zurück, komm zurück, ich will dich aufnehmen, wenn du nur dein erstes Kleid wieder trägst und im Ring, der dir an den Finger getan wird, wiederum das Unterpfand der Vereinigung besitzest zwischen dir und dem göttlichen Wort. – Schenke mir diesen geheimnisvollen Ring zurück, bekleide mich von neuem, o mein Vater, wie einen wiederkehrenden verlorenen Sohn, mit dem Unschuldsgewand und der Heiligkeit, womit ich zu deinem Tisch hinzutreten muß. Darin besteht ja der unsterbliche Schmuck, den du verlangst, du, der zugleich Bräutigam, Teilnehmer und verkostetes Schlachtopfer bist. An diesem geheimnisvollen Tisch erfüllt sich das Wort: «Wer mich genießt, wird durch mich leben.» Möge es an mir wahr werden, o mein Heiland, möge ich seine Wirkung erfahren! Verwandle mich in dich; du sollst in mir leben. Doch laß mich zu dieser Speise im besten Gewand hinzutreten, mit allen Tugenden angetan, freudig, wie es sich für ein solches Mahl ziemt und des unsterblichen Fleisches würdig ist, das du mir darreichst.»

18. KAPITEL:
GRÜBLE NICHT NEUGIERIG ÜBER DAS HEILIGE SAKRAMENT NACH, SONDERN FOLGE DEMÜTIG DEN FUSSTAPFEN CHRISTI, UND UNTERWIRF DEINEN VERSTAND DEM HEILIGEN GLAUBEN

Der Geliebte spricht:

1. Hüte dich vor neugierigem und nutzlosem Grübeln über dieses tiefe Sakrament, wenn du dich nicht den Zweifeln ausliefern willst.

«Wer die Hoheit erforschen möchte, wird von ihrer Herrlichkeit erdrückt.» Gott vermag weit mehr zu wirken als wir Menschen je begreifen können.

Gut ist dagegen ein frommes, demütiges Erforschen der Wahrheit, das der Belehrung offen steht und sich an die verbürgten Lehren der Väter hält.

2. Selig die Einfalt, die sich von den beschwerlichen Wegen der Diskussion abkehrt und die gerade und sichere Straße der Gebote Gottes wählt.

Viele verloren die Andacht, weil sie das Unergründliche ergründen wollten. – Glauben verlangt man von dir und einen aufrichtigen Wandel, nicht Wissen, das alle Geheimnisse Gottes durchdringt.

Wenn dir sogar das, was unter dir liegt, unzugänglich ist, wie willst du das, was dich übersteigt, erfassen?

Unterwirf dich Gott, beuge dein Erkennen dem Glauben, so erhältst du das Licht der Einsicht, soweit es dir wirklich frommt.

3. Einige leiden an schweren Versuchungen gegen den Glauben in bezug auf dieses Sakrament; doch nicht sie trifft die Schuld, sondern den Bösen Feind.

Beachte solche Zweifel gar nicht, renne nicht dagegen an, noch suche die teuflischen Einflüsterungen zu beantworten. Glaube einfach dem Wort Gottes, glaube seinen Heiligen und Propheten, und der Böse Feind wird weichen.

Oft ist es einem Diener Gottes sehr heilsam, solches durchzumachen. Ungläubige und Böse versucht der Teufel nicht, da er sie schon fest in der Hand hält; die frommen Gläubigen dagegen versucht und plagt er auf jede Weise.

4. So bewahre den einfältigen, unerschütterlichen Glauben und tritt dem Sakrament mit betender Ehrfurcht nahe. Was du nicht verstehen kannst, das überlaß ruhig dem allmächtigen Gott.

Gott täuscht dich nicht; dagegen täuscht sich, wer übermäßig auf sich selber abstellt.

Gott geht mit dem Einfältigen, offenbart sich dem Demütigen, verleiht dem Kleinen Einsicht, erleuchtet den, der reinen Herzens ist.

Dagegen verbirgt er seine Gnade vor dem Neugierigen und Hoffärtigen.

Schwach und fehlbar ist die menschliche Vernunft; unfehlbar hingegen der wahre Glaube.

5. Alles menschliche Denken und Forschen hat sich nach dem Glauben zu richten, nicht ihn zu lenken, noch ihn zu bekämpfen.

Glaube und Liebe feiern ihren Triumph und wirken geheimnisvoll im allerheiligsten, hocherhabenen Sakrament.

Der ewige, unendliche, allmächtige Gott wirkt Großes und Unfaßbares im Himmel und auf Erden. Seine Wunderwerke bleiben unerforschlich.

Wären die Gotteswerke ohne weiteres der menschlichen Vernunft zugänglich, könnten sie nicht mehr wunderbar noch unaussprechlich heißen.

Anmerkung

Der Gottlose lechzt nach Kenntnissen, und gerade das gereicht ihm zum Verderben. Er erwartet das Heil vom Wissen, vom Hochmut, von sich selber. Doch aus der Tiefe seines verdunkelten Verstandes, seiner unfähigen, gefallenen Natur tönt die Antwort des Todes. Christen, vergeßt es nie: «Der Gerechte lebt aus dem Glauben.» Lebt also aus dem Glauben, indem ihr euch vom heiligen Altarsakrament nährt, dem stärksten und zugleich menschlichsten Glaubenszeugnis. Der «das Wort, die Wahrheit und das Leben» ist, Jesus Christus, der Gottes Sohn, hat gesprochen. Er sprach: «Das ist mein Leib, das ist mein Blut.» Glaubt ihr es? Ja, ich glaube es, Herr. Himmel und Erde werden vergehen, aber deine Worte werden nicht vergehen. Ich glaube und bekenne, daß das, was Brot war, wirklich dein Leib wurde; daß das, was Wein war, wirklich in dein Blut verwandelt ist. Mein Verstand unterwirft sich und befiehlt den empörten Sinnen Schweigen. So sehr hat Gott den Menschen geliebt, daß er seinen eingeborenen Sohn für ihn hingab. – Nochmals, ich glaube, Herr, an die Liebe, die Gott uns entgegengebracht, an die Liebe des Vaters, an die Liebe des Sohnes. Diese unendliche Liebe erklärt alles, erleuchtet alles, genügt für alles. Was verschlägt es, ob wir etwas verstehen. Kennen wir deine Wege nicht als unerforschlich und vergessen wir, daß, wer sich deine Hoheit zu erforschen erkühnt, von deiner Glorie erdrückt wird? Unser Glück besteht im Glauben, der nicht begreift. Unser Glück liegt darin, daß wir mit geschlossenen Augen untertauchen und uns im unfaßbaren Abgrund deiner Liebe verlieren dürfen. So möge die stolze, nörgelnde Vernunft verstummen; sie setze nicht ihre Schwäche vermessen deiner Allmacht entgegen. Auf ihre Zweifel, ihre neugierigen Fragen gibt es nur eine Antwort: Gott hat uns so sehr geliebt! Diese Antwort genügt, und keine andere würde ohne sie genügen. Gleich einem kräftigen Lichtstrahl dringt sie bis in die Tiefe des Herzens, das zu hören bereit ist, des Herzens, das an die Liebe glaubt, das weiß und fühlt, was lieben bedeutet. Du staunst darüber, daß sich Gott unter der Gestalt eines irdischen und unvergänglichen Brotes verbirgt, daß der Erlöser der Menschen sich ihnen zur Speise gab. Du zögerst; dein Glaube wankt. Du liebst noch nicht! Ihr aber, gläubige Seelen, teure Seelen, geht zum Altar, freut euch fest, vertrauensvoll. Geht zu Jesus, naht euch dem geheimnisvollen Liebesmahl.

«Wohin sollten wir sonst gehen, Herr?» Etwa zu Fleisch und Blut, zur Vernunft, Philosophie, zu den Weisen dieser Welt, zu den Murrenden, den Ungläubigen, zu denen, die uns noch täglich fragen: Wie kann er uns denn sein Fleisch zu essen geben? Wie weilt er im Himmel, wenn man ihn zur selben Zeit auf Erden genießt? – Nein, Herr, nicht an sie wollen wir uns wenden, noch die nachahmen, die dich verlassen. Wir halten es mit Petrus, der sprach: «Herr, zu wem sollten wir gehen; du hast Worte des ewigen Lebens!»

Félicité de Lamennais (1782–1854)

darf als die bedeutendste Persönlichkeit des französischen Katholizismus im 19. Jahrhundert angesehen werden. Geprägt durch die Französische Revolution und den aufkommenden Liberalismus, mit 34 Jahren zum Priester geweiht, gründete er die Zeitung «L'Avenir», die erste katholische Tageszeitung modernen Stils. In seinen Schriften setzte sich Lamennais dafür ein, der Kirche und den christlichen Ideen im gesellschaftlichen Leben Nachachtung zu verschaffen. Trotzdem wurden seine Gedanken von der offiziellen Kirche abgelehnt; sie paßten nicht in das starre Lehrgebäude der damaligen Schultheologie.

Große Bedeutung erlangte Lamennais im Bildungswesen: Mit seinem Bruder gründete er einen Lehrorden, der sich um eine erneuerte Volksschulbildung bemühte. Sein Landhaus wurde zur Ausbildungsstätte der geistigen Elite im französischen Katholizismus. «Die ‹Ecole mennaisienne› wurde zur fruchtbarsten Schule der Wiederbegegnung von Kirche und Kultur, von Kirche und Gesellschaft. Ohne ihr revolutionäres Ferment wäre das zweite Vatikanische Konzil nicht möglich gewesen.» (Conzemius)

In seinen letzten Lebensjahren setzte sich Lamennais vor allem auf sozialem und politischem Gebiet ein. Auf diese Weise wollte er für die Armen und Entrechteten eintreten, die ihm zeitlebens am Herzen lagen.

Näheres bei: *V. CONZEMIUS, Propheten und Vorläufer.*
Wegbereiter des neuzeitlichen Katholizismus,
Zürich – Einsiedeln – Köln 1972, 28–48.